華文創
文庫 EA021

臺灣國民中小學校長

通識素養指標

建構與實證分析

蔡金田／蔣東霖 著

序 言

　　中小學校長不僅是學校教育的領航員，也是課程教學的領導者，更是教育改革的推動者，其對於學校的運作、進步與發展扮演著舉足輕重的地位。然而，近來隨著教育環境的快速變遷，使得學校所面臨的問題與挑戰，已逐漸地超越了過去傳統單一領域所能處理的範疇，取而代之的是各種界線模糊、跨領域，甚至彼此交互指涉影響的問題形態。在這麼艱困的情境中，校長必須體認到工作的複雜性，積極地發揮其多元角色功能，以減緩環境對校園生態的衝擊，同時有效解決各種教育問題，因此，校長除了具備專業知能與專業精神外，也應該兼備通識素養，如此才能滿足社會變遷的需求。本書之撰寫，即聚焦在建構國民中小學校長之通識素養指標，作為校長應具備素養發展之參考，並藉以提升校長效能，進而有效達成學校教育目標。

　　本書分為三個部份，共 6 章。第一部份為「理論脈絡」，計 2 章，包括背景脈絡與理論研究。內容主要藉由國內外相關文獻的整理歸納，探究通識素養意涵，再從國民中小學校長的職責、角色以及所需具備的能力中，歸納出校長通識素養之內涵，進而初步建構出校長通識素養指標。

　　第二部份為「實證分析」，計 2 章，包括實證研究設計與實施、實證研究分析結果與討論。內容係依據校長通識素養內涵，擬定出「國民中小學校長通識素養指標建構問卷」，提供給「德懷術專家小組」進行專家諮詢，透過二次德懷術分析後，再向實務工作者實施問卷預試，以確立校長通識素養指標架構；再者，藉由「層級分析法專家小組」進行指標權重的評定，建構出校長通識素養指標權重體系；此外，依研究形成之正式問卷，從 104 學年

度臺灣地區公立國民中小學 3329 所中，以分層隨機抽樣方式抽取 416 所學校校長進行施測，並進行描述性統計、t 檢定、單因子變異數分析，藉以瞭解當前國民中小學校長具備通識素養之現況。

　　第三部份為「發展趨勢」，共 2 章，包括校長通識素養研究結果與校長通識素養改進途徑。在研究結果中，透過二次德懷術分析與問卷預試，確立出國民中小學校長通識素養指標架構為三個層面、十一個向度與五十個項目；其次，以層級分析法建構出校長通識素養指標權重體系，校長通識素養中以自主行動層面最重要，自主行動層面中以問題解決素養向度最重要，溝通互動層面中以美學素養向度最重要，社會參與層面中以人文素養向度最重要；另外，亦從校長通識素養的三個層面中，篩選出各向度中相對權重最高的十一個關鍵項目；此外，實證調查中，發現校長所具備的通識素養現況會因學校班級數、學校所在區域或學校所在地的不同，而在不同的素養向度上有所差異；最後，指標相對權重與校長所具備通識素養的比較中，發現學者專家評定最重要的層面、向度或項目，與校長所具備的通識素養現況並不完全一致，值得未來進一步探討。在校長通識素養改進之途徑，本書的建議，包括：與國民中小學校長有關法令研修之方向；當前國民中小學校長培訓、績效評鑑與遴選制度之規劃；校長在職進修成長與素養發展之方向之建議；後續研究可從研究主題、研究工具、研究對象、研究設計與研究方法等方面著手。

　　本書撰寫過程中，承蒙諸多師長的指導與斧正，對作者助益甚多；元華文創股份有限公司蔡佩玲總經理的鼎力支持，才能使本書順利出版，謹致上最誠摯的敬意與謝意。雖然本書撰寫過程力求嚴謹，但疏漏之處在所難免，尚祈各方先進指正是幸。

李金田　蔣東霖
謹識
2018 年 3 月 31 日

目 次

第三部份　發展趨勢

表附錄

圖附錄

第一部份

理 論 脈 絡

第一章　背景脈絡

　　教育成敗攸關國家未來發展，也因此教育品質的提升將直接影響到國家的競爭力，西諺有云：「有怎樣的校長，就有怎樣的學校」（As is the principal, so is the school），可見校長是推動學校教育的重要推手，更是經營成敗的關鍵。校長的教育理念、領導風格、能力素養，均直接影響到學校行政的運作、教師的教學表現和學生的學習成效，因此，有關校長應具備素養的研究也格外受到學界重視。然而隨著教育環境的丕變，當校長面對持續變動的外在環境，以及社會大眾對校長角色殷切的期盼時，此時若僅掌握專業素養已不能滿足社會快速變遷的需求，須知現在學校所面臨的問題與挑戰，已逐漸地超越了過去傳統單一領域所能處理的範疇，取而代之的是各種界線模糊、跨領域，甚至彼此交互指涉影響的問題形態，為了適應如此劇烈改變，校長所應具備的通識素養已成為一位成功領導者的重要配備。因此，本書之撰寫，聚焦在建構國民中小學校長之通識素養指標，作為校長應具備素養發展之參考，並藉以提升校長效能，進而有效達成學校教育目標。本章為背景脈絡，共分四節，第一節為研究動機；第二節為研究目的與待答問題；第三節為名詞釋義；第四節為研究範圍與限制。

一、研究動機

　　近年來，世界各國無不積極地推出教育改革方案，雖然各國教育背景存有差異，所擬定的方案亦有所不同，但主要目標均定位在如何提升教育品質

與競爭力,進而培育具現代化的國民。而校長正是學校的核心人物,其領導品質對學校辦學成效有著深遠的影響。Orr（2001）, Youngs 與 King（2001）指出,校長角色的扮演關係學校教育發展至深且鉅。鄭彩鳳與吳慧君（2007）亦指出,校長是學校的靈魂人物,要對學校教育負起直接的責任,其領導效能影響整個學校教育的推展。Gill（2006）認為現今社會全球化與科技化演進,到處一片競爭力訴求,衝擊學校,學校領導者也面臨更嚴酷的挑戰,環境阻力、同儕競爭及社會期盼高效能表現,在在突顯學校領導者多元化思維與全方位績效之需求激增中。因此,強化學校領導者的能力素養、辦學理念和領導作為,進而提升學校運作品質、促進學生發展與學習成效,實為當前重要課題。由上可知,校長所具備的素養不僅關係著學校經營與教育成效,同時更是提升教師、學生素養的關鍵因素。校長既為教育人員又為學校的領導者,其所具備素養的影響力實不容忽視,尤其當前教育改革衝擊國民中小學校長的職能與發展,連帶著也引起學術界與教育行政主管機關對校長應具備素養的關注,具體言之,本研究主要即在突顯校長素養發展的重要性。

其次,教育改革的浪潮帶動校園生態的改變,使得校長角色起了微妙的變化,連帶著其所應具備的素養也必須不斷更迭。環顧學者們對於校長角色的論述或校長應具備素養之研究,如林文律（1999）舉出校長所應具備的能力多達 33 項;另外,許多有關校長學的專書,如林明地（2002）校長《學——工作分析與角色研究取向》;林文律（2005a,2005b）《中小學校長談校務經營》（上、下冊）,這些主要聚焦在校長本身專業領域為主要研究範疇的論述,也讓我們瞭解校長所需具備的專業知能甚多,亟需妥善規劃,才能確保中小學校長的素質。當然,如果從學校的角度來看,學校教育的目的是要培養每個學生成為建全的人,也就是教育是一項全人的教育,就其內涵而言,必然包含所謂人文素養、人格陶冶、擴展視野、博雅通識等概念,換言之,倘若學校能夠提供一套兼具深度（專業）及廣度（通識）的學習,進而使一個自我,充分展現完整的個人,培育博雅素養,實踐「知識探索」與

「人文關懷」。而身為學校領導者的校長，在實踐全人教育的場域中，理應專業與通識二者兼具，如此才能促進全人教育理想的達成。為了避免忽略通識素養培養的重要性，同時有利於全方位審視校長所應具備的素養，此時探討校長通識素養除可協助校長重新省思自身的角色任務、協助校長素質管理外，亦能讓校長在快速變遷的教育環境中與時俱進，扮演好多元的現代校長角色。

第三、國民中小學校長的地位與角色歷來雖有更迭，但其領導之良窳與學校效能表現有著密不可分的關係，有鑑於此，世界各國均希望藉由完善的制度，培育出具備卓越領導能力的校長。陳木金（2007）曾統整「國民中小學校長儲訓模式」之運作，課程內容可包含四大核心概念，分別為「專業培育」、「實務實習」、「師傅教導」與「博雅通識」，協助有志成為國民中小學校長者，透過一系列專業的職前課程及校長實習，得以獲得校長任用資格且兼備校長職務所需的各項知識、心向與能力。其中博雅通識即是聚焦在通識素養的培養，透過課程的實施，讓學員們自然感受到經營學校的專業責任與精神使命，在傳統與創新間追求學校經營的穩定與發展、進步與創新，並增強校長個人的知能，導引學校組織的發展，進而強化學校組織因應變革與持續創新的能力，換言之，通識素養是校長職前教育的核心課程之一。然而目前各縣市對於中小學校長的儲訓或委由國家教育研究院代為培訓，或由部份縣市自行設計課程，自行培訓，此種校長職前培育制度基本上缺乏共通性標準，同時亦欠缺整體規劃，也因此造成委託代訓的課程與各縣市自辦儲訓的課程不盡相同。因此，如果能透過對校長通識素養內涵的探討，建構具體的校長通識素養指標，如此將可做為未來辦理國民中小學校長儲訓課程規劃、校長培育與訓練或校長甄選與遴選之參考。

第四、學校教育的品質，關係國家的盛衰，然而要使校長具有自動自發，努力向上的經營動力，透過自我改進而達到卓越、精緻、績效的教育品質，此時若建立一個公正而客觀的發展指標，不但有助於釐清校長應具備的知識、技能和態度，同時也能改進校長的素質和表現，提供校長發展架構和

工作成就之間的連結，因此，透過指標來引導校長素質發展實屬重要且必要。環顧各國為了判斷校長的實際表現，紛紛將校長在職涯各階段所須具備的專業知能與標準界定清楚，訂定具體標準，以作為評鑑之依據，如美國跨州學校領導者證照聯合會（Interstate School Leaders Licensure Consortium）為建立一套可以全國廣泛實行的校長專業標準，於 1996 年公布六大領導者標準，每一標準之下又分成知識、特質及表現三部份（Shipman, Trop & Murphy, 1998）；英國「教育與技能部」（Department for Education and Skill, DfES, 2004）為落實校長領導學校的能力，公告新的「國家校長標準」（National Standards for Headteachers），希望校長能建立一個強調卓越、品質及對學生具有高度期望的學校文化；紐西蘭教育部（New Zealand Ministry of Education, 1998）在 1998 年頒布國民小學校長專業標準暫行條例，以明確規範校長應具備的知識、技能與態度。可見有了具體指標的指引，才能使校長之實踐、評鑑及遴選更為公平與效能化，也才能促進辦學績效之精進與卓越。因此，架構出具體、客觀、周延的校長通識素養指標，除了可引導校長或有志於校長之個人素養發展外，亦可提供學術單位或教育行政主管機關發展校長素養指標之參考。

第五、隨著全球化、資訊化的來臨，使得國與國之間的界線變得更加模糊，在國際競爭加壓、加劇下如何提升公民素養已成為新的發展趨勢。因此，以培養「核心素養」為主軸的教育在各國掀起風潮，無論是正式教育或非正式教育系統，尋求契合學習者發展潛能的研究與機會不斷地被提出來討論（Field, 2001; Koper & Tattersall, 2004; Sampson, Karampiperis, &Fytros, 2007）。為順應此一趨勢，臺灣於 2010 年召開「全國人才培育會議」，其中焦點結論（三）為「人力素質攸關國家未來發展，應設立專責單位，對於臺灣的人力素質、國民能力進行長期性系統的研究、追蹤及國際比較並提出對策」。這代表發展國民素養之調查方式、長期追蹤、依據調查資料進行研究比較，並提出政策建議，已是不容忽視的課題。為了落實上述的焦點結論，教育部關注到教師培訓是提升國民素養的關鍵因素，因此也希望能針對各素

養向度所提出的內容，建立相對應的師資培育行動方案（教育部提升國民素養專案辦公室，2013）。其中校長不僅是學校領導者，亦是首席教師，其應具備的素養更形重要，但大多數研究僅針對校長能力或某一領域素養進行探討，對於校長通識素養的研究則闕如，為一窺校長應備素養的全貌，針對專業以外之各項素養進行整合研究，希冀建構更周延與完整的校長素養發展面向。

二、研究目的與待答問題

（一）研究目的

　　基於上述之研究動機，有關國民中小學校長通識素養指標之建構，旨在透過國內外有關文獻分析、德懷術專家諮詢與問卷預試，歸納研擬適切的國民中小學校長所應具備通識素養的各面向指標，並進行層級分析與實證研究，以提供相關單位作為後續研究與實務運作之參考。具體而言，本書的研究目的如下：

　　一、探究國民中小學校長通識素養之內涵。
　　二、建構衡量國民中小學校長通識素養指標之層面、向度與項目。
　　三、建構衡量國民中小學校長通識素養指標之權重體系。
　　四、實證當前臺灣國民中小學校長所具備的通識素養現況。
　　五、瞭解臺灣國民中小學校長所具備的通識素養現況與指標權重體系之關係。

（二）待答問題

　　依上述研究目的，本書擬提出下列幾項待答問題加以探討，以作為蒐集相關資料之依據：

　　一、國民中小學校長通識素養之內涵為何？

二、國民中小學校長通識素養指標為何？

　　(一) 國民中小學校長通識素養指標包含哪些層面？

　　(二) 國民中小學校長通識素養指標包含哪些向度？

　　(三) 國民中小學校長通識素養指標包含哪些項目？

三、國民中小學校長通識素養指標之權重體系為何？

　　(一) 國民中小學校長通識素養指標層面之權重體系為何？

　　(二) 國民中小學校長通識素養指標向度之權重體系為何？

　　(三) 國民中小學校長通識素養指標項目之權重體系為何？

四、當前臺灣國民中小學校長所具備的通識素養現況為何？

　　(一) 校長所具備通識素養層面之現況為何？

　　(二) 校長所具備通識素養向度之現況為何？

　　(三) 校長所具備通識素養項目之現況為何？

　　(四) 不同背景變項校長所具備之通識素養差異為何？

五、臺灣國民中小學校長通識素養指標權重體系與校長具備現況的關係
為何？

三、名詞釋義

基於界定本書所探討重要相關名詞，俾利後續研究，茲分別釋義如下：

(一) 國民中小學校長

本書的國民中小學校長係指經教育部、直轄市或縣市政府教育局（處）
甄選、儲訓合格，具有正式國民中小學校長資格，而經遴選至國民中小學擔
任校長者。

(二) 通識素養

通識素養是指在應用專業知能時，為有效地因應社會複雜生活情境需

求，具備對自己、對他人、對外界事物展現出融會貫通的一面，並且能善加運用自己已知的部份與外界進行溝通所不可欠缺的知識、技能與態度。

　　本書所指校長通識素養係研究者建構之「國民中小學校長通識素養指標正式問卷」中之各測量面向，亦即為具體描述、分析與判斷國民中小學校長通識素養具備現況之工具，包括三個層面、十一個向度與五十個項目，其中「自主行動」層面包含「情緒素養」、「問題解決素養」與「終身學習素養」三個向度與十四個項目；「溝通互動」層面包含「科技素養」、「媒體素養」與「美學素養」三個向度與十三個項目；「社會參與」層面包含「人文素養」、「倫理素養」、「民主法治素養」、「多元文化素養」與「國際素養」五個向度與二十三個項目。本書建構出國民中小學校長重要通識素養之具體指標，可作為校長素養發展與更新之依據。

（三）指標建構

　　指標是觀察現象的指示者，藉由其統計測量的呈現，能作為瞭解、分析、引導、顯示以及判斷此一觀察現象的依據。指標建構即是透過資料蒐集與分析後，再依發展需要，將指標適當的加以組合。

　　本書之指標建構，係指透過文獻探討，經二回合德懷術分析，達成小組成員之一致性意見後，再向實務工作者實施問卷預試所建構的指標。本研究在指標系統架構上採三層次的分類方式，將指標分為「層面─向度─項目」三個層次加以建構，層面包含範圍最廣，向度次之，項目則是最具體的行為表現。

四、研究範圍與限制

　　為對本書有概要瞭解，茲分別針對研究範圍與限制，加以說明如下：

（一）研究範圍

1. 研究主題

本書探討與建構之國民中小學校長通識素養主題，係以國民中小學校長所應具備之通識素養領域為主，並不涉及國民中小學校長之專業素養之探究。

2. 研究對象

本書僅以臺灣公立國民中小學校長為研究對象，至於甄選、任用與儲訓制度不同的私立國民中小學校長非在本研究範圍之列。

（二）研究限制

1. 研究內容之限制

本書主要探究國民中小學校長通識素養之內涵與指標建構，關於指標之建構，主要參酌國內外學者對於通識素養與校長職責、角色以及應具備能力之相關論述，然構成校長通識素養之面向甚多，本書無法對所有面向加以探討，僅針對本書所歸納之層面、向度與項目的內涵加以研究，因此就研究內容而言，有其限制。

2. 研究對象之限制

本書之對象為臺灣現職公立國民中小學校長，而私立國民中小學校長則不在本研究範圍之列，故本書研究結果僅應用於臺灣地區公立國民中小學校長之探討，無法直接推論到私立國民中小學校長，此為本研究對象之限制。

第二章　理論研究

　　本章主要藉由國內外相關文獻的探討與歸納整理，作為探究校長通識素養指標之分析基礎，並針對校長通識素養指標進行初步建構。檢視議題有關文獻，多屬單一領域素養或校長應具備能力的研究，而直接探討校長通識素養的文獻寥寥可數，建構國民中小學校長通識素養指標的研究更是付之闕如。因此，要瞭解國民中小學校長的通識素養，目前能直接引用的文獻相當有限，只能從通識相關素養與校長職責、角色以及應具備能力的論述中加以整理歸納。本章共分三節，第一節為通識素養之概念與意涵；第二節為校長通識素養之探究；第三節為校長通識素養指標初步建構。

一、通識素養之概念與意涵

　　討論「通識素養」之前，需先針對「素養」之概念進行探討，如此才能對通識素養的內涵與架構有較全面的理解。以下分由素養的概念、通識教育的意義以及通識素養的意涵三部份來進行說明。

（一）素養的概念

　　「素養」一詞，在教育部重編國語辭典修訂本上的解釋是：「平日的修養」。這樣的釋義顯然無法讓人掌握它確切的含意（黃藿，2012）。而《漢書》李尋傳：「馬不伏櫪，不可以趨道；士不素養，不可以重國。」《後漢書·卷七四下·劉表傳》：「越有所素養者，使人示之以利，必持眾來。」這

其中隱含了道德和價值的觀念，也就是「素養」是指「好」的修養（張一蕃，1997）。

　　常與素養交互使用的是能力（ability）一詞，辭海（1992）對能力的解釋為：「成功地完成某種活動所必須的個性心理特徵，又分一般能力和特殊能力，前者指進行各種活動都必須具備的基本能力，後者指從事某些專業性活動所必須的能力。」可見，在中文的字意中，素養的概念比能力較為廣泛、抽象，具有某種修養的道德意涵；相較之下，能力的概念則較為具體，也與從事某種活動有關（林永豐，2014）。蔡清田（2011a）曾從六個面向進行素養與能力二者之間的比較，其內容參見表 2-1-1。從表中的分析可以看出，素養包括知識、能力與態度等多元面向的綜合，它強調後天努力學習而獲得的，同時能成功地回應特定生活情境下的複雜需求，與能力一詞相較，更重視健全個體的發展，也更合乎全人教育的理念。

表 2-1-1　素養與能力之比較

面向	素養	能力
意義	素養是個體為了發展成為一個健全個體，必須因應未來混沌複雜之生活情境需求，所不可欠缺的知識、能力與態度。	能力是指個人具有勝任某項任務的才能之實際能力與潛在能力，往往未涉及態度情意價值。
先／後天	素養強調教育價值功能，是學習的結果，是後天努力學習而獲得的。	能力的形成是經由先天遺傳與後天努力習得的。
適用的社會	素養適用於複雜多變的「新經濟時代」與「資訊社會」之網路世代各種生活場域的活動，以成功地回應特定生活情境下的複雜需求，特別是因應當前後現代社會的複雜生活所需要所需的知識、能力與態度。	能力是偏向於過去「傳統社會」與「工業社會」所強調的技術能力、技能、職能等。
理據	超越行為主義的能力，具有哲學、人類學、心理學、經濟學、以及社會學等不同學門領域的理論根據，可促進個人發展與社會發展。	偏個人工作謀生，易有流於能力本位之爭議。

面向	素養	能力
實例	語文素養、科學素養、民主素養、資訊素養、媒體素養、多元文化素養	聽、說、讀、寫以及操作簡易的機器設備，如使用打字機、傳真機、收音機、隨身聽、電視、洗衣機等。

資料來源：蔡清田（2011a）。*素養：課程改革的 DNA*（頁 49）。臺北市：高等教育。

　　至於「素養」的英文，國內外學者或作 competence 或作 literacy（李坤崇，2013）。《牛津美國詞典》（Oxford Advanced American Dictionary, 2011）對於 competence 一詞有三個定義：

（一）做好事情的能力（the ability to do something well）。

（二）法院、組織或個人處理事情必備的權力（the power that a court, an organization or a person has to deal with something）。

（三）特定工作或特定任務所需要的技能（a skill that you need in a particular job or for a particular task）。

　　也就是說 competence 一詞，狹義是做好某些事情所需具備的知能，廣義則是在特定工作或特定任務中應具備的技能。

　　「經濟合作與發展組織」（Organization for Economic Co-operation and Development, OECD）於 1997 年至 2002 年進行「素養的界定與選擇」（Definition and Selection of Competencies: Theoretical and Conceptual Foundations，簡稱 DeSeCo）研究，認為 competence 不只是知識或技能，而是包含了能在一定脈絡下，因應複雜的需求、能找到並運用心理社會資源（包括能力與態度）。例如，能有效地溝通，乃是一種能夠利用自己對於語言的知識、實際的資訊能力與態度，進而與對方溝通的能力（OECD, 2005）。因此，competence 具有整體性、跨領域性的概念，同時被賦予一種回應情境的、因應未來社會複雜需要的一種綜合性意義（林永豐，2014）。

　　至於 literacy 一詞，《韋氏詞典》（Merriam-Webster's Advanced Learner's English Dictionary, 2008）的定義為：

1. 讀和寫的能力（the ability to read and write）。
2. 與特定主題有關的知識（knowledge that relates to a specified subject）。

可見 literacy 被解釋是一種讀和寫的能力，但隨著時代的進步已經超越傳統讀、寫能力的概念，更進一步來說是指和某特定主題或學科有關的知識。

其他諸如維基百科（Wikipedia, the Free Encyclopedia, 2016）的解釋，可以發現不同的領域都有其獨特的 literacy，例如情緒素養（emotional literacy）、科技素養（technological literacy）、媒體素養（media literacy）、人文素養（humanistic literacy）、數位素養（digital literacy）乃至於圖像素養（visual literacy）等，這些均以 literacy 為素養之對應用詞。另外，美國 21 世紀能力聯盟（The Partnership for 21st Century Skill, 2007）於 2002 年起，結合業界、教育界、政策決定者等，希望 k-12 的學生畢業時，能夠具備因應 21 世紀的能力，其在能力架構中提到五項跨領域主題及資訊、媒體與科技能力，其中如公民素養（civic literacy）、健康素養（health literacy）、環境素養（environmental literacy）、資訊素養（information literacy）、媒體素養（media literacy）以及資訊與溝通科技素養（Information and Communication Technology, ICT literacy）等，亦使用 literacy 一詞。蓋 literacy 原指人閱讀和書寫文字的基本能力，一般是指讀書和寫字的能力水準到達可以溝通的能力，後來延伸到有關不同類型非文字訊息的理解及應用，此時則翻譯為「素養」，而素養的重要性更會隨著社會和文化不同而不同。由此可見，literacy 早已超越讀、寫、算等傳統的理解，換言之，literacy 是透過不斷地學習與應用中而獲得與發展的，而這些學習與應用的情境乃是所處的學校環境與其他生活脈絡（United Nations Educational, Scientific and Cultural Organization, UNESCO, 2005）。因此，literacy 除了指一種技術性的能力外，亦可用以指較高層次的批判性能力，同時 literacy 也常與重要的領域、範疇或脈絡有關，是在一定應用性的、實際的、某個情境下能夠表現的（林永豐，2014）。

綜合上述的討論可知，英文的 competence 與 literacy 在用法和解釋並非狹隘的，然而在不足以明確區分其特性以及語意缺乏共識的情形下，考量本書關注的焦點不僅要能因應社會複雜生活情境的需求，同時也要應用到許多重要的領域、範疇或脈絡中。因此不刻意去區分「competence」與「literacy」，而直接將這兩個概念理解為中文「素養」一詞，以利後續進一步的探討。

國內對於素養一詞的定義，邱貴發（1992）認為係指個人對某一領域知識的瞭解程度、技能的熟練程度以及所抱持的態度，素養包含該領域的知識、技能與態度。

李隆盛（1993）指出素養是一組人人都需要的基本能力，因此素養必須是某種層次的能力、技能或技術的總和，而這組能力需具有基本的、人人必備的特性。

張一蕃（1997）定義素養是個人與外界作合理而有效的溝通或互動所需具備的條件。其中「外界」包括了人、事（組織、制度）及物（工具）；「合理」即蘊涵了客觀的價值判斷；「有效」則意味著素養的水準是可以有程度性差異的；「條件」則包括了認知、技能（行為）及情意三方面。

林樹聲（2004）指出素養可以說是一組讓認知主體適應社會生活能力的組合，也就是說，素養必須放置在生活脈絡裡來談，是個體與外界互動的重要依據。

蔡清田（2011b）認為素養是個體面對生活情境的實際問題與可能挑戰時，能應用知識、能力與態度，採取有效行動，以因應生活情境的複雜需要，達成目的或解決問題的需要，是個人生活必備的條件，也是現代社會公民必備的條件。

蔡清田與陳延興（2013）指出素養是個體為了發展成為一個健全個體，必須因應社會之複雜生活情境需求，所不可欠缺的知識、能力與態度。

李坤崇（2013）將素養定義為在培養個人成為獨立個體的過程中，為成功與內在、外在環境互動溝通所需具備的能力，包括認知（知識與理解）、

情意（態度、價值與欲望）、技能三方面。

在國外文獻部份，Bloome（1989）認為素養一詞，狹義來說是指個體能夠「讀、寫、算」，廣義來說則是指個體具備與外界互動時，運用語言、溝通、待人接物等社會能力。

Rychen 與 Salganik（2001）指出素養係個體為了健全發展，發展成為一個健全個體，必須因應生活情境需求所不可或缺的知識、能力或技術能力、態度。

Jones 與 Voorhees（2002）指出素養是整合技能、能力、知識在相關工作上交互作用所蒐集到的學習經驗之結果。

Friesen 與 Anderson（2004）認為素養涉及知識、技巧與態度之組合，是一種綜合知識、技能、價值、經驗、接觸、外在知識資源和工具以解決困難、表現活動或處理情境的整合性應用。

就教育的觀點來看，由於素養強調是可以學習的，內容包括現代社會中一個國民所必須具備的所有基本能力，因此也逐漸受到「聯合國教育科學文化組織」（UNESCO）、「經濟合作與發展組織」（OECD）與「歐洲聯盟」（European Union, EU）等國際組織的重視（Rychen & Salganik, 2001）。素養在歐盟官方的文件中，是涵蓋了歐盟公民基本的社會與群體政治生活面向，指向現代公民在生活處事中應該具備的一般涵養與能力。個體為適應複雜社會環境，在群體生活進行合宜的社會互動，有效地解決問題，滿足自我尊嚴與效能，就必須能夠展現這種多元交融、隨機調節的各項能力（陳聖謨，2013）。其中值得重視的是 OECD 國家於 1997 年至 2002 年所進行的一項大規模跨國研究計畫，這個計畫名稱為「素養的界定與選擇」（DeSeCo），該計畫由瑞士聯邦統計局（Swiss Federal Statistical Office）主導，並與美國教育部國家教育統計中心及加拿大統計局合作進行。這個 DeSeCo 計畫的目的，在提出一個可以據以界定及選擇核心素養的理論及概念架構，以及做為未來發展個人素養統計指標的基礎。依照 DeSeCo 對素養的界定，將素養視為是一種能成功地回應個人或社會要求的能力；素養不等於技能，它是整體性的

觀念，代表一種成功地回應特定情境下之複雜要求的能力，可以包括使用知識、技能以及態度、情緒、價值與動機等（顧忠華、吳密察、黃東益，2008）。因此，素養的概念除具變動性，會隨著時間與學習而成長、累積和擴張（倪達仁，1987）外；還具有共通（gereric）和可遷移（transferable）的特性；也是一種運用知識和技能於生活與工作情境的能力，且可能涉及態度與價值觀；同時，素養還可以透過綜合的過程來加以評估的（measurable）。

綜上所述，素養是個人與人群及社會溝通、互動的能力表現，更是一種教育成果、生活態度與社會文化價值的展現。因此，素養不但含括對特定領域的認知、技能，更包含態度或情意。綜合言之，素養係指個人為達特定目標而與外界人、事、物溝通互動的綜合能力展現，此綜合能力包括認知（知識與理解）、技能與情意（態度、價值與欲望）三方面之組成，認知是具有某方面的知識，技能是具有某方面的操作策略，情意則是個人面對時的態度表現。可見素養是在真實世界中潛在知能與外顯能力的展現，若要發展素養，就必須擴及到整個生活面，納入正式與非正式等各種學習機會，透過融入各種認知的方法，才能達到認識、認知、實踐，並知其所以然。

(二) 通識教育的意義

關於「通識」一詞，必須藉由探討「通識教育」的涵義才能進一步瞭解「通識」的意義。蓋通識教育譯自英文的 general education，general 意指一般的、普遍的、全面的，相對於特殊的、分殊的、專門的而言。也就是說「通識教育」是指人人皆應學習受教的內容，與特殊的、分殊的、專門的知識或技能相對。

根據文獻顯示，「通識教育」一語出自 Packard 於 1829 年刊登在《北美評論》（North American Review）的論文中，該文旨在維護耶魯大學的古典課程，文中提到「通識教育」旨在訓練學生心靈，建立專業必須且穩固的基礎，發展學生特性與德行（character and morality），也就是提供一種「博雅教育」（liberal education）。所謂「博雅教育」乃是指文理科目，是把科目統

合而視為教育的主要內容的一種看法（引自劉振維，2004）。1945 年哈佛大學校長 Conant 提出《自由社會中的通識教育》（General Education in a Free Society）的報告書，指出通識教育之目的在於培養「完整的人」，此種人需具備四種能力：（一）有效思考的能力；（二）能清晰的溝通思想的能力；（三）能做適切明確判斷的能力；（四）能辨識普遍性價值的認知能力，並認為通識課程應包括人文學科、社會學科和自然學科三大領域（Harvard Committee, 1945）。

美國卡內基教學促進基金會指出，通識教育課程內容通常包括下列三種：（一）為進一步學習所需之知能；（二）對各主要學術領域之認識；（三）整合性之學習經驗（Carnegie Foundation for the Advancement of Teaching, 1977）。

Gaff（1983）認為：（一）通識教育是植基於人文傳統，包含基本人文學科的研究和科學的研究；（二）通識教育強調知識的廣博性，它提供學生熟悉人類知識的各個脈絡，以及不同知識領域的方法論、語言和理解方式；（三）通識教育促進知識的統整性、綜合性和連貫性，而不強調專精知識的枝微末節；（四）通識教育鼓勵個人瞭解並珍惜天賦，同時尊重其他民族及其文化；（五）通識教育包含價值的檢視，包括有關於當前爭議性的問題及各學科的方法論中所隱含的問題；（六）通識教育強調共同教育經驗的重要性，至少在大學期間必須要有一部份的共同經驗；（七）通識教育要求學生為了終身的學習，應精熟語文的、分析的、批判的與計算的技能；（八）通識教育要促進個人品格的培養，例如對曖昧狀況的容忍、對不同價值觀念者的同理心、以及一個開展的人生觀。

Mann（1988）提到通識教育必須成為任何專門或專業教育的一部份，因為通識教育能提供：（一）持續練習發展「探究、抽象邏輯思考、批判分析」；（二）強調「聽、說、讀、寫」的素養；（三）增強理解資料的能力，包括「量化的解釋和量化資料的誤用」；（四）發展「歷史意識」；（五）瞭解「科學與技學」，包括基本的科學事實與原則、主要的科學和技學的發展，

以及科學研究對人文、社會與政治的啟示；（六）思考價值的機會，藉以發展和培養「明智的和負責的道德抉擇的能力」；（七）欣賞與經驗美術與表演藝術，藉以提供接近創造、想像和感覺的領域，探討與擴大人之所以為人的意義；（八）提供國際和多元文化的經驗，引導學生進入超越自身的世界，藉以對自己有更好的認識。

Decker 與 Jonas（1999）認為通識教育應該發展學生個人的潛能和才能、智力與判斷思考的技巧，在所有類型的工作中都需要的一般職業技能、文化的認知、基本的讀寫能力、歷史、社會與科學的重要知識、民主社會公民的氣質與價值觀等等。

至於中文原本並未有「通識」這個詞，臺灣正式出現「通識教育」一詞，始於 1984 年教育部公佈之《大學通識教育選修科目實施要點》。對照英文 general education 一詞，過去大都以「通才教育」來指稱，後來可能英文的「一般」具有「普通」和「普及」二義，如以「一般教育」稱之，似乎失去某些高遠的理想，因此以「通識」為名；再者「通才教育」容易使人聯想起「通人」，如此似乎陳義過高，因此以創新的「通識」一詞用作 general education 的中文對等名詞，以有別於專門知識教育（何秀煌，1998）。

國內學者吳大猷（1986）認為通識教育在培養人具有：（一）知識，包括國家文化歷史的、科學和其發展的、社會政治問題的；（二）修養，包括哲學、文化、藝術的；（三）習慣和能力，包括客觀分析的習慣和審辨事物的能力。

郭為藩（1987）指出，「通識教育」的「通」字，是通達、貫通、融會於一爐之意；「識」是指見識、器識，即整合的認知。所謂「通識教育」，並非表示對各學科領域零碎而膚淺的都懂一點，而是透過有系統的「文雅教育」課程設計，並利用科際整合，引導學生由博返約，拓廣學術的視野。

陳伯璋（1994）提到通識教育不是個殊知識或零碎經驗的擁有，而是一種統整的知識論、圓融人生價值「承諾」的價值論，以及批判反省的思考模式或方法論。

　　黃榮村（1994）認為通識教育至少應設定三項目標：（一）消極上應能彌補求學過程中所造成的教養不足；（二）積極上應能提供整合的知識與觀點，至少在某些議題上能博學多聞，當為其深入探討或應用之基礎；（三）應能提供歷史與人文的關懷、社會變動與守常之規範與制度性理解、對人與自然現象之綜合性與原理性的瞭解。

　　陳舜芬（2001）認為通識教育的積極目的可說是在培育健全的知識分子，消極目的則是祛除因專業教育過於偏狹本位而生的流弊。

　　黃俊傑（2002）認為通識教育就是建立人的主體性，以完成人之自我解放，並與人所生存之人文及自然環境建立互為主體性之關係的教育。所謂「通識教育」就是一種喚醒人的「主體性」，以促進「人的覺醒」的教育。

　　江宜樺（2005）指出通識教育的核心精神在於培養學生適當的文化素養、生命智慧、分析思辨能力、表達溝通技巧、以及終身學習成長的動力。一個具備理想通識教育人格的學生，將不只擁有人文社會及自然科學的基本知識，更重要的是能夠批判思考，瞭解自我存在的意義，尊重不同生命與文明的價值，對宇宙充滿好奇，並知道如何進行探索。

　　可見通識教育在概念上仍眾說紛紜，未有一致的共識，但均係有感於現代教育產出太多只有專門知識而對於人生、社會、時事、國事、天下事一無所知的「專家」，無法適應未來社會的挑戰，因而藉著通識教育的陶冶，希望培養一個健全的「人」（謝登旺，2002）。簡言之，「通識教育」係透過教育方式，適時提供人們專業以外的一般性素養，而且其重要性絕不亞於專業教育。也因此，就通識教育起源的背景來看，張國聖（2002）認為通識教育具有以下三個層面的意義：（一）通識教育作為專業教育的補充：通識教育即是彌補學生因為接受過早的分科教育而致眼光短淺，對自身專業以外的知識缺乏基礎認識的弊端等缺失而設計的；（二）通識教育作為專業教育的基礎：通識教育的功能在使學生在選定科系之前能夠先經過一定程度的通識教育，一方面就各類專業學門的基礎知識有初步的瞭解，一方面也能夠培養較為廣博的興趣，以提高擇定專業發展的基礎；（三）通識教育作為統整的教

育：通識教育本身就是一個統整的教育，它包括了人格的統合、知識的整全、價值的提振以及和時代的結合等多重意涵。

因此，如就「通識」一詞而言，其所蘊含的意義就不僅止於建立說、讀、寫、算等適應生活的基本能力而已，「通識」更著眼在樹立全人的價值，以便使個體能夠具備洞識事象的識見與判準，不僅能通達事理，也能明辨是非（龔鵬程，1993）。換句話說，因為知類，而能培養出具備較廣器度和見識之學養，進而超越專業的限制，推類求通，也因此能體察和面對自身與天、人、物、我四者之間的關係與問題，達成通達的境界（林樹聲，2000）。

綜上所述，「通識」是一種具有整體架構觀念的思考方式與態度，它強調能力提升、知識統整、跨領域學習、品格形塑和人文關懷等理念，亦即除了持續學習特定領域的專業知識外，更能具有廣博的視野看待所有知識與經驗，促使對自我與所處環境產生真實的意義，喚起對社會脈絡、歷史意識與自然生命之覺知，同時奠定深遠的公民意識與社會責任，以因應未來工作生活需求與提升自我素質。縱使「通識」不易被具體觀察、描述、紀錄或評量，但是透過通識教育的實施，其目的即為「教育」一詞字義的根本目的，特別是通識教育重視的博雅精神，能夠使個體認識環境、真正瞭解自己及其世界、思考批判及人際溝通，並對教育情境脈絡的知識、對教育目的與價值，及其哲學與歷史淵源的知識有真正的瞭解，進而達成終身不斷提升包括自我在內的人生素質，以實踐全人發展的願景。

（三）通識素養的意涵

1. 通識素養的定義

現今社會特別強調專業素養的養成，相對地較忽視專業素養之外的通識素養，也因此通識素養在專業掛帥且學術分工日趨精細的社會中益顯格外重要。劉傳璽（2014）即指出，專業素養只是用人的考量之一，而通識素養才

是決勝的關鍵所在。因此，專業素養和通識素養對於一個人來說，各有其生活上的功能，二者並非對立的兩面，甚至可以說是一種互補的關係。

透過上述有關素養概念和通識教育的討論可以發現，學者們提出諸多的意見論點，為了對「通識素養」的意涵有更深入的掌握，以下從不同取向進一步探討國內外學者與機構的觀點。

前已論及「通識」二字是中文特有的用詞，在國外文獻中並無相同之詞句出現，加上「素養」一詞屬多樣態的複雜概念，可依各種情境背景所要表達的意涵，而有不同但相近的用語（陳聖謨，2010）。也因此，通識素養一詞具通泛性質，檢視國內外文獻亦可發現，指涉與通識素養有關的重要概念，包括基本素養（general competence or general literacy）、基本能力（key skills）、核心素養（core/key competence or core/key literacy）或關鍵能力（key competence or critical competence）等，用詞雖然不一，但這些概念均屬通識素養中的必要元素，其共通點著重在個體綜合素養的整體性發展，主張任何素養與其他素養息息相關，同時強調多領域知能的獲取和融會貫通，為了對通識素養有更週全的瞭解，以下先針對這些相關用語所做的界定進行探討。

吳清山與林天祐（1998）認為基本能力係指學生應該具備重要的知識、技能和素養，俾以適社會的生活。所以，基本能力可以說是預期學生經過學習之後需要達到的能力，有了這些基本能力之後，將來可以有效的適應社會生活。

劉蔚之（2007）認為關鍵能力係指每個人都需要的能力，以完成個人之自我實現與發展、主動積極的公民、社會融入與就業，此一名詞包括「基本技能」，卻又超越其範圍。

陳伯璋、潘慧玲、張新仁與蔡清田（2007）使用國民核心素養一詞，認為一般臺灣人民於十八歲完成中等教育，能在臺灣的社會文化脈絡中，成功的回應情境中的要求與挑戰，順利完成生活任務並獲致美好的理想結果之所應具備的素養。

　　張鈿富、吳慧子與吳舒靜（2009）定義關鍵能力是預期學生經過學習之後需要得到的能力，有了這些能力之後，將來可以有效的適應社會生活。

　　蔡清田（2011c）採用核心素養一詞，是指每一位社會成員都必須學習獲得與不可或缺的素養，是個體開展潛能與產生社會效益所必須具備的素養，也是當代每一個個人獲得成功生活與功能健全社會，所必須具備的素養。

　　財團法人高等教育評鑑中心基金會（2011）認為核心能力是指應具備之專業知能，而基本素養是指應用專業知能所應具備之一般性能力與態度。

　　洪裕宏（2011）指出培養一個人成為一個獨立的個體的過程中，所建立的作為其人格發展的基礎。這個人格發展的基礎預設一組可發展學習的能力，這組最基本的能力即為核心素養。

　　經濟合作發展組織（OECD）在「素養的界定與選擇」（DeSeCo）計畫界定所謂 key competencies，指的是一個人在特定的情境中，能成功地滿足情境中的複雜要求與挑戰，順利執行生活任務，強調個體在複雜的環境中，如何藉由自我的特質、思考、選擇及行動，來獲致成功的生活或美好生活的理想結果（Rychen & Salganik, 2001）。

　　澳洲於 1992 年 9 月由梅爾委員會（Mayer Committee）提出關鍵能力總結報告書《將一般通識教育帶入工作中》（Putting General Education To Work），其對關鍵能力的定義為：有效參與發展中工作型態與工作組織所必要的能力。其重點在於以一種整合方式將知識或技術應用於工作。關鍵能力是一般性的，它們並不是適用於特殊工作領域的特定工作，而是能廣泛應用於一般工作，這項特性也意味著關鍵能力不只能幫助個人有效參與工作生活，亦能實質幫助個人有效地接受繼續教育或更廣泛地參與成人世界（成露茜、羊憶蓉，1996）

　　從上述諸多討論的文獻中可以發現，與通識素養有關的用語除了會因國家地區的不同而有差異外，也會因文化背景的不同而有不同的定義。至於通識素養本身的定義，林樹聲（2004）認為通識素養是一個人具備對自己、對他人、對外界事物展現出融會貫通的一面，並且能善加運用自己已知的部份

與外界做溝通、對外界做出是非判斷的智識和能力。

綜上所述，廣義來說，如果將通識素養看做是教育的目標，那麼其內容應該包括專業素養和非專業素養，此一觀點與上述國內外文獻提到的基本素養、基本能力、核心素養或關鍵能力等意涵是相近的，因為二者均無專業或非專業領域之分，都在強調生活或工作上所必備的知能；然而狹義的理解則是指非專業素養，亦即不直接與專業所應具備的素養有關，而是與專業素養共同構成整體性的素養。為與專業素養有所區別，同時又能兼顧整體素養的發展，本書傾向後者觀點，也因此，對於通識素養的提倡，最重要的就是要有別於專業素養本有的意涵，蓋專業係指具備高度的專門知能以及其他特性而有別於普通的「職業」或「行業」而言（陳奎熹，1995）；而專業素養則是成功的執行各項任務所應有的相關技能、認知及態度（Peak & Brown, 1980），就此而言，通識素養正可避免過度強調專業素養所造成的各種缺失，更重要的是要兼顧專業素養與全人的發展。因此，通識素養一方面可補充專業素養的不足，提供自身專業以外的基礎知識認識；再者，通識素養可作為發展專業素養的基礎，正因對基礎知識有了初步瞭解，更能奠定專業發展的基礎；當然，通識素養還是各種素養的統整，藉由提供統整的知識，進而培養統整的人格。因此，本書為與專業素養有所區別，參考 OECD／DeSeCo 計畫與林樹聲（2004）的看法，將通識素養（general literacy）界定為：個體在應用專業知能時，為有效地因應社會複雜生活情境需求，具備對自己、對他人、對外界事物展現出融會貫通的一面，並且能善加運用自己已知的部份與外界進行溝通所不可欠缺的知識、技能與態度。

瞭解通識素養的定義後，我們知道許多國家或機構為了因應知識經濟時代的挑戰，紛紛提出核心素養或關鍵能力架構，以引導教育體系培養支持國家永續發展的人才。不論是通識素養、核心素養或關鍵能力，雖然探討的重點不一，對內容的詮釋也各有解讀，但事實上都強調教育的價值和功能，因此以下針對國際重要機構制定核心素養或關鍵能力的架構以及國內學者的論點進行分析，並參考通識教育的意涵，以作為通識素養內涵理解的前導。

2. 通識素養的內涵

（1）國際機構之相關研究

　　國際機構有關素養的論述，可以溯及到 1996 年歐洲委員會（Council of Europe）界定一個自主的公民，要能有承擔責任、參與團體決策、和平解決衝突、參與並改進民主機制等能力（Dabrowski& Wisniewski, 2011），其後包括「聯合國教育科學文化組織」（UNESCO）、「經濟合作與發展組織」（OECD）與「歐洲聯盟」（EU）等機構紛紛針對素養或核心素養議題提出相關論述與內容架構，概述如下：

A.「聯合國教育科學文化組織」（UNESCO）的五大學習支柱內涵

　　UNESCO 於 1996 年提出了學習四大支柱（pillars）作為終身學習的關鍵能力，這四大支柱分別是：「學會追求知識」（learning to know）、「學會做事」（learning to do）、「學會與人相處」（learning to live together）以及「學會發展」（learning to be）（UNESCO Institute for Education, 2003；蔡清田，2011d）。2003 年為了因應社會的快速變遷，增加了第五支柱「學會改變」（learning to change），以促進個人、組織與社會順應與引導變遷的能力。這五大學習支柱的具體內涵如表 2-1-2。整體而言，五大支柱係為了因應人類未來持續面臨之各種衝擊與緊張狀態而發展出來，也因此，其涵蓋的面向相當廣，從學習如何培養個人能力、與人相處及促進發展，乃至於能夠面對社會的改變，雖然如此，但每個面向彼此之間都密切關聯。

表 2-1-2　聯合國教育科學文化組織（UNESCO）五大學習支柱具體內涵表

五大學習支柱	具體內涵
學會追求知識 （learning to know）	學習如何學習、專注力、記憶力、思考力
學會做事 （learning to do）	職業技能、社會行為、團隊合作、創新進取、冒險精神
學會與人相處 （learning to live together）	認識自己能力、認識他人的能力、同理心、實現共同目標的能力

五大學習支柱	具體內涵
學會發展 （learning to be）	促進自我實現、豐富人格特質、多樣化表達能力、責任承諾
學會改變 （learning to change）	接受改變、適應改變、積極改變、引導改變

資料來源： 修改自 *Nurturing the treasure: Vision and Strategy 2003-2007* (pp.15-17), by United Nations Educational, Scientific and Cultural Organization [UNESCO] Institute for Education, 2003. Hamburg, Germany: Author.

B.「經濟合作與發展組織」（OECD）的「素養的界定與選擇」內涵

OECD 有鑑於在全球化的脈動下，社會變遷快速且日趨複雜，因此於 1997 年至 2002 年進行了「素養的界定與選擇」（DeSeCo）計畫，主要針對國際間對核心素養的廣泛定義歸納出一個統整性的三維架構，在結論報告中提出三個層面作為概念基礎，其內涵如表 2-1-3，這三個層面分別是（顧忠華等人，2008）：

(1) 自主行動（acting autonomously）：是指人格認同的發展與決定、選擇與行動的自主性。這類素養包括像主張與辯護自己的權利、利益、責任、侷限與需求；形成並執行生涯規劃與個人計畫，並強調個體具有各種基本能力，以與世界產生互動。

(2) 能互動地使用工具（using tools interactively）：包括使用語言、符號的能力，用以理解世界和與人溝通，發展知識與有效與環境互動等；同時能互動地使用知識、資訊與科技。

(3) 在異質團體中進行互動（interacting in socially heterogeneous group）：指適應多元文化、多元價值與多族群、多種族、多宗教等異質性社會的能力。表現在維持恰當人際關係、與人合作與處理並解決衝突的能力。這裡強調人與人之間的互動，尤其是與不同族群、不同文化背景、不同價值的其他人之間的互動。

在 OECD 所推動之 DeSeCo 計畫架構下，認為個人有必要具備核心素養來適應變遷、複雜與互賴的世界，除了自身的素養之外，與他人互動這樣的

社會能力也很重要，並且能夠進行反思而產生行動。

表 2-1-3　經濟合作與發展組織（OECD）素養三維層面與內涵

三維層面	內涵
自主行動 （acting autonomously）	1. 在複雜的大環境中行動與決策（act within the big picture） 2. 規劃及執行生活計畫與個人方案（form and conduct life plans and personal projects） 3. 主張及維護個人權力、利益與需求（defend and assert right, interests, limits and needs）
能互動地使用工具 （using tools interactively）	1. 使用語言、符號及文章溝通互動（use language, symbols and texts interactively） 2. 使用知識與訊息溝通互動（use knowledge and information interactively） 3. 使用科技溝通互動（use technology interactively）
在異質團體中進行互動 （interacting in socially heterogeneous group）	1. 與人建立良好關係（relate well with others） 2. 團隊合作（co-operate, work in teams） 3. 處理與解決衝突（manage and autonomously）

資料來源：修改自 *The Definition and Selection of Key Competencies* (pp.10-15), by Organisation for Economic Co-operation and Development [OECD], 2005. Paris, France: Author。

C.「歐洲聯盟」（EU）的「終身學習核心素養：歐洲參考架構」內涵

　　基於 OECD 於 1997 年至 2002 年進行的 DeSeCo 計畫，EU 也研議進行跨國核心素養的建置工作，因此開始了一項大規模的調查活動，稱為「Eurydice 核心素養調查」。其目的在調查參與國家，認為哪些具有何種重要程度、有關核心素養之課程改革範圍如何、學校中課外活動與跨學科課程目標如何被支持。從此一調查結果，歐盟得以精準掌握各國狀況，以及找出較佳作法（引自劉蔚之，2007）。

　　2005 年歐盟執委會（European Commission）提出了「終身學習核心素養：歐洲參考架構」（Key Competences for Lifelong Learning- A European Reference Framework），並將核心素養界定為一個人要在知識社會中自我實

現、社會融入，以及就業時所需的能力，此能力包括知識、技能與態度三層面。而此一核心素養之建置，乃是作為決策者在創造終身學習機會時必要的參考（Eurydice, 2005）。其所提出的終身學習八大核心素養內容架構如下（引自劉蔚之、彭森明，2008；European Commission, 2005）：

(1) 母語溝通能力（communication in the mother tongue）：以母語溝通是表達與詮釋個人思想、情感或事實的能力，包括口語與書寫兩種基本形式，以及在各種社會與文化脈絡下，以適當方式進行互動。

(2) 外語溝通能力（communication in a foreign language）：在各種適當的情境下（如工作、居家、休閒、教育訓練等），用外語將自己所想或所需，以口說或書寫的方式，進行思想、情感或事實之理解、表達、詮釋的能力。

(3) 數學素養和基本科學與技術素養（mathematical competences, basic competences in science and technology）：以最基本的算數能力解決問題，進一步則包括在問題脈絡下，有能力與意願運用數學思考（邏輯與空間思考）與數學呈現方式（公式、模式建構、圖表）的能力；而科學能力指涉運用科學知識與方法解釋自然界的能力與意願，技術能力則是因應人類之渴望與需求，運用知識以改善自然環境的能力。

(4) 數位素養（digital competence）：數位素養包括為了工作、休閒與溝通，有信心且批判地使用資訊社會技術。這些能力攸關邏輯與批判思考、高層資訊管理技術，以及發展良好溝通技巧。在最基本層次，資訊、通訊與技術包括運用多媒體技術以取得、評估、儲存、生產、呈現、交換資訊，以及透過網際網路進行溝通。

(5) 學習如何學習（learning to learn）：「學習如何學習」包括個人或團體在組織與規劃自身學習時的傾向與能力。例如有效管理時間，解決問題，獲取、評估與吸收新知，以及運用新知識與新技巧於不同脈絡中（家庭、工作、教育、訓練）之能力。

(6) 人際、跨文化以及社會素養與公民素養（interpersonal, intercultural and social competences; civic competences）：人際素養是能在個人、家庭、公

共場合等脈絡中，與其他個人或群體互動時，有效且建設性地參與，或解決社會生活衝突之能力；公民素養則是一組使得個人參與公民生活的能力。

(7) 企業與創新精神（entrepreneurship）：企業與創新精神有兩種面向：源於自己的創新，以及歡迎、支持導因於外在因素之創新。企業與新精神包括歡迎變化，對自己的行動負責，設定且完成目標，以及追求卓越的動機。

(8) 文化表現（cultural expression）：體認到有創意表達觀念、經驗及情緒之重要性，表現形式能包括不同媒介，例如音樂、肢體表演、文學、雕塑藝術等。

歐盟終身學習八大核心素養內容中，有部份核心素養重疊及相互連結，因此另以七項共同能力相互連結並貫穿其中，其具體內涵如表 2-1-4 所示：

表 2-1-4　歐洲聯盟（EU）八大核心素養之內涵

核心素養層面	八大核心素養共同能力
1. 母語溝通能力（communication in the mother tongue）	1. 批判思考
2. 外語溝通能力（communication in a foreign language）	2. 創造力
3. 數學素養和基本科學與技術素養（mathematical competences, basic competences in science and technology）	3. 主動積極
	4. 問題解決
4. 數位素養（digital competence）	5. 風險評估
5. 學習如何學習（learning to learn）	6. 做決策
6. 人際、跨文化以及社會素養與公民素養（interpersonal, intercultural and social competences; civic competences）	7. 建設性的情緒管理
7. 企業與創新精神（entrepreneurship）	
8. 文化表現（cultural expression）	

資料來源：修改自 Lifelong learning and key competences for all: Vital contributions toprosperity and social cohesion, by European Commission, 2005, Retrieved from http://europa.eu/rapid/press-release_IP-05-1405_en.htm?locale=en

（2）國內學者之相關研究

由於每個社會都有其獨特的歷史文化脈絡、政治型態與經濟發展階段。歐盟國家在歷史文化脈絡、政治型態與經濟發展各方面都算相對類似，但仍有不少學者或政策制定者對可普遍應用在所有 OECD 國家的國民核心素養提

出質疑。縱使 DeSeCo 已有相當研究成果，但成果並不一定適用於我國（洪裕宏等人，2008）。有鑑於此，行政院國家科學委員會於 2005 年至 2007 年委託陽明大學洪裕宏等人進行《界定與選擇國民核心素養：概念參考架構與理論基礎研究》。此計畫分別從哲學、藝術、歷史、社會、文化、教育、心理與科技各面向切入。哲學放在總計畫，以提供概念性與基礎性的研究資源，其餘面向分別由《能教學之適文化國民核心素養研究：理論建構與實證分析》（胡志偉、郭建志、程景琳、陳修元，2008）；《我國國民歷史、文化及社會核心素養研究》（顧忠華、吳密察、黃東益，2008）；《全方位的國民核心素養之教育研究》（陳伯璋等人，2007）；《國民自然科學素養研究》（高涌泉、陳竹亭、翁秉仁、黃榮棋、王道還，2008）；《人文素養研究》（彭小妍、王璦玲、戴景賢，2008）等五個子計畫執行。其中《界定與選擇國民核心素養：概念參考架構與理論基礎研究》總計畫提出一套國民核心素養整體的理論架構，《全方位的國民核心素養之教育研究》子計畫則開啟了教育領域中核心素養架構之研究，接著進一步以「核心素養」為主軸，導入十二年國民基本教育課程的縱向連貫及橫向統整，進行了《十二年國民基本教育課程發展指引》研究，今分別就《界定與選擇國民核心素養：概念參考架構與理論基礎研究》總計畫、《全方位的國民核心素養之教育研究》子計畫與《十二年國民基本教育課程發展指引》之研究摘述如下：

A.《界定與選擇國民核心素養：概念參考架構與理論基礎研究》

洪裕宏等人（2008）進行的《界定與選擇國民核心素養：概念參考架構與理論基礎研究》的整合型研究計畫（簡稱：臺灣 DeSeCo），其主要目的在透過科際合作研究，以修正 DeSeCo 的結論，並提出一套適用於我國的理論架構，做為定義與選擇我國國民核心素養的參照依據，並提供政府教育政策制定之評估參考。這個研究所提出之架構，亦可做為制定成人或青少年應具何種核心素養之政策規劃或執行上之評量及指標建立之參考架構，對終身學習之教育與訓練之發展亦有參考價值。本研究提出臺灣發展未來國民核心素養之基本四維架構如表 2-1-5，各核心素養內涵如下：

(1) 能自主行動：包括反省能力、問題解決、創新思考、獨立思考、主動探索與研究、組織與規劃能力、為自己發聲等基本素養。

(2) 能使用工具溝通互動：包括閱讀理解、溝通表達、使用科技資訊、學習如何學習、審美能力、數的概念與應用等基本素養。

(3) 能在社會異質團體運作：包括團隊合作、處理衝突、多元包容、國際理解、社會參與與責任、尊重與關懷等基本素養。

(4) 展現人類的整體價值並建構文明的能力：包括形式的邏輯能力、哲學思想能力，與「生活」相關的邏輯能力、社會正義、規範相關的邏輯能力、意志價值追求相關的邏輯能力、工具理性等基本素養。

表 2-1-5　臺灣國民核心素養的四維層面

臺灣國民核心素養的四維層面	臺灣國民的基本素養
能自主行動	反省能力、問題解決、創新思考、獨立思考、主動探索與研究、組織與規劃能力、為自己發聲、瞭解自我
能使用工具溝通互動	閱讀理解、溝通表達、使用科技資訊、學習如何學習、審美能力、數的概念與應用
能在社會異質團體運作	團隊合作、處理衝突、多元包容、國際理解、社會參與與責任、尊重與關懷
展現人類的整體價值並建構文明的能力	形式的邏輯能力、哲學思想能力，與「生活」相關的邏輯能力、社會正義、規範相關的邏輯能力、意志價值追求相關的邏輯能力、工具理性

資料來源： 洪裕宏等人（2008）。界定與選擇國民核心素養：概念參考架構與理論基礎研究（頁 14）。行政院國家科學委員會專題研究計畫成果報告（NSC95-2511-S-010-001）。臺北市：國立陽明大學神經科學研究所。

B. 《全方位的國民核心素養之教育研究》

陳伯璋等人（2007）指出，在面臨時代變遷下，以「全球化與在地化」、「學校內與學校外的環境變遷」、「過去、現在與未來社會」等三維層面進行全方位教育探究，強調國民核心素養應具國際觀之外，更應立足本土

化，發展出適合臺灣社會文化需求與國情的國民核心素養。因此以 OECD 所界定的核心素養為參考架構，利用比較分析法蒐集與整理國內外核心素養相關文獻，採用專家座談諮詢方式聽取學者的智慧經驗，並使用問卷調查法以瞭解臺灣的國民在社會、文化與歷史脈絡下，需要具備哪些基本能力與核心素養，以便培育出具有批判反省、後設思考能力、創造力、想像力、熱情，與懂得追尋意義等特質的國民，並可進一步回饋到臺灣社會的文化改造運動。其歸納之架構如表 2-1-6，各層面之素養內涵分述如下（陳伯璋等人，2007）：

(1) 能自主行動：界定為「個人具有自主、反省、創造與解決問題之能力，並能表現出決策與行動」，其內涵包括以下八項：

a.反省能力：對自己言行舉止與情緒、思維詳加考察其對錯，並能加以檢討與改革。

b.問題解決：能夠合理且有效地處理事件，解決問題，而獲致良好的結果。

c.創新思考：突破個人的思維，提出不同於現存形式的任何新思想、行為或事業，在活動的過程中所具有的開創新意的表現。

d.獨立思考：解決問題者本身獨自去做推理及解決問題的歷程。

e.主動探索與研究：主動是一種關懷和參與的意願和精神；探索是好奇心與敏感度的表現；研究則是運用嚴謹的分析、推理與歸納等科學方法，探究問題，以發現新的事實、理論或法則。

f.組織與規劃能力：個體在面對各個問題情境時，要能運用以往組織的知識來分析問題的性質，以規劃解決問題的計畫，在擬訂計畫時要能考慮實施計畫的各個步驟的可行性。

g.為自己發聲：重視自己的權益，面對不合理之對待，能有效地為自己表達經驗、意見與權利，建立自己的主體地位。

h.瞭解自我：充分瞭解自己的身體、能力、情緒、需求與個性等等，以及影響這些特質的背後因素。養成愛護自我、自省、自律的習慣，樂觀進取

的態度及良好的品德，並表現個人特質，發展自己的專長。

(2) 能使用工具溝通互動：界定為「個人能使用語言、符號、科技工具及各種訊息進行溝通互動」，其內涵包括以下六項：

a.閱讀理解：經由閱讀的過程，能夠有效地理解文本中的訊息。

b.溝通表達：透過口語或肢體的動作或其他工具，正確地傳遞或接收訊息，能準確地理解他人的思想，並將自己的想法表達清楚，進而能夠維持關係與達成共識。

c.使用科技資訊：能瞭解且適當地應用科技與資訊，以協助達成工作目標。

d.學習如何學習：知道如何學習。

e.審美能力：對美的事物鑑別、評價與欣賞的能力；不只是感受到美、辨別美與醜，而是對美能加以理解與分析、評價。

f.數的概念與應用：理解數的概念，並應用日常生活，解決問題。

(3) 能在社會異質團體運作：界定為「個人能與他人良善相處、共同合作，以尊重、包容的態度理解多元文化，並能進一步積極關懷與參與社會。」其內涵包括以下六項：

a.團隊合作：與他人一起行動或工作，並能協同合作，共同完成任務。

b.處理衝突：與他人的想法或作法不同而產生衝突時，能夠控制情緒，積極化解衝突。

c.多元包容：能尊重且友好的對待與自己不同的人、事、物，包容彼此的差異。

d.國際理解：理解與欣賞本國及世界各地歷史文化，並深切體認世界為一整體的地球村，培養相互依賴、互信、互助的世界觀。

e.社會參與與責任：關心社會，參與社會運作，投入個人的意見、行動及資源，影響社會的改變與發展，將社會及其安樂視為自己的責任。

f.尊重與關懷：欣賞自己與他人，尊重自己與異於自己的群體及文化；關懷自己、關懷他人與自然、關懷理想。

表 2-1-6　臺灣國民核心素養之架構

DeSeCo 核心素養的三維層面	國民核心素養
能自主行動	1. 反省能力 2. 問題解決 3. 創新思考 4. 獨立思考 5. 主動探索與研究 6. 組織與規劃能力 7. 為自己發聲 8. 瞭解自我
能使用工具溝通互動	1. 閱讀理解 2. 溝通表達 3. 使用科技資訊 4. 學習如何學習 5. 審美能力 6. 數的概念與應用
能在社會異質團體運作	1. 團隊合作 2. 處理衝突 3. 多元包容 4. 國際理解 5. 社會參與與責任 6. 尊重與關懷

資料來源：陳伯璋等人（2007）。全方位的國民核心素養之教育研究（頁 123）。行政院
　　　　　國家科學委員會專題研究計畫成果報告（NSC95-2511-S-003-001）。臺南市：
　　　　　致遠管理學院。

C.《十二年國民基本教育課程發展指引》

　　《十二年國民基本教育課程發展指引》（蔡清田等人，2014）主要以「核心素養」為主軸，提出總綱的核心素養架構及其各教育階段的內涵，並結合各領域/科目理念與目標，以轉化及發展領域/科目課程綱要相關內涵（領域/科目核心素養、學習重點），並進行課程的縱向連貫及橫向統整。指引所建構的核心素養強調教育的價值與功能，核心素養的三面向及九項目之內涵同時可涵蓋知識、能力、態度等，其理念重視在學習過程中透過素養促進個體全人的發展以及終身學習的培養，以因應現在及未來社會的需要，三

面九項之核心素養如表 2-1-7，其內涵如下：

(1) 自主行動：包括「身心素質與自我精進」、「系統思考與解決問題」與「規劃執行與創新應變」，係指在社會情境脈絡中，個體能負責自我生活管理以及能進行自主行動選擇，達到身心素質的提升以及自我精進。個人為學習的主體，能夠選擇適當的學習途徑，進行系統思考與解決問題，並具備創造能力與積極行動力。

(2) 溝通互動：包括「符號運用與溝通表達」、「科技資訊與媒體素養」與「藝術涵養與美感素養」，係指強調廣泛地運用工具，有效地與人及環境互動。這些工具包括物質工具和社會文化工具，前者如人造物、科技與資訊，後者如語言（口語、手語）、文字及數學符號。工具不只是被動的媒介，同時也是人我與環境之間積極互動的管道，用以表達經驗、情意、思想及價值。於此，國民亦應具備藝術涵養與生活美感素養。

(3) 社會參與：包括「道德實踐與公民意識」、「人際關係與團隊合作」與「多元文化與國際理解」，係指在彼此生活緊密連結的地球村，個人需要學習處理社會的多元性，與人建立適宜的合作方式與人際關係，個人亦需要發展如何與他人或群體良好互動的素養，以提升人類整體生活素質，這既是一種社會素養，也是公民意識。

可見十二年國民基本教育核心素養係以全人教育為理念，透過結合生活情境、整合性學習和運用、探究與解決問題，讓學生潛能得以適性開展，成為學會學習的終身學習者，進而能運用所學、善盡公民責任，使個人及整體社會的生活、生命更為美好。

表 2-1-7　十二年國民基本教育核心素養之架構

三面向	九項核心素養
自主行動	1. 身心素質與自我精進 2. 系統思考與解決問題 3. 規劃執行與創新應變
溝通互動	1. 符號運用與溝通表達 2. 科技資訊與媒體素養 3. 藝術涵養與美感素養
社會參與	1. 道德實踐與公民意識 2. 人際關係與團隊合作 3. 多元文化與國際理解

資料來源：蔡清田等人（2014）。十二年國民基本教育課程發展指引（頁 5-6 頁）。國立教育研究院研究報告。新北市：國家教育研究院。

3. 小結

　　經由彙整國內外學者對於素養與通識教育之意見論點，再參考國內外制定核心素養或關鍵能力等文獻資料後發現，雖然各研究所著重的面向不盡相同，但有關自主行動、能互動地使用工具以及在異質團體中進行互動之相關素養都為各國所重視，而且這些討論對本研究指標發展之完整性亦助益甚多。因此，本書依據 DeSeCo 計畫的三維層面，針對 UNESCO（2003）、OECD（2005）、EU（2005）、洪裕宏等人（2008）、陳伯璋等人（2007）與蔡清田等人（2014）之研究結果進行分析，結果如表 2-1-8，藉以歸納出通識素養的層面內涵。

　　首先，在三維層面的架構下，為使其名稱簡潔易懂，參考蔡清田等人（2014）的研究，將在異質團體中進行互動調整為「社會參與」，將能互動地使用工具調整為「溝通互動」，而自主行動仍為「自主行動」。因此，本研究的通識素養內涵，可分成自主行動、溝通互動與社會參與等三個層面，而三個層面下又可分為生涯素養、健康素養、情緒素養、問題解決素養、終身學習素養、數學素養、科技素養、數位素養、語文素養、媒體素養、美學素

養、人文素養、倫理素養、民主素養、法治素養、多元文化素養與國際素養
等十七個向度。茲分述如下：

（1）自主行動

　1. 生涯素養：規劃及執行生活計畫與個人方案；主張及維護個人權力、
　　利益與需求。

　2. 健康素養：認識自己能力；瞭解自我；身心素質與自我精進。

　3. 情緒素養：認識自己能力；認識他人的能力；瞭解自我；身心素質與自
　　我精進；建設性的情緒管理。

　4. 問題解決素養：在複雜的大環境中行動與決策；處理與解決衝突；批
　　判思考；問題解決；風險評估；做決策；主動探索與研究；系統思
　　考。

　5. 終身學習素養：學習如何學習；組織與規劃能力；規劃執行與創新應
　　變。

（2）溝通互動

　1. 數學素養：數的概念與應用。

　2. 科技素養：能使用科技溝通互動；基本科學與技術素養；使用科技資
　　訊。

　3. 數位素養：能善用資訊數位能力。

　4. 語文素養：使用語言、符號及文章溝通互動；母語溝通能力；外語溝
　　通能力；閱讀理解。

　5. 媒體素養：使用知識與訊息溝通互動；溝通表達。

　6. 美學素養：文化表現、審美能力、藝術涵養與美感素養。

（3）社會參與

　1. 人文素養：豐富的人格特質；促進自我實現；責任承諾；主動積極；
　　尊重與關懷；道德實踐。

　2. 倫理素養：同理心；團隊合作；與人建立良好關係；人際關係。

　3. 民主素養：社會素養；社會參與與責任；公民能力；道德實踐與公民
　　意識。

4. 法治素養：社會正義、規範相關的邏輯能力；道德實踐與公民意識。

5. 多元文化素養：多元包容；多元文化。

6. 國際素養：國際理解。

表 2-1-8　通識素養內涵架構一覽表

研究層面	UNESCO（2003）	OECD（2005）	European Commission（2005）	洪裕宏等人（2008）	陳伯璋等人（2007）	蔡清田等人（2014）	通識素養向度歸納
自主行動	認識自己能力 認識他人的能力	規劃及執行生活計畫與個人方案 主張及維護個人權力、利益與需求	建設性的情緒管理	為自己發聲 瞭解自我 意志價值追求相關的邏輯能力	為自己發聲 瞭解自我	身心素質與自我精進	生涯素養 健康素養 情緒素養
	接受改變 環境改變 積極改變 引導改變	在複雜的大環境中行動與決策 處理極限與解決衝突	批判思考 問題解決 風險評估 做決策	反省能力 處理衝突 問題解決 獨立思考 主動探索與研究 形式的邏輯能力、哲學思想能力 與「生活」相關的邏輯能力	反省能力 處理衝突 問題解決 獨立思考 主動探索與研究	系統思考與解決問題	問題解決素養
	學習如何學習		學習如何學習	學習如何學習 組織與規劃能力	學習如何學習 組織與規劃能力	規劃執行與創新應變	終身學習素養
溝通互動（能互動地使用工具）	多樣化表達能力	使用科技溝通互動	數學素養和基本科學與科學技術素養 數位素養	使用科技資訊 數的概念與應用 工具理性	使用科技資訊 數的概念與應用	科技資訊與媒體素養	數學素養 科技素養 數位素養 語文素養
	使用語言、符號及文章溝通互動 使用知識與訊息溝通互動		母語溝通能力 外語溝通能力	閱讀理解 溝通表達	閱讀理解 溝通表達	符號運用與溝通表達	媒體素養

表 2-1-8　通識素養內涵架構一覽表（續）

研究層面	UNESCO (2003)	OECD (2005)	European Commission (2005)	洪裕宏等人 (2008)	陳伯璋等人 (2007)	蔡清田等人 (2014)	通識素養向度歸納
			文化表現	審美能力	審美能力	藝術涵養與美感素養	美學素養
	豐富人格特質 促進自我實現 實現共同目標的能力 責任承諾 創新進取 冒險精神		主動積極 創造力 企業與創新精神	創新思考 尊重與關懷	創新思考 尊重與關懷	道德實踐與公民意識	人文素養
社會參與（在群體中進行互動）	同理心 社會行為 團隊合作	團隊合作 與人建立良好關係	人際、跨文化以及社會素養與公民能力	團隊合作	團隊合作	人際關係與團隊合作	倫理素養
				社會參與與責任 社會正義、規範相關的邏輯能力	社會參與與責任	道德實踐與公民意識	民主素養
							法治素養
				多元包容 國際理解	多元包容 國際理解	多元文化與國際理解	多元文化素養
							國際素養

二、校長通識素養之探究

　　由於社會變遷，帶動校園生態的改變，加上少子化現象與績效責任的影響，使得學校的辦學良窳成為家長和社會大眾關注的焦點，而校長除了綜理校務外，又是學校的領導者，扮演著首席教師並兼負行政管理、教育革新、公關營造、問題解決、意見溝通，乃至於道德模範的角色，為了發揮其多元角色功能，除了具備專業知能與專業精神外，也應該兼備通識教育素養（謝文全，1999）。因為，校長在專業素養之外，其所具備的通識素養是決定教育品質、績效及價值的最重要因素。也因此，通識素養與校長職責、角色扮演息息相關，亦即結合校長本身、學校與社區所需具備兼顧的素養。以下先就校長的職責與角色進行瞭解，接著探討校長能力之相關研究，最後則在通識素養的架構下歸納出校長通識素養的內涵。

（一）校長的職責與角色

1. 校長的職責

　　我國教育行政體系中，包括中央及地方二個層級，就現況而言，國民教育性質偏屬地方自治事項，依據《國民教育法》（2016）規定，國民教育分為國民小學教育及國民中學教育兩個階段，其中第 9 條：「國民小學及國民中學各置校長一人，綜理校務，應為專任。」可見校長的法定職責就是綜理校務，而綜理校務係一概括性的用詞，意即與學校有關之事務，均屬於校長的職責範圍。同法第 9-4 條規定：「現職校長具有教師資格願意回任教師者，由主管教育行政機關分發學校任教，不受教師法、教育人員任用條例應經學校教師評審委員會審議相關規定之限制。」亦即校長如具教師資格者而未擔任校長時，即可回任教師進行教學工作。同法第 10 條規定：「國民小學與國民中學設校務會議，議決校務重大事項，由校長召集主持。」此時校長為主持及執行校務會議決議的行政首長。

　　《教育人員任用條例》（2014）第 3 條規定：「教育人員之任用，應注意其品德及對國家之忠誠；其學識、經驗、才能、體能，應與擬任職務之種類、性質相當。各級學校校長及社會教育機構、學術研究機構主管人員之任用，並應注重其領導能力。」從上述意旨可知，校長除擁有優良品德及對國家忠誠外，還應具備領導能力。

　　另外，《公立高級中等以下學校校長成績考核辦法》（2013）第 5 條亦規定，校長之年終成績考核、另予成績考核，應就下列事項，綜合評定其分數：（一）執行教育政策及法令之績效；（二）領導教職員改進教學之能力；（三）辦理行政事務之效果；（四）言行操守及對人處事之態度；（五）其他個案應列入考慮之項目。可見校長的成績考核項目包括政策執行、依法行政、教學領導、行政管理等，另校長身為行政首長，有關其個人言行操守及待人處事等行為表現，亦列為校長成績考核要項。

　　綜合《國民教育法》、《教育人員任用條例》和《公立高級中等以下學校校長成績考核辦法》的規定，有關國民中小學校長的法定職責整理如表 2-2-1。

表 2-2-1　國民中小學校長的法定職責

法規名稱	條文	內容	法定職責
國民教育法	第 9 條	國民小學及國民中學各置校長一人，綜理校務，應為專任。	綜理校務
國民教育法	第 9-4 條	現職校長具有教師資格願意回任教師者，由主管教育行政機關分發學校任教，不受教師法、教育人員任用條例應經學校教師評審委員會審議相關規定之限制。	具教師資格者可回任教師
國民教育法	第 10 條	國民小學與國民中學設校務會議，議決校務重大事項，由校長召集主持。	主持並執行決議的行政首長
教育人員任用條例	第 3 條	教育人員之任用，應注意其品德及對國家之忠誠；其學識、經驗、才能、體能，應與擬任職務之種類、性質相當。各級學校校長及社會教育機構、學術研究機構主管人員之任用，並應注重其領導能力。	注重品德對國家忠誠領導能力

法規名稱	條文	內容	法定職責
公立高級中等以下學校校長成績考核辦法	第 5 條	校長之年終成績考核、另予成績考核，應就下列事項，綜合評定其分數： （一）執行教育政策及法令之績效； （二）領導教職員改進教學之能力； （三）辦理行政事務之效果； （四）言行操守及對人處事之態度； （五）其他個案應列入考慮之項目。	政策執行 依法行政 教學領導 行政管理 言行操守 待人處事

依據相關法規對於校長職責的描述，校長主要職責即綜理校務並擔任學校的行政首長，首重維持校務的正常運作，而在校務運作過程中，所須面對的是層出不窮的問題，此時校長對於各類問題的理解以及尋求解決策略尤其重要；其次，要對國家忠誠，同時對上要執行教育政策及依法行政，可見校長熟稔各項法規係屬必備之能力；另外，對內則要進行教學領導和行政管理，須知教育的內容與方法與時俱進，校長要能扮演好領導的角色，就必須主動及不間斷的學習，才能展現出領導的水準與形象；此外，校長還應注重個人品德，不論是言行操守或待人處事，這些均涉及個人修養及倫理準則，唯有在日常生活中實踐，才足以作為同仁及學生的表率。

2. 校長的角色

角色（role）一詞，最早源自於戲劇用語，強調演員與所扮演人物的區別。而人類組織中亦是由許許多多的角色所組成，每個人都扮演著不同的社會角色（social role），且各種社會角色總是不斷地交互影響。

Biddle（1979）即將角色定義為某既定位置佔有者特定的行為模式；他更進一步將組織中的角色定義為人們在既定的功能關係上，所必須標準化的行為模式。

Owens（1998）認為角色是指與其他人互動過程中所產生的行為規範，這些規範主要來自於：（一）組織內、外其他人對處於該職位之個人的期望；（二）個人對自己處於該職位的期望。

　　林明地（2002）也指出角色的意義包括：（一）角色雖較偏重個體在組織中所處職位的功能發揮，但仍須注重個體的的個人層面；（二）角色具有組合現象，主要的角色扮演者與其他上級、平行、下屬角色具有互動、互補的關係；（三）角色比較著重組織內、外其他人對處於該職位之個人的期望，但角色亦包括個體對自己位於該職位的期望；（四）角色具變動性。

　　可見角色與個體的自我概念、成就動機及個性特質有關，亦即在相同的角色期許下，不同的人其行為表現仍有差異性。而一個被分配到扮演校長角色的人就和扮演任何一個角色的演員一樣，應該有一種符合人們所期望的特定方式的行為。近來隨著社會環境變革及校園民主化的衝擊，校長所面臨的新挑戰層出不窮，也因此扮演的角色愈形複雜。對於校長角色的描述，諸多學者提出各種見解，茲摘述相關研究如下：

　　張清濱（1988）則認為一位成功的校長必須扮演的十項全能角色：

(一) 校務計畫者：校務發展計畫是校長辦學的方向，包括方針及目標，分短、中、長計畫，以作為辦學的依據。

(二) 行政決定者：校長要兼顧法、理、情，不做衝動的決定，不做情緒的決定，不做無關的決定，不做不成熟的決定，不做無效的決定及不做別人的決定。

(三) 教學領導者：校長是教學領導人，應花大部份時間來協助教師改進教學，必須經常進修、研究、巡堂、參觀教師教學及參加教學研究會。

(四) 教育革新者：校長是學校革新工作的重要人物，沒有強有力的推動者，革新工作便不易成功。

(五) 輔導工作者：校長的職責是協助教師建立正確的輔導觀念，培養教師對輔導工作的積極而負責的態度。

(六) 行政管理者：學校行政人員就是行政管理者，校長的職責就是發展或執行政策，使校務能平穩的運作。

(七) 問題解決者：校長要具有敏感度，才能發現問題、解決問題。

(八) 意見溝通者：有效能的校長，善於溝通，面對學生、教師、家長、社區，校長是居於溝通的樞紐。

(九)排難解紛者：在行政運作過程中，人際間的衝突是難免的，校長為維護學校的安定，必須善於處理衝突，紓解衝突來源，防止誣控、濫告情事發生。

(十)教育評量者：校長負有考核教師的責任，並應做到公開、公平及公正。

張明輝（1999）認為校長領導角色需有所調整，提出校長不宜再強調法定權威的角色，而應轉化成「學校教育革新的催化者」、「學校組織成員的衝突管理者」、「學校行政權力的下放者」、「學校行政人才的培育者以及道德領導者」。在學習型組織中，領導者則是「全能」的領導者，肩負教導其他成員之責，應具備「團隊導師」、「創意提供者」及「策略性經理人」的角色。

林明地（2002）認為校長在學校扮演的角色約略可以區分為在專業層面上的角色，以及個人層面上的角色兩大類。其中五種主要的角色包括：

(一)教育者：校長是老師的老師，是首席教師，因此在學校扮演教育者的角色。為成為教育者，校長必須先成為學習者，成為終身學習者。

(二)行政管理者：行政管理的工作主要透過計畫、組織與監督等行政功能，把學校所需完成的工作，有效完成。

(三)文化領導者：校長扮演文化領導的角色，發展健康、正向、積極的組織學習文化。為有效帶領學校，校長必須從管理者轉型成為領導者。

(四)專業社群的一份子：校長在學校組織所扮演的角色，除了學校內部專業角色外，也扮演校長專業社群的一份子，與其他校長同僚互動。

(五)個人自己：校長也是一位普通有生命的個體，必須對自己覺得問心無愧、工作有意義，使自己可以不斷成長、更新、獲得滿足，才是校長持續努力的重要動力泉源，因此校長亦扮演個人自己的角色。

蔡進雄（2003）提到新世紀的校長應扮演六種角色：

(一)願景的推動者：校長要有智慧和眼光，與師生及家長共同發展學校的願景，藉由學校願景引導成員的努力方向，以促進教育目標與理想的達成。

(二) 教學領導者：新世紀的校長應積極扮演教學領導者的角色，以提升教師的教學效能及學生的學習成就。

(三) 道德模範者：校長是師生的行為模範者，也是社區民眾所敬重的對象，因此校長應自許成為社區及全校師生的道德模範者。

(四) 教育革新者：校長是學校教育革新最關鍵性人物，因此校長應隨時吸收教育新知，掌握時代的脈動成為學校教育革新催化者與倡導者。

(五) 問題解決者：校長應主動發現問題，並掌握問題的癥結並有效地解決問題。

(六) 溝通協調者：新世紀的校長不再是擁有各項資源及處處發號司令的集權者，為謀學校的發展，校長應不斷地與教師家長溝通協調，以達共識。

何福田（2004）認為校長應扮演四種角色，分別為：

(一) 豎立價值的精神標竿：校長猶如精神標竿，先要徹底體悟並要率先奉行，俾便引導師生共赴目標。

(二) 滋潤學校的源頭活水：校長應該自我期許成為學校生存發展的關鍵人物。

(三) 突破現狀的開路先鋒：動腦筋、想辦法、找出路，成為學校的開路先鋒，都是校長義不容辭的職責。

(四) 穩定學校的泰山北斗：學校偶爾會遭遇同仁意見相左，甚而有人與行政團隊對立，而穩定學校，消弭亂象都是校長的職責。

謝文全（2007）指出校長在學校裡扮演著七種角色，分別為：

(一) 主動積極的領導者：校長由執行命令、目標管理轉化為主動極的領導者。

(二) 發展學校策略性計畫：校長依上級政策，根據家長、教師、學生而訂定適用於學校之計畫。

(三) 進行合作式計畫歷程：校長領導學校社區利害相關人員及家長、職員、教師、學生研究計畫，以贏得支持與認同。

(四) 領導發展多樣化課程：校長領導並瞭解師生多元需要，協調發展多樣化課程，以滿足學生的需要。

（五）領導學生學習成果評鑑：校長領導學校發展以學生學習成果導向的評量與展演。

（六）領導教職員專業發展活動：校長鼓勵教職員不斷進修，作好校本管理，評估進修，設計專業發展方案。

（七）權力的分享者：由校長與成員共同做決定，尊重、鼓勵、傾聽成員意見、適度授權、共治結構、團體決策、鼓勵成員自主。

陳義明（2005）則提出校長角色應包括：（一）精心策劃者；（二）多向溝通者；（三）用心督導者；（四）適時協調者；（五）適當激勵者；（六）知人善任者；（七）良好公關者；（八）問題解決者；（九）研究發展者；（十）綜合運用者等十種角色。

Hall 與 Hord（1987）認為校長在學校教育變遷中所扮演的角色，可區分為以下三種類型：

（一）倡導者：扮演倡導者的校長對學校教育的變遷，能掌握具體明確的遠程目標，瞭解學校教師、學生家長、學生及其本身應如何幫助學校，使學校朝向預定的發展目標前進。同時，對於學生、教師與本身都有很高的期許。

（二）管理者：扮演管理者的校長在學校教育變遷過程中，也會主動支持，惟其較重視與教師及上級單位相關人員建立良好關係。因此，重視教師需求，當其得知上級主管單位將推動某項教育變革時，往往能與教師合作無間，努力達成目標。但此類型的校長通常僅是協助上級單位推動學校變革的順利實施，而不主動倡導學校教育的變革。

（三）反應者：此類校長較關心教師及家長對學校運作及各項決定的意見。他會給予學校成員表達意見的機會，視教師為教學的專業人員，未給予過多的教學協助。偏向有意取悅他人，因此學校各項決定往往欠缺長程的規劃，面對學校教育變遷時，也只是被動地靜觀其變。

Blumberg（1987）針對校長的工作範圍提出看法：（一）使事情可能圓潤進行；（二）處理或避免衝突發生；（三）療傷止痛；（四）督導他人工作；（五）發展組織；（六）實現教育理念。

Murphy 與 Beck（1994）指出未來校長應扮演六種角色：

(一) 校長是服務者：從執行者轉化為倡導者、從唯命是從的官僚者轉變為企業經營的冒險者、從科層的管理者轉為合作性的伙伴。

(二) 校長是社區的工作者：校長必須是人性的關懷者，必須對校內外所接觸的人都給予尊重，必須與週遭的人緊密互動。

(三) 校長是道德的促進者：校長身為學校教育領導者，有責任展現對社會道德正義的堅持。

(四) 校長是社會正義的行動者：校長應以具體行動，考量不同家庭背景的學生，建構合適的學校結構與制度，捍衛社會公平正義，使學校成為充滿平等包容與尊重的學習處所。

(五) 校長是組織的建構者：校長必須懷抱變革的理想，結合教師、家長、學生與社區人士等學校相關的人力資源，打造新時代的學校。

(六) 校長是教育者：校長是首席教師、專責管理與領導的角色，到 80 年代後必須具備專業知能的教學領導者。

Sergiovanni（2009）認為校長的工作與領導之根本意涵在於具有教育意味，所以提出了校長領導的四個角色：

(一) 管理者：校長必須將管理系統、管控、評估與一定要完成的學校目標做結合。

(二) 激勵者：校長在家長、教師和地方人士的社會關係趨於疲乏時，便開始強調彼此交互利益的關係。

(三) 發展者：校長必須帶來改變，他必須建置家長、教師以及地方的功能，使其更具功效性。

(四) 社區建立者：校長的角色強調共同的價值和理念、標準和組織目的，提供道德和權威，教導他人如何彼此相待、決策如何被制訂，並將共同的價值和理念、標準和組織目的融入到學校生活中，以便具體展現。

綜合上述國內外學者對校長角色的分析，雖然看似分歧、多元的角色，卻能掌握時代脈動，適應社會變遷。因此，身為校長唯有角色圓融變通，方能帶領學校邁向和諧、革新，並符合社會之期待。茲就專家學者對校長角色

的的看法歸納如表 2-2-2 所示。

表 2-2-2　專家學者對校長角色看法歸納一覽表

學者 校長 角色	Hall & Hord (1987)	Blumberg(1987)	張清濱 (1988)	Murphy & Beck (1994)	張明輝 (1999)	林明地 (2002)	蔡進雄 (2003)	何福田 (2004)	謝文全 (2004)	陳羲明 (2005)	Sergiovanni (2009)	秦夢群 (2010)	合計 次數
行政管理者	✓		✓		✓	✓			✓	✓	✓	✓	**8**
教學領導者			✓				✓		✓				3
校務計畫者		✓	✓						✓	✓			4
行政決定者			✓						✓				2
教育革新者	✓		✓	✓	✓		✓	✓			✓	✓	**8**
公關營造者	✓			✓					✓	✓	✓		5
輔導工作者			✓										1
問題解決者		✓	✓		✓		✓			✓			5
意見溝通者	✓	✓	✓				✓	✓		✓		✓	**7**
教育評量者			✓			✓			✓			✓	4
願景推動者							✓						1
道德模範者				✓	✓		✓	✓			✓		5
文化領導者						✓		✓					2
教育者				✓	✓	✓							3
學習者						✓						✓	2

　　依據文獻探討結果，專家學者對校長角色較為一致的看法依序為行政管理者（計 8 次）、教育革新者（計 8 次）、意見溝通者（計 7 次）、公關營造者（計 5 次）、問題解決者（計 5 次）及道德模範者（計 5 次）等六種角色，茲分述如下：

(一)行政管理者：校長能有效能及效率的確保相關處室的運行，並使行政的運作能順暢以幫助教師教學及學習。

(二)教育革新者：校長應堅持教育理念，隨時吸收教育新知，掌握時代的脈動以促進學校教育革新。

(三)意見溝通者：校長要具備良好的溝通與人際互動的能力，並能有效處理解決不同意見與糾紛，維持和諧之氣氛。

(四)公關營造者：校長需與師生、家長及社區人士建立良好互動關係，並整合與運用社區資源，協助學校推展各項教育活動。

　　（五）問題解決者：校長應主動發現問題，掌握問題癥結並進行分析，進
　　　　　而提出有效的策略來解決問題。

　　（六）道德模範者：校長在道德行為及品性操守上要自我要求，因此，校
　　　　　長除了是全校師生的行為楷模者，同時也是社區民眾所敬重的對
　　　　　象。

3. 小結

　　針對上述校長職責與角色的探討，再參酌通識素養的內涵，為釐清二者
之間的關係，以下將校長職責與角色所應具備的通識素養整理如表 2-2-3。

　　從表中可以看出，校長綜理校務過程中，為了能發現問題、掌握問題進
而有效解決問題，此時扮演著問題解決者的重要角色，縱然問題解決者可能
涉及廣泛的角色詮釋或與其他素養內涵有關，但就校長而言，問題解決素養
確是必備的重要素養之一；校長欲進行教學領導並扮演教育革新者，必須具
備終身學習素養才能隨時吸收教育新知，進而掌握時代的脈動；校長擔任意
見溝通者及公關營造者，尤應側重待人處事的態度與技巧，如此才能與周遭
媒體與人士建立良好的互動關係，因此，媒體素養與倫理素養的具備扮演成
功與否的關鍵；校長要注重品德、言行操守乃至於成為教育革新者或道德模
範者，具備關懷的人文素養是不可或缺的要項；校長主持會議並執行決議
時，扮演著行政管理者與意見溝通者的角色，此時校長需展現民主素養及親
和力，才能包容及接納他人意見，並循民主程序凝聚共識；校長在主持並執
行決議、政策執行、依法行政、行政管理與擔任行政管理者時，必須強化自
身的法治素養，除了能善盡身為校長的使命與社會責任外，更能積極維護師
生合法之權益。

表 2-2-3　校長職責、角色與通識素養關係一覽表

研究層面	通識素養向度	校長職責	校長角色
自主行動	生涯素養	─	─
	健康素養	─	─
	情緒素養	─	─
	問題解決素養	綜理校務（國民教育法，2016）	問題解決者（Blumberg, 1987；張清濱，1988；張明輝，1999；蔡進雄，2003；陳義明；2005）
	終身學習素養	教學領導（校長成績考核辦法，2013）	教育革新者（Hall & Hord, 1987；張清濱，1988；Murphy & Beck, 1994；張明輝，1999；蔡進雄，2003；何福田；2004；Sergiovanni, 2009；秦夢群，2010）
溝通互動	數學素養	─	─
	科技素養	─	─
	數位素養	─	─
	語文素養	─	─
	媒體素養	待人處事（校長成績考核辦法，2013）	意見溝通者（Hall & Hord, 1987；Blumberg, 1987；張清濱，1988；蔡進雄，2003；何福田；2004；陳義明；2005；秦夢群，2010） 公關營造者（Hall & Hord, 1987；Murphy & Beck, 1994；謝文全，2004；陳義明；2005；Sergiovanni, 2009）
	美學素養	─	─
社會參與	人文素養	注重品德（教育人員任用條例，2014） 言行操守（校長成績考核辦法，2013）	教育革新者（Hall & Hord, 1987；張清濱，1988；Murphy & Beck, 1994；張明輝，1999；蔡進雄，2003；何福田；2004；Sergiovanni, 2009；秦夢群，2010） 道德模範者（Murphy & Beck, 1994；張明輝，1999；蔡進雄，

研究層面 / 通識素養向度	校長職責	校長角色
		2003；何福田；2004；秦夢群，2010）
倫理素養	待人處事（校長成績考核辦法，2013）	意見溝通者（Hall & Hord, 1987；Blumberg, 1987；張清濱，1988；蔡進雄，2003；何福田；2004；陳義明；2005；秦夢群，2010） 公關營造者（Hall & Hord, 1987；Murphy & Beck, 1994；謝文全，2004；陳義明；2005；Sergiovanni, 2009）
民主素養	主持並執行決議（國民教育法，2016）	行政管理者（Hall & Hord, 1987；張清濱，1988；張明輝，1999；林明地，2002；謝文全，2004；陳義明，2005； Sergiovanni, 2009；秦夢群，2010） 意見溝通者（Hall & Hord, 1987；Blumberg, 1987；張清濱，1988；蔡進雄，2003；何福田；2004；陳義明；2005；秦夢群，2010）
法治素養	主持並執行決議（國民教育法，2016）政策執行、依法行政、行政管理（校長成績考核辦法，2013）	行政管理者（Hall & Hord, 1987；張清濱，1988；張明輝，1999；林明地，2002；謝文全，2004；陳義明，2005； Sergiovanni, 2009；秦夢群，2010）
多元文化素養	—	—
國際素養	—	—

（二）校長能力之相關研究

校長職責與角色具有其重要性，加上近來學校內外環境快速改變，為了面對接踵而來的各種挑戰，校長必須具備的能力也格外受到重視。環顧國內外對於校長能力的論述中，主要從校長所應具備之能力及校長評鑑等課題為

焦點，因此，本書接著針對國內外學者探討校長能力的內涵進行分析，以作為討論校長通識素養之基礎，茲摘述如下。

吳清基（1990）指出校長獨當一面的基本能力，可分三方面加以說明：

（一）基本修養方面：包括品德修養、身心健康、人際關係。

（二）學校修養方面：包括基本學識、教育學識、教育行政。

（三）行政才能方面：包括一般行政能力及分項行政能力。

林文律（1999）在談論校長應具備的關鍵知識與能力中，歸納出校長至少應具備 33 種能力：

（一）建立學校願景。

（二）領導同仁共赴目標。

（三）塑造學校成為學習型組織。

（四）生涯規劃與終身學習。

（五）領導能力 。

（六）統觀全局能力。

（七）洞察力。

（八）通權達變。

（九）高層次思考。

（十）營造富有思考文化的學校環境。

（十一）建立良好學校文化。

（十二）教學能力。

（十三）教學領導。

（十四）行政能力。

（十五）行政指導。

（十六）執行上級政策。

（十七）熟悉法令規章。

（十八）蒐集、分析、組織資訊。

（十九）推動校務改革。

(二十) 公共關係。

(二十一) 人際溝通。

(二十二) 解決紛爭。

(二十三) 主持會議。

(二十四) 時間管理。

(二十五) 財務管理。

(二十六) 評鑑能力。

(二十七) 危機處理。

(二十八) 校園規劃與學校建築。

(二十九) 具前瞻性的有效決定。

(三十) 解決問題能力。

(三十一) 研究能力。

(三十二) 挫折容忍力。

(三十三) 分析、批判與反省能力。

吳順火（1999）認為一位專業的校長應有以下能力：

(一) 擬定學校發展計畫的能力。

(二) 發展學校課程的能力。

(三) 擁有教學領導的能力。

(四) 成為專任行政的能力。

(五) 培養終身學習的能力。

(六) 具備專業溝通的能力。

(七) 建立生涯規劃的能力。

張峰榮（2002）在「從國民小學校長觀點看國小校長專業能力及培育課程之研究」中，將國小校長專業能力分為基本修養、教學領導、行政經營管理及公共關係四個領域，在此四個領域中，他認為有十七項能力其重要性最高，分別是：

(一) 基本修養領域

1. 能有良好品德。

2. 能清廉，不為利誘，不為色迷。

3. 能有良好的情緒控制力。

4. 能有健康的身心。

5. 能有接納不同意見的胸襟。

(二) 教學領導領域

1. 能有良好的辦學理念。

2. 為師生提供充足的教學資源，創造良好教學環境。

3. 對當前教育政策有充分瞭解。

(三) 行政經營管理領域

1. 有解決危機的能力。

2. 有處理危機的能力。

3. 有果斷做決定的能力。

4. 有通權達變的能力。

5. 有擬定校務發展計畫的能力。

6. 有執行計畫的能力。

7. 有公平、公正、公開、守法的處事原則。

(四) 公共關係領域

1. 有良好主持會議能力。

2. 能解決校內外團體或個人衝突的能力。

蔡金田（2003）曾對英美兩國部份機構團體及彰化縣國中小校長儲訓課程內容中，將校長能力歸納成十一個向度、四十九項能力，茲分別敘述如下：

(一) 品德規範：自我行為、專業精神。

(二) 政策與法令：教育政策、教育法令。

(三) 教育思潮：教育潮流、教育哲學。

(四) 教育領導：教育願景、學校經營、激勵引導方向、影響力的發揮、

提供必要協助、團隊協調合作、授權、指揮監督、注重績效。

(五)溝通能力：口頭溝通、書面溝通、說服力、協調能力、衝突解決、敏感度。

(六)自我與人際互動：與他人相處、多元文化觀、終身學習、生涯規劃。

(七)問題解決能力：計劃組織、學生輔導、執行決策、執行行政事務、問題分析判斷、資訊科技能力、危機管理、時間管理、適當決策能力。

(八)情緒智商：挫折容忍力、情緒管理。

(九)公共關係：瞭解政治生態、社區資源、親師關係、與上級關係。

(十)教育研究與評鑑：教學視導評鑑、課程發展、行動研究。

(十一)教育經費：預算編列、執行預算、資源分配、採購法規、財物管理。

國家教育研究院（年代不詳）在校長專業發展資源服務系統──國民中小學校長專業能力發展標準中指出，校長應具備以下能力：

(一)校務發展與評鑑

1.擬定完善校務發展計劃

(1)能根據發展需求，利用校內外在環境優勢缺失，擬定短、中、長程計畫。

(2)能組成校務發展委員會，凝聚親師生共識，形塑學校願景。

(3)能參照教育政策、學校條件、願景及個人理念，擬定校務發展計畫。

2.規劃與執行校務發展評鑑

(1)能定期檢核校務發展計劃執行之結果。

(2)能根據教育品質學理，擬定具體評鑑標準，執行校務評鑑。

(3)能根據專長分工，形成各種評鑑任務小組，落實校務自我評鑑。

(二)行政管理

1.能積極有效運用學校財物與設備資源

(1)能依校務發展計劃籌編預算，並有效執行。

(2) 能建立主動敏捷之行動服務，提供教師充分教學資源。

(3) 能定期檢討設備、資源之管理與使用效能。

2.能建立適切行政程序，提升行政效率

(1) 能提高教師對行政支援教學的滿意度。

(2) 能建立各項行政程序，書面化並公告週知。

(3) 能依據分層負責明細表，落實職務代理制度。

(4) 能有效協調整合各處室工作，確保校務正常運作。

(5) 能落實行政電腦化，並提升行政效率。

3.能健全人事制度，有效運用人力資源

(1) 能依人事命令，建立公開遴選制度。

(2) 能落實教職員工獎懲公開、考核透明化。

(3) 能根據教師專長及意願安排適當職務。

4.能實施有效的危機管理機制

(1) 能訂定校園危機處理程序及任務編組。

(2) 能定期做危機處理演練，增進危機處理能力。

(3) 能建立完善校園危機處理檔案，並落實追蹤輔導機制。

(三) 教學領導

1.營造優質教學環境

(1) 能掌握資訊科技發展，整合教學媒體，提升教學效能。

(2) 能規劃與建置適當之無障礙學習環境。

(3) 能更新與維護教學設備，提供完善教學資源。

2.領導課程發展與教學研究

(1) 能有效發揮課程發展委員會功能，落實學校本位課程發展。

(2) 能根據教師需求，辦理進修研習，促進教師專業成長。

(3) 能引導教師建立教學檔案，整理教學資源。

3.落實教學視導與評鑑

(1) 能訂定具體且多元的學生學習評量方案。

(2) 能訂定具體評鑑指標，有效實施教師教學評鑑。

(3) 能落實教學視導，提供教師教學改進意見。

(4) 能成立教學輔導小組，輔導初任與需教學協助之教師。

(四) 學校公共關係

1.建立學校與家長、社區密切關係

(1) 能配合社區需求，開放校園空間與資源，提供社區居民活動與學習機會。

(2) 能引導並協助家長與社區適當參與校務之運作。

(3) 能妥善整合及運用社區資源，增進與社區之互動。

2.塑造學校優質形象，善用傳播媒體

(1) 能發展學校特色，塑造學校優質形象。

(2) 能定期發行各類刊物，建置網站，提供學校最新資訊。

(3) 能主動邀請相關人士參與學校重要活動，並與媒體保持密切關係。

3.維持與社會相關機構良好互動關係

(1) 維持與上級機關良好互動關係。

(2) 主動拜訪民意代表與社區賢達，維持密切互動。

(3) 與教育文化相關機構，建立合作關係。

4.建構校際合作夥伴關係

(1) 能擬定校際間合作方案，組成策略聯盟以促進校務運作交流。

(2) 能定期辦理校際交流活動。

(3) 拓展校際間師資、教學、圖書等軟體設備資源分享。

(五) 人格特質與態度

1.展現個人魅力，形塑領導風格

(1) 具備自信心、幽默等人格特質，建立個人魅力形象。

(2) 包容及接納他人意見，展現民主風度及親和力。

(3) 能控制及適度的表達情緒，並具有挫折容忍力。

2.運用心智思考，營造創新校園文化

(1) 具備反省與創新能力，能進行校務運作統整思考。

(2) 帶領教職員工從事學習活動，以營造學習型學校。

(3) 能凝聚親師生向心力，營造人性溫馨校園文化。

3.具備專業道德，建立校園倫理

(1) 能以身作則，具有高度的道德標準，成為組織中的典範。

(2) 關懷、欣賞、讚許的態度支持被領導者。

(3) 循民主程序凝聚共識，建構校園自律的專業倫理。

(六) 專業發展

1.具備專業知能

(1) 能具備豐富教育專業理念與人文素養。

(2) 能隨時向教師介紹最新或重要教育改革或理論。

(3) 能具備行政領導與教學專業知能。

2.善盡專業職責

(1) 能遵守專業倫理信條，並依法行政。

(2) 能建立合宜規章制度。

(3) 能提供教職員實現願景與教學目標的資源。

3.廣續專業成長

(1) 能積極參與各類進修活動，研閱專業刊物，增進專業知能。

(2) 能實施專業對話，與教師共同討論專業理念或實務。

(3) 能不斷反省與思考，檢視及提升自我專業能力。

張明輝（2003）認為卓越中小學校長應具備以下的關鍵能力：

(一) 策略管理能力。

(二) 執行力。

(三) 注意力。

(四) 默默領導力。

(五) 教育行銷能力。

(六) 科技運用能力。

(七) 創新管理能力。

何福田（2004）指出，有意扮好校長角色者除應對教育學門有所涉獵外，尚需具備以下素養：

(一) 人文素養。

(二) 科學素養。

(三) 哲史素養。

(四) 藝術素養。

(五) 政經素養。

(六) 法律素養。

(七) 宗教素養。

(八) 資訊素養。

(九) 前瞻觀念。

蔡金田（2006）針對全國國民中小校長能力進行指標建構與實證研究，將校長能力歸納為行政管理、課程與教學、資源管理與運用、專業涵養等四個層面，四個層面下又分為十二個向度及七十二項重要能力，茲分別敘述如下：

(一) 校務行政：組織願景、規劃校務發展、校園危機處理、激勵與推動改革、熟悉業務、營造溫馨校園、充分授權。

(二) 知識管理：建立組織專業諮詢與發展機制、重視隱性知識、培育知識社群、推動學習型組織、促進分享合作。

(三) 決定能力：良好決定、解決問題、尋求最佳策略、前瞻性的決定、提升學習成效、過程公開透明、最佳決策。

(四) 政策執行：教育法令、管考政策、執行政策、政策傳達、兼顧需求、發展特色。

(五) 教學領導：協助教師成長、創新教學領導者、提供教學資源、專門學科素養、教學研究、教學視導與評鑑、確保教學正常化。

(六) 課程領導：領導課程、發展課程、跨學科課程、安排班級及科目、課程理解的反省。

(七) 學生學習與成就：學習的教育環境、培養學生問題解決能力、重視學生學習成就、輔導與管教、鼓勵家長參與。

(八) 教育經費與資源：編列預算、資源分配、運用管理、公開透明、執行預算、整合資源。

(九) 校內人力資源：口頭書面溝通、人際互動、理性溝通、處理衝突、以身作則、公平公正對待、健全人事制度。

(十) 學校外部資源：公共關係、合作技巧、學校政策、媒體關係、成人教育。

(十一) 專業能力：專業發展、專業責任與道德、服務態度、情緒管理、自我要求、發揮影響力。

(十二) 一般學養：資訊科技知能、課程知識、教育革新、時間管理、主持會議、察覺問題。

　　林文展（2009）在國民中學校長 360 度評鑑指標之建構與實證研究中，將國中校長評鑑指標分為行政管理、課程教學領導、政策法令執行、公共關係能力、專業倫理與責任、學生學習與成長等六個層面，其下再分成十八個向度及七十九項能力指標，分別是：

(一) 規劃督導校務：規劃校務發展、建立願景、分工合作、自我評鑑回饋、發展學校特色。

(二) 領導與溝通：校務決定、處理校園危機、暢通溝通管道、激勵成員、營造組織氣氛、支持創新與突破。

(三) 人力資源管理：有效運用、合理人事任免、遴聘行政人員、安排教師課務、輔導不力教師。

(四) 經費資源管理：執行預算、運用資源、爭取社會資源、參與採購。

(五) 營造教學環境：營造優質環境、充實教學資源、行政支援教學、提供多元活動。

(六) 領導課程發展：參與課程發展、帶領教師規劃設計與實施課程、引導課程及教學之創新、結合資源發展特色課程。

(七) 提升教學專業：規劃教師專業發展活動、協助多元教學、尊重教師專業自主、鼓勵教師建立教學檔案、鼓勵教師成立社群、鼓勵教師

教學研究。

(八)落實課程與教學評鑑：檢視課程成效、建立教師評鑑規準、檢討教師教學成效、輔導不適任教師。

(九)轉化並執行教育政策：政策轉化學校計畫、宣導教育政策、檢討教育政策執行成效、掌握教育政策方向。

(十)瞭解並執行教育政策：遵守教育法令、傳達法令更新資訊、提出因應策略。

(十一)增進與教職員工關係：主動參與校務、主動關懷學生、回應教職員工意見、提供教職員工支援。

(十二)增進與學生關係：與學生維持良好互動、關懷學生、回應學生意見。

(十三)增進與社區家長關係：維持良好互動、活絡家長會組織與功能、暢通親師生溝通管道、參與社區活動、開放學校空間。

(十四)增進與其他人員關係：與上級積極溝通、建立校際夥伴關係、與社會人士維持良性互動、行銷學校。

(十五)善盡專業職責：表現專業具熱忱、言行舉止合宜、展現服務精神、掌握教育專業發展動向、維護校園公平正義。

(十六)促進專業成長：訂定自我成長發展計畫、充實教育專業知識、具備教育專業理念、主動提供成長機會。

(十七)維護學生學習：維護學生學習權益、關懷弱勢學生學習權益、加強學生學習成就、提倡各種學習輔導策略。

(十八)指導學生生活：重視學生意見、重視學校紀律、強化輔導學生功能、重視多元社團發展。

洪啟昌、林信志與劉君毅（2014）針對國家教育研究院中小學校長儲訓班課程的歷程與模式進行研究，發現培育校長儲訓的課程內容主要分為六類：

(一)行政管理：學校公文書管理、預算經費編審與執行、採購法與案例解析、校務評鑑、校園危機管理、校園霸凌防制與處理機制、學校知識管理等。

(二)校務發展：校務經營理念、校務發展規劃、校園建築與規劃、校務

發展計畫的擬定與執行、學校特色經營與發展、學校團隊經營與發展。

(三) 課程教學領導：教學領導、授業研究、備課觀課議課、行動研究。

(四) 公共關係：學校與社區關係建立、學校行銷管理、學校與家長會教師會關係的建立、形塑合作領導文化、學校媒體互動。

(五) 專業責任：品格規範、法治素養，教育領導哲學。

(六) 現場實務與師傅教導：與大師對話、問題分析與解決、標竿學校、個案研究、自我行銷、自治活動、美感教育。

潘文忠、蔡進雄、洪啟昌與林信志（2014）在中小學校長培訓與專業發展模式之整合型研究：國家教育研究院模式之建構，歸納出校長基本能力應該涵蓋七大向度，分別是：

(一) 規劃校務發展：能依據教育政策與學校特性訂定學校發展目標；能評估學校的傳統與各種條件並結合學校特色；能迎合教改潮流並檢視個人學校經營理念；能結合師生及家長意見反應，並擬定、執行與檢核校務發展計畫；能有效主持會議，並形成決議；能將教育政策及法令傳達給學校成員與家長瞭解。

(二) 強化行政管理：能訂定校園危機處理程序及任務編組；能瞭解並有效指導各處室業務；能充分提供教師教學資源；能應用資訊設備，提高學校行政效率；能依校務發展計畫有效執行預算；能妥善規劃學校行政與課務人力配置；能開闢學校成員發展平台，鼓勵學校成員努力與成就。

(三) 提升課程教學：能引導教師進行課程發展與設計；能落實課程發展委員會的功能與任務，促進學校課程發展；能引導教師進行教室觀察；能提升教師教學成效，增進學生學習品質與學習表現；能妥善規劃學校教師進行同儕教學視導；能妥善規劃專業學習社群，促進教師專業成長；能訂定具體評鑑指標，有效實施教師專業發展評鑑。

(四) 落實學生輔導：定期檢核輔導工作計畫，導引輔導工作目標與內涵；能透過學習社群增進教師輔導專業知能；能規劃學生學習輔導及補救教學；激發教師輔導熱忱，營造友善的校園；追蹤檢核輔導網絡及實施成效，提升學校輔導工作效能；能有效落實三級輔導制

度。

(五) 建立公共關係：能先與校內教職員工共同討論，以形成學校公共關係政策之共識；能策劃並引導學校參與社區服務活動；能引導家長及社區瞭解學校教育目標；能引導家長及社區參與協助學校教育活動；能促進校際交流與國際交流；能與大眾媒體良好互動，塑造學校形象；能與政府、民意代表與議會保持良好互動關係。

(六) 發展專業責任：能引導教師瞭解專業發展的責任績效；能鼓勵並帶領學校成員進行團隊學習；能鼓勵並帶領教師從事行動研究；能具備學校行政領導知能；能積極參與各項專業進修活動；能與校內教師討論專業成長理念與實務；能具備國際視野，瞭解世界各國教育脈動。

(七) 培養綜合能力：能培養具有自我省思批判與論述之專業知能；能涵養廉能高尚品德，精進社會責任與人格陶冶；能創新學校發展特色；能瞭解當前國家教育政策，落實強化執行；能評估學校發展現況，瞭解學校發展需求；能傾聽他人意見，並以同理心表達個人感受；能掌控自我情緒表達，並兼具挫折容忍力。

美國中等學校校長協會（National Association of Secondary School Principals, NASSP, 1985）為協助各州及地方學區甄選校長，建立「領導鑑定中心」制度（assessment center），鑑定內容包含學校領導者必備的十二項能力：

(一) 果斷力：有能力判斷何時該做決定，並適時、立即採取行動。

(二) 判斷力：能根據既有資訊做出高品質決定。

(三) 領導能力：能與團體有效互動、解決問題、達成任務。

(四) 組織能力：能有效運用時間及他人完成工作。

(五) 口頭溝通：能清楚陳述各種事實與想法。

(六) 問題分析：有能力尋求與分析資訊並做出判斷。

(七) 敏感度：能覺察有關人與事的問題，並能有效加以解決。

(八) 壓力容忍力：在壓力與他人抗拒下仍能獨立思考與運作。

(九) 書面溝通：能有效以文字清楚表達想法。

(十) 教育價值：有清晰的教育哲學，並願意接納新的想法與變革。

（十一）個人動機：對各種想做的事，具有完成的動機。

（十二）興趣廣泛：有能力討論教育、政治、經濟等各種主題，並積極參與各種活動。

Charlotte Advocate for Education（CAE，2004）以調查法及焦點團體法針對 20 位校長進行研究，歸納出校長應扮演以下領導角色以維續教師生涯的永續發展及提升學生成就：

（一）是願景的領導者並有能力去執行相關計畫。

（二）是危機的處理者，能快速分析與綜合資料並作出較佳的決定。

（三）對於有助於學校成功的事，能自我激勵與堅持。

（四）是問題的解決者。

（五）對於專業能保持承諾與熱忱。

（六）能尊重人的價值，真誠支持教師並協助其成功與成長。

（七）能持續實務與理論兼顧的專業發展。

（八）能相信教學、執行與策略領導同等重要。

上述有關校長應具備能力之內涵，整體而言，大都偏重在專業素養的探討，對於通識素養較少論述，因此，以下僅就具體明確之應具備能力加以綜合歸類如表 2-2-4，以作為後續通識素養指標建構之依據。

表 2-2-4　校長應具備能力與通識素養關係一覽表

研究層面	通識素養向度	校長應具備能力
自主行動	生涯素養	生涯規劃（林文律，1999；蔡金田，2003）。 建立生涯規劃的能力（吳順火，1999）。 訂定自我成長發展計畫（林文展，2009）。
	健康素養	身心健康（吳清基，1990）。 能有健康的身心（張峰榮，2002）。
	情緒素養	身心健康（吳清基，1990）。 能有健康的身心、能有良好的情緒控制力（張峰榮，2002）。

研究 層面	通識素養向度	校長應具備能力
		情緒管理（蔡金田，2003；2006）。 能控制及適度的表達情緒（國家教育研究院，年代不詳）。 能掌控自我情緒表達，並兼具挫折容忍力（潘文忠等人，2014）。
	問題解決素養	解決紛爭、解決問題能力（林文律，1999）。 能解決校內外團體或個人衝突的能力（張峰榮，2002）。 問題解決能力（蔡金田，2003；2006）。 有能力尋求與分析資訊並做出判斷（美國中等學校校長協會，1985）。 是問題的解決者（CAE，2004）。 問題分析與解決（洪啟昌等人，2014）。
	終身學習素養	終身學習（林文律，1999）。 培養終身學習的能力（吳順火，1999）。 終身學習（蔡金田，2003）。 能積極參與各項專業進修活動（潘文忠等人，2014）。
溝通互動	數學素養	—
	科技素養	科技運用能力（張明輝，2003）。 科學素養（何福田，2004）。 資訊科技能力（蔡金田，2003）。 資訊科技知能（蔡金田， 2006）
	數位素養	資訊素養（何福田，2004）。 能應用資訊設備，提高學校行政效率（潘文忠等人，2014）。
	語文素養	—
	媒體素養	人際溝通（林文律，1999）。 具備專業溝通的能力（吳順火，1999）。 媒體關係（蔡金田，2006）。 與媒體保持密切關係（國家教育研究院，年代不詳）。 學校媒體互動（洪啟昌等人，2014）。 能與大眾媒體良好互動，塑造學校形象（潘文忠等人，2014）。

研究層面	通識素養向度	校長應具備能力
	美學素養	藝術素養（何福田，2004）。 美感教育（洪啟昌等人，2014）。
社會參與	人文素養	品德修養（吳清基，1990）。 能有良好的辦學理念（張峰榮，2002）。 教育潮流、教育哲學（蔡金田，2003）。 能以身作則，具有高度的道德標準，成為組織中的典範；能具備豐富教育專業理念與人文素養（國家教育研究院，年代不詳）。 人文素養、前瞻觀念（何福田，2004）。 主動關懷學生；表現專業具熱忱、言行舉止合宜、展現服務精神；具備教育專業理念；關懷弱勢學生學習權益（林文展，2009）。 有清晰的教育哲學，並願意接納新的想法與變革（美國中等學校校長協會，1985）。 對於專業能保持承諾與熱忱；能尊重人的價值（CAE，2004）。 校務經營理念、品格規範（洪啟昌等人，2014）。 能迎合教改潮流並檢視個人學校經營理念；能涵養廉能高尚品德，精進社會責任與人格陶冶（潘文忠等人，2014）。
	倫理素養	人際關係（吳清基，1990）。 公共關係（林文律，1999）。 與他人相處、人際互動、以身作則（蔡金田，2003；2006）。 建構校園自律的專業倫理；能遵守專業倫理信條（國家教育研究院，年代不詳）。 維持良好互動（林文展，2009）。 學校與社區關係建立、學校與家長會教師會關係的建立（洪啟昌等人，2014）。
	民主素養	有公平、公正、公開、守法的處事原則（張峰榮，2002）。 包容及接納他人意見，展現民主風度及親和力；循民主程序凝聚共識（國家教育研究院，年代不詳）。 能有效主持會議，並形成決議（潘文忠等人，2014）。

研究層面 \ 通識素養向度	校長應具備能力
法治素養	熟悉法令規章（林文律，1999）。 能清廉，不為利誘，不為色迷；有公平、公正、公開、守法的處事原則（張峰榮，2002）。 教育政策、教育法令（蔡金田，2003；2006）。 能建立合宜規章制度（國家教育研究院，年代不詳）。 法律素養（何福田，2004）。 遵守教育法令；維護校園公平正義（林文展，2009）。 法治素養（洪啟昌等人，2014）。 能將教育政策及法令傳達給學校成員與家長瞭解（潘文忠等人，2014）。
多元文化素養	營造富有思考文化的學校環境（林文律，1999）。 多元文化觀（蔡金田，2003）。
國際素養	能促進校際交流與國際交流；能具備國際視野，瞭解世界各國教育脈動（潘文忠等人，2014）。

　　歸納上述通識素養向度與校長應具備能力，可以發現，數學素養、語文素養等二個向度，學者討論的校長應具備能力中並未提及，其餘有關生涯素養、健康素養、情緒素養、問題解決素養、終身學習素養、科技素養、數位素養、媒體素養、美學素養、人文素養、倫理素養、民主素養、法治素養、多元文化素養、國際素養等十五個向度均與校長應具備的能力有關，差異在於專家學者提及的頻率不一，換言之，這些素養對校長而言，會因研究者的觀點不同而在重要性上有所差異，雖然如此，但上述歸納的校長通識素養向度仍是建構校長通識素養指標的基礎架構。

（三）校長通識素養之內涵

　　承上所述，校長通識素養不僅可促進校長辦學的成果與有利於日常的生活，更可延伸至專業領域。換言之，通識素養必須保有專業素養的特質，並

以專業素養為基礎，以通識素養各向度進行開展，依個體之條件促其認知、技能、態度的整體持續發展，進而實踐於生活世界。雖然通識素養與專業素養，部份確有重疊之處，不過在專業知識外，亦應具有更廣大的器識，具有適應社會上各階層種種不同環境的基本知識，才能謀求個人之繼續成長與素質提升。

今彙整國內外學者對於通識素養之意見論點，參酌校長職責、角色以及應具備能力等文獻後，將校長通識素養定義為：校長在應用專業知能時，為發展全方位人格，有效地因應社會複雜生活情境需求，具備對自己、對他人、對外界事物展現出融會貫通的一面，並且能善加運用自己已知的部份與外界進行溝通所不可欠缺的知識、技能與態度。

依據國內外學者對校長職責、角色、能力之相關研究以及校長通識素養的定義，本研究對於校長通識素養內涵探討，主要即藉由這幾個方向來進行描述。首先透過相關文獻的分析，經由整體綜合歸納，將通識素養分成自主行動、溝通互動與社會參與等三個層面，這三個層面下又分成生涯素養、健康素養、情緒素養、問題解決素養、終身學習素養、數學素養、科技素養、數位素養、語文素養、媒體素養、美學素養、人文素養、倫理素養、民主素養、法治素養、多元文化素養與國際素養等十七個向度；其次，將國內外學者所探討之校長職責、角色以及應具備能力歸納進三個層面所涵蓋之十七個通識素養向度中，其中數學素養、語文素養並未有相關的討論歸入，可見在校長通識素養中，此二個素養在校長實際工作的情境中甚少被提及，同時資料取得亦屬不易，因此先將此二個素養向度從校長通識素養內涵中排除。

刪除前述二個素養向度後，接著就其餘十五個向度進行歸納分析，在自主行動層面，將生涯規劃、建立生涯規劃的能力、訂定自我成長發展計畫歸入生涯素養向度；身心健康、能有健康的身心歸入健康素養向度；能有健康的身心、能有良好的情緒控制力、情緒管理、能控制及適度的表達情緒、能掌控自我情緒表達並兼具挫折容忍力歸入情緒素養向度；解決紛爭、解決問題能力、能解決校內外團體或個人衝突的能力、問題解決能力、有能力尋求

與分析資訊並做出判斷、是問題的解決者、問題分析與解決歸入問題解決素養向度；教學領導能力培養、教育革新者、終身學習、培養終身學習的能力、能積極參與各項專業進修活動歸入終身學習素養向度。

在溝通互動層面，將科技運用能力、科學素養、資訊科技能力歸入科技素養向度；資訊素養、能應用資訊設備提高學校行政效率歸入數位素養向度；意見溝通者、人際溝通、具備專業溝通的能力、媒體關係、學校媒體互動、與媒體保持密切關係、能與大眾媒體良好互動，塑造學校形象歸入媒體素養向度；藝術素養、美感教育歸入美學素養向度。

在社會參與層面，將注重品德、言行操守、道德模範者、品德修養、能有良好的辦學理念、教育潮流、教育哲學、能以身作則、具有高度的道德標準、成為組織中的典範、能具備豐富教育專業理念與人文素養、前瞻觀念、主動關懷學生、表現專業具熱忱、言行舉止合宜、展現服務精神、具備教育專業理念、關懷弱勢學生學習權益、有清晰的教育哲學、願意接納新的想法與變革、對於專業能保持承諾與熱忱、能尊重人的價值、校務經營理念、品格規範、能迎合教改潮流並檢視個人學校經營理念、能涵養廉能高尚品德，精進社會責任與人格陶冶等歸入人文素養向度；待人處事、公關營造者、人際關係、公共關係、與他人相處、人際互動、以身作則、建構校園自律的專業倫理、能遵守專業倫理信條、維持良好互動、學校與社區關係建立、學校與家長會教師會關係的建立歸入倫理素養向度；有公平、公正、公開、守法的處事原則、包容及接納他人意見、展現民主風度及親和力、循民主程序凝聚共識、能有效主持會議，並形成決議歸入民主素養向度；行政管理、政策執行、依法行政、行政管理者、熟悉法令規章、能清廉、不為利誘、不為色迷、有公平、公正、公開、守法的處事原則、教育政策、教育法令、能建立合宜規章制度、法律素養、遵守教育法令；維護校園公平正義、法治素養、能將教育政策及法令傳達給學校成員與家長瞭解等歸入法治素養向度；營造富有思考文化的學校環境、多元文化觀歸入多元文化素養向度；能促進校際交流與國際交流、能具備國際視野，瞭解世界各國教育脈動等歸入國際素

養。

綜合上述，在生涯素養、健康素養、情緒素養、問題解決素養、終身學習素養、科技素養、數位素養、媒體素養、美學素養、人文素養、倫理素養、民主素養、法治素養、多元文化素養與國際素養等十五個向度中，包括情緒素養、問題解決素養、終身學習素養、科技素養、媒體素養、人文素養、倫理素養、民主素養、法治素養等九個向度，顯然地獲得較多學者專家的一致性看法，其中民主素養係指具備參與民主審議、面對合理爭議所需之知識、技巧與美德（歐慧敏，2013），它強調自由與平等、法治與秩序、權利與義務、合作與服務、理性與尊重。在學校情境中，要培養具有民主素養的學生，校長就必須排除由上而下以校長為中心的經營方式，才能塑造民主的校風（張清濱，1997）。而大哲學家康德有句名言：「無民主的法治是空的，無法治的民主是瞎的」（Law without Democracy is empty, Democracy without Law is blind.）（王煥琛，1989）。許多學者更認定法治本來就是民主的基本原則或特質（陳治世，1973；陳鑑波，1974）。可見民主與法治兩者密不可分，因此，探討校長民主素養時，應該就包含法治素養，基於上述，將民主素養與法治素養二個向度合併為民主法治素養向度進行討論是妥適的。換言之，合併以後的八個向度是校長通識素養的重要內涵，

至於生涯素養、健康素養、數位素養、美學素養、多元文化素養與國際素養等六個，則是相關研究較少提及的向度，為評估校長通識素養內涵中是否予以納入，藉由下列分析以為判斷依據：

(一) 生涯素養：生涯素養主要是要瞭解生涯發展特性並創造個人的工作舞台，然而對校長而言，校長職務本身就是許多教育人員發展個人特長而追求自我實現的目標，換言之，教育人員歷經多年努力進而擔任校長，此時已是生涯發展巔峰，生涯素養不再是校長關注的焦點，同時也無法反映校長工作的重要特徵，因此，探討校長通識素養時可將生涯素養向度略去。

(二) 健康素養：健康素養意指個人獲得、解釋和瞭解基本的健康資訊與服務，並將其加以應用以增進健康的能力（劉婉柔，2013），一般

而言，健康素養通常聚焦在個人本身，亦即瞭解自己健康的知識，進而知道如何照顧自己，並做出對自己健康良好的決定，可見健康素養係每個人都關心的議題，非屬校長所應特別具備的素養，因此亦將健康素養刪除。

(三) 數位素養：數位素養往往與資訊素養或科技素養併稱，由於校長通識素養向度尚歸納出科技素養向度，蓋科技素養就是具備使用、管理、評估和瞭解科技的基本必要的能力，以適應現代科技社會的生活（李明杉，2010），其意涵較數位素養、資訊素養來得廣泛，因此將數位素養含括在科技素養向度中分析，不另討論。

(四) 美學素養：《國民教育法》（2016）第 1 條規定：「國民教育依中華民國憲法第 158 條之規定，以養成德、智、體、群、美五育均衡發展之健全國民為宗旨。」其中美育是實施國民教育的五大宗旨之一，其重要性不言可喻。2011 年教育部召開第八屆全國教育會議形成《中華民國教育報告書》，書中指出，面對社會急遽變遷與日新月異的趨勢與挑戰，未來所需的人才必須兼具在地關懷與全球視野的現代公民素養，而公民素養之藝術與美感培育，則必須透過健全藝術與美感教育制度、行政支持系統、教師增能、課程與教材研發、社會資源整合、以及社會好藝愛美風氣的形塑，才能具體落實，符應各界需求。2013 年教育部提出《教育部美感教育中長程計畫》，其中亦將教師與教育行政人員美感素養的提升列為重大政策之一，以讓美感教育從小扎根（教育部，2013）。有鑑於此，美學素養實為當前校長應具備的重要素養之一，因此予以保留。

(五) 多元文化素養：近年來，臺灣隨著政治民主化、經濟自由化、社會多元化的持續改革，移入人口逐年遞增，換言之，臺灣已經走向多元族群社會、學生日漸異質化的時代（王雅玄，2010）。由於外籍配偶的子女占學校中的學生組成比例愈來愈高，這也意味著校長需要面對更多不同族群的學生、家長，並與他們溝通互動，多元文化素養的重要性可見一斑。基於重視族群關係的認識、包容與接納，校長確實需要具備多元文化素養實踐能力以為因應，故本書保留多元文化素養作為後續探討校長通識素養的向度之一。

(六) 國際素養：隨著全球化時代的來臨，國與國之間的關係緊密聯結，彼此互動頻繁，不論政治、經濟、文化、藝術等層面都相互影響。為了協助下一代能夠具備充足的國際視野，同時在全球競爭激烈的

環境中立於不敗之地，教育的作為更應該從全球的角度出發（詹盛如，2011）。有鑑於此，教育部於 2011 年 4 月正式提出了《中小學國際教育白皮書》，以扎根培育 21 世紀國際化人才為願景，希望能以明確的政策方針、系統的規劃、實際的支援行動，推動中小學國際教育的扎根工程，來達成「培育具備國家認同、國際素養、全球競合力、全球責任感的國際化人才」的目標（教育部，2011）。欲達此目標，首先應喚起學校成員國際教育的意識，以利其成為學校進步的動力引擎（Hill, 2007），而校長所扮演的角色更是其中的樞紐，也是推動的先鋒，因此，校長所應具備的國際素養，其重要性不言可喻，故本書將國際素養予以保留。

　　總結上述之探討，統整出校長通識素養如表 2-2-5，雖然通識素養之向度與內涵不盡相同，但就本書之研究而言，可將校長通識素養歸納為自主行動、溝通互動與社會參與等三個層面，各層面之內涵如下：

(一) 自主行動：係指具備身心健全發展的素質，能瞭解自我與他人，妥善進行情緒管理以不斷自我精進；能理解問題、批判思考、探究各項解決方案，以有效處理及解決生活中的問題與衝突；能選擇適當的學習途徑·具備組織與規劃能力，並積極運用所學的知能於日常生活。此層面包括「情緒素養」、「問題解決素養」與「終身學習素養」三個向度。

(二) 溝通互動：係指能善用數位科技與各類媒體工具之能力，以有效地與外界進行表達、溝通及互動；同時透過對藝術的省思，豐富美感體驗，培養對美善的人事物，進行賞析、建構與分享的態度與能力。此層面包括「科技素養」、「媒體素養」與「美學素養」三個向度。

(三) 社會參與：係指具備豐富的人格特質，能尊重與關懷他人，發展與他人或群體良好的互動，並養成守法精神及公民意識；尊重與欣賞多元文化，且能順應時代脈動與社會需要，發展多元的文化價值觀並具備國際視野。此層面包括「人文素養」、「倫理素養」、「民主法治素養」、「多元文化素養」與「國際素養」五個向度。

表 2-2-5　校長職責、角色與應具備能力所歸納之校長通識素養一覽表

研究層面	通識素養向度	校長職責	校長角色	校長應具備能力	校長通識素養向度
自主行動	生涯素養	—	—	生涯規劃（林文律，1999；蔡金田，2003）。 建立生涯規劃的能力（吳順火，1999）。 訂定自我成長發展計畫（林文展，2009）。	—
	健康素養	—	—	身心健康（吳清基，1990）。 能有健康的身心（張峰榮，2002）。	—
	情緒素養	—	—	身心健康（吳清基，1990）。 能有健康的身心、能有良好的情緒控制力（張峰榮，2002）。 情緒管理（蔡金田，2003；2006）。 能控制及適度的表達情緒（國家教育研究院，年代不詳）。 能掌控自我情緒表達，並兼具挫折容忍力（潘文忠等人，2014）。	情緒素養
	問題解決素養	綜理校務（國民教育法，2016）	問題解決者（Blumberg，1987；張清濱，1988；張明輝，1999；蔡進雄，2003；陳義明；2005）	解決紛爭、解決問題能力（林文律，1999）。 能解決校內外團體或個人衝突的能力（張峰榮，2002）。 問題解決能力（蔡金田，2003；2006）。 有能力尋求與分析資訊並做出判斷（美國中等	問題解決素養

研究層面	通識素養向度	校長職責	校長角色	校長應具備能力	校長通識素養向度
				學校校長協會，1985）。 是問題的解決者（CAE，2004）。 問題分析與解決（洪啟昌等人，2014）。	
	終身學習素養	教學領導（校長成績考核辦法，2013）	教育革新者（Hall & Hord, 1987；張清濱，1988；Murphy & Beck, 1994；張明輝，1999；蔡進雄，2003；何福田；2004；Sergiovanni, 2009；秦夢群，2010）	終身學習（林文律，1999）。 培養終身學習的能力（吳順火，1999）。 終身學習（蔡金田，2003）。 能積極參與各項專業進修活動（潘文忠等人，2014）。	終身學習素養
	數學素養	—	—	—	—
溝通互動	科技素養	—	—	科技運用能力（張明輝，2003）。 科學素養（何福田，2004）。 資訊科技能力（蔡金田，2003）。 資訊科技知能（蔡金田，2006）	科技素養
	數位素養	—	—	資訊素養（何福田，2004）。 能應用資訊設備，提高學校行政效率（潘文忠等人，2014）。	
	語文素養	—	—	—	—
	媒體素養	待人處事（校長成績考核辦法，2013）	意見溝通者（Hall & Hord, 1987；	人際溝通（林文律，1999）。 具備專業溝通的能力	媒體素養

研究層面	通識素養向度	校長職責	校長角色	校長應具備能力	校長通識素養向度
			Blumberg, 1987；張清濱，1988；蔡進雄，2003；何福田；2004；陳義明；2005；秦夢群，2010） 公關營造者（Hall & Hord, 1987；Murphy & Beck, 1994；謝文全，2004；陳義明；2005；Sergiovanni, 2009）	（吳順火，1999）。 媒體關係（蔡金田，2006）。 與媒體保持密切關係（國家教育研究院，年代不詳）。 學校媒體互動（洪啟昌等人，2014）。 能與大眾媒體良好互動，塑造學校形象（潘文忠等人，2014）。	
	美學素養	—	—	藝術素養（何福田，2004）。 美感教育（洪啟昌等人，2014）。	美學素養
社會參與	人文素養	注重品德（教育人員任用條例，2014） 言行操守（校長成績考核辦法，2013）	教育革新者（Hall & Hord, 1987；張清濱，1988；Murphy & Beck, 1994；張明輝，1999；蔡進雄，2003；何福田；2004；Sergiovanni, 2009；秦夢群2010） 道德模範者（Murphy & Beck, 1994；張明輝，1999；蔡進雄，2003；何福田；2004；秦	品德修養（吳清基，1990）。 能有良好的辦學理念（張峰榮，2002）。 教育潮流、教育哲學（蔡金田，2003）。 能以身作則，具有高度的道德標準，成為組織中的典範；能具備豐富教育專業理念與人文素養（國家教育研究院，年代不詳）。 人文素養、前瞻觀念（何福田，2004）。 主動關懷學生；表現專業具熱忱、言行舉止合宜、展現服務精神；具	人文素養

研究層面	通識素養向度	校長職責	校長角色	校長應具備能力	校長通識素養向度
		夢群，2010）		備教育專業理念；關懷弱勢學生學習權益（林文展，2009）。有清晰的教育哲學，並願意接納新的想法與變革（美國中等學校校長協會，1985）。對於專業能保持承諾與熱忱；能尊重人的價值（CAE，2004）。校務經營理念、品格規範（洪啟昌等人，2014）。能迎合教改潮流並檢視個人學校經營理念；能涵養廉能高尚品德，精進社會責任與人格陶冶（潘文忠等人，2014）。	
倫理素養	待人處事（校長成績考核辦法，2013）		意見溝通者（Hall & Hord, 1987；Blumberg, 1987；張清濱，1988；蔡進雄，2003；何福田；2004；陳義明；2005；秦夢群，2010）公關營造者（Hall & Hord, 1987；Murphy & Beck, 1994；謝文全，2004；陳義明；2005；Sergiovanni, 2009）	人際關係（吳清基，1990）。公共關係（林文律，1999）。與他人相處、人際互動、以身作則（蔡金田，2003；2006）。建構校園自律的專業倫理；能遵守專業倫理信條（國家教育研究院，年代不詳）。維持良好互動（林文展，2009）。學校與社區關係建立、學校與家長會教師會關係的建立（洪啟昌等人，2014）。	倫理素養

研究層面	通識素養向度	校長職責	校長角色	校長應具備能力	校長通識素養向度
	民主素養	主持並執行決議（國民教育法，2016）	行政管理者（Hall & Hord, 1987；張清濱，1988；張明輝，1999；林明地，2002；謝文全，2004；陳義明，2005；Sergiovanni, 2009；秦夢群，2010）意見溝通者（Hall & Hord, 1987；Blumberg, 1987；張清濱，1988；蔡進雄，2003；何福田；2004；陳義明；2005；秦夢群，2010）	有公平、公正、公開、守法的處事原則（張峰榮，2002）。包容及接納他人意見，展現民主風度及親和力；循民主程序凝聚共識（國家教育研究院，年代不詳）。能有效主持會議，並形成決議（潘文忠等人，2014）。	民主法治素養
	法治素養	主持並執行決議（國民教育法，2016）政策執行、依法行政、行政管理（校長成績考核辦法，2013）	行政管理者（Hall & Hord, 1987；張清濱，1988；張明輝，1999；林明地，2002；謝文全，2004；陳義明，2005；Sergiovanni, 2009；秦夢群，2010）	熟悉法令規章（林文律，1999）。能清廉，不為利誘，不為色迷；有公平、公正、公開、守法的處事原則（張峰榮，2002）。教育政策、教育法令（蔡金田，2003；2006）。能建立合宜規章制度（國家教育研究院，年代不詳）。法律素養（何福田，2004）。	

研究層面 通識素養向度	通識素養向度	校長職責	校長角色	校長應具備能力	校長通識素養向度
				遵守教育法令；維護校園公平正義（林文展，2009）。法治素養（洪啟昌等人，2014）。能將教育政策及法令傳達給學校成員與家長瞭解（潘文忠等人，2014）。	
	多元文化素養	－	－	營造富有思考文化的學校環境（林文律，1999）。多元文化觀（蔡金田，2003）。	多元文化素養
	國際素養	－	－	能促進校際交流與國際交流；能具備國際視野，瞭解世界各國教育脈動（潘文忠等人，2014）。	國際素養

三、校長通識素養指標初步建構

　　本書參考國內外有關通識素養之看法，歸納出多數文獻皆有提出的通識素養層面及向度，再根據國民中小學校長職責、角色以及應具備能力等在不同工作層面上之運用，交互比對後，篩選出國民中小學校長通識素養之指標，並據以編擬出「國民中小學校長通識素養指標建構問卷」初稿。以下分由指標內涵探討以及國民中小學校長通識素養指標之初步建構等二部份來進行討論。

（一）指標內涵探討

1. 指標的意義

　　校長通識素養指標的建構亦屬指標探討的範疇，一般而言，指標的建構是一種統整化約的歷程，統整必須關照全面與整體，化約則必須能夠指陳核心與價值所在。本研究進行校長通識素養指標建構的過程中，除了透過文獻分析校長通識素養的內涵外，亦應從指標的角度進行全面性的瞭解。

　　張春興（1991）認為，所謂指標乃是用一件事代表另一件事的狀態或變化，前者即稱為後者的指標。指標可以是數字、符號、文字或顏色等。事實上，概念是實證研究的基礎，而指標則是概念的量數。

　　謝金青（1997）認為指標能夠御繁化簡，清楚表述，因而對概念得以進一步的瞭解，並提供作為價值判斷的參考與依據。

　　吳政達（1998）提出，指標是某項決定或判斷的準則、標尺，故評估指標乃指判斷受評對象優點或價值的依據，而此指標的建立將影響評估結果的公信力。

　　徐超聖（1999）指出使用指標來指出或顯示某種存在的現象，其主要理由是因為該現象較抽象，不易被直接或不便測量，因而用另一個較可測量或可觀的指標來「指出」（indicate）或「表徵」（represent）該現象。

　　呂鍾卿（2000）認為指標是一種評定抽象事物或概念的一套或一組特徵，可具體描述界定清楚，做為判斷此一抽象事物優劣或程度差異之依據。

　　張鈿富（2001）指出，指標是表示某種變數隨著時間或地區的不同，相對於基數的變化情形，是一種統計的測量，能反映重要層面的主要現象，並對相關層面進行加總或分化，以達到研究分析的目的。

　　楊思偉（2002）認為指標係一種統計量用來描述不同領域中重要的現象特質，例如：以國民所得作為經濟指標，以選舉投票率作為政治指標，以就學率作為教育指標。簡言之，指標是指作為達成目的的一種量化數據或質化描述，是一種顯現能力的內容。

　　楊振昇、洪淑萍（2002）認為指標係指一種現象、能力或結果的參照標準，藉此可以瞭解其達成的程度，以作為後續的分析、歸納或修正的依據；因此指標可說是衡量目標達成程度的重要依據。

　　田振榮等人（2002）指出指標是一種統計測量，以此反映研究者所感興趣事物的重要層面，並測量出事物的質性與量性特徵，因此，指標應有參照點比較方具有意義。

　　劉鎮寧（2003）則認為指標意謂著能夠指出在某一段時間或某一地區所存在的現象，以便能提供相關人員做為專業判斷或決策之用。

　　蔡金田（2006）認為，指標是一種統計測量，是一種決定或判斷的準繩或量尺，且可作為不同時間或地區的比較，以瞭解其變化情形或相對地位，並能發出適切聲音作為相關政策之執行成果與檢討。

　　葉蕙芬（2009）認為指標是以一種簡化的形式代表另一事物或概念，該型式可為符號、文字或數量等，其目的在於能御繁化簡，清楚表述，是一種價值判斷、問題診斷、結果評價的工具，協助吾人用以判斷並描述所要理解之抽象事物或概念的優劣狀況。

　　國外學者 Johnstone（1981）定義指標為一種統計的測量，它能反映出吾人感到興趣之現象的重要層面，同時能對相關的層面進行加總或分割，以達成研究分析的目的。

　　Oakes（1986）認為指標可提供問題導向的資訊以顯示當前問題或潛在困難、顯示政策相關的資訊及其執行情形、彰顯系統表現與實施成效的面貌、描繪問題背景和組成情況資訊、描述主要特徵等相關資訊。

　　Kerlinger（1986）認為指標應具備兩種因素，一種是利用觀察事項取代不可觀察事項，另一種是由兩個或兩個以上數值組成單一數值。

　　Finn（1987）提出指標能彰顯教育的表現與健康，透過統計量的資料來顯示教育實施內外部情形。

　　Cuttance（1990）認為指標代表一種指引，藉此瞭解及測量事物的質或量。

　　OECD（1992a）則指出指標是針對蒐集處理的統計量數，是如何地被使用與被詮釋，並能發出適切的聲音，達成相關政策之效果、成本與效益。

　　綜上所述，指標是觀察現象的指示者，藉由其統計測量的呈現，能作為瞭解、分析、引導、顯示以及判斷此一觀察現象的依據。也因此，指標在不同時空中的作用相當多元，並且能讓問題與現象更加清楚明確，如能妥善規劃出適當的指標，即可瞭解現況與未來發展方向，並藉由指標所顯示的資訊提供決策參考。

2. 指標的特性與選取規準

　　指標既是一種指引或描述，應該能夠反映出指標衡量面向的重要表現，因此，建構指標時應能就整體研究現象作全盤瞭解，如此才能清楚傳達與描述當下環境之現象。Johnstone（1981）指出指標可分為量化指標（quantitative indicators）與質性指標（qualitative indicators）兩種，其中量化指標可反映出一個可數值化的結果，而質性指標可用來確認數量的相對卓越程度；同時，他認為指標應具有下列五個特性：

　　（一）能指出普遍的狀態，但未必具有高度的科學精確性。
　　（二）指標在整合相關變項的概念與意義，以呈現出制度的縮影。
　　（三）指標是可量化的數字，應依所建構的原則，解釋其意義。
　　（四）指標是理論發展的起點，經操作型定義轉化形成可測量的變項，藉蒐集的資料所建構的指標，可為理論研究奠基。
　　（五）指標數值的適用性是暫時的，會隨時間變遷而有所變動。

黃政傑等人（1996）亦歸納指標的特性有六：

　　（一）指標基本上屬於量化的一種呈現，所處理的是現象中可測量的建構。
　　（二）指標為一種訊息的摘要，要能反映出現象的重要層面。
　　（三）指標並非單純統計數字或原始資料的累積，而是能表達與顯示某些資訊，可藉由理論來加以解釋。
　　（四）指標是一種中性的分析工具，對於現象提供一個實然性的描述或特

徵數值的表示。若要進行價值判斷，則需輔以某些效標（criteria）或標準（standard）的設定作為參照。

(五) 指標可藉由整合或分割，表現出各變項間的關聯性。

(六) 指標的選擇反映出教育的思潮與政策的需求。

孫志麟（1998）則認為教育指標通常具有下列三項特性：

(一) 教育指標為一量化數據：用來代表某一教育現象的狀態。

(二) 教育指標為一般性指引：顯示教育系統的特徵，表現或是健康情形。

(三) 教育指標是相對而非絕對意義：具有中性的特性。

葉連祺與林淑萍（2007）指出建構指標時得考量幾項問題：

(一) 指標選擇的代表性與侷限性：指標可視為一種在某些決策者價值觀影響下，經由刻意選擇，以能反映達成某些預期表現情形的行為描述語。

(二) 指標的彼此關係：指標在反映某個預期該達成的行為表現，使用越多指標越能更完整描述出一個圖像。

(三) 指標應用的後續性：構建指標時，可以再思考指標是否應該負有揭露是個殊性優勢表現或需求的必要性。

由上可知，在進行指標建構時，應留意指標有它的限制性，因為指標是相對的概念，它所處理的是可測量的現象，必須能反映出相關現象的重要層面，表現出各變項之間的關聯性，同時指標也會隨時間的變遷而在重要性上有所不同，因此指標必須不斷的加以探討修正。

至於進行指標建構時，為了讓指標的選擇有所依循，指標選取的規準就顯得格外重要。Oakes（1986）認為良好的教育指標應該包含下列幾項規準：

(一) 比較性：指標應該可以測量學校獨特的特徵，協助我們在進行比較時提供有意義的資訊；同時指標應可測量系統中持久性特徵，以便進行不同時期的比較分析。

(二) 理解性：指標應為使用者或社會大眾所理解。

(三)彈性：指標應該在時間、成本、專業資料蒐集上具有彈性。

(四)信效度：指標應該是一般能接受的、有效的與可信的。

OECD（1992b）於 1992 年提出國際教育指標發展的規準有四：

(一)重要性：教育指標除能反映教育系統的核心概念外，也要滿足實際需求，並具有附加價值，能表達教育的永續發展。

(二)品質要求：教育指標的選擇，應以理論為依據，並考量信、效度。

(三)適切性：教育指標應可進行操作，直接表示概念的本質。

(四)可用性：教育指標應考慮時效和資源可用的程度。

國內學者王保進（1993）探討高等教育表現指標時，也提出七項標準作為建構或選擇教育指標之依據，此七項標準分別為：

(一)測量教育制度重要的中心特徵，具有簡明性。

(二)與政策具有相關性，可指出當前或潛在之問題。

(三)為提高指標之精確性，所測量的應是可觀察之教育現象，使每一指標均能賦予「數學運算」。

(四)必須具備價值中立（value-free）之特質。

(五)應能加總或分割，俾能進行校際、區域、國家或國際之比較，以及時間系列之預測。

(六)具有信度。

(七)具有效度。

黃政傑等人（1996）綜合有關指標、社會指標及教育指標的研究，提出好的指標應符合以下規準：

(一)理論性：指標的選擇應依據理論。

(二)重要性：指標應能反映現象核心或重要特徵。

(三)理解性：指標應能被大眾瞭解與採用。

(四)操作性：指標應有共通的操作型定義。

(五)運算性：指標應測量可觀察且能賦予數學運算的現象。

(六)中立性：指標應具中性之屬性。

（七）其他：指標的數值應能符合 Rossi &Cllmartin 在 1980 年所提出的十七項規準，尤其在效度、信度、可用性、反應性、量表性、分割性、代表性、重合性等方面。

（八）指標的種類眾多，每類指標均有其推論上的可行性與限制，避免只憑使用單一指標去測量某一現象。

吳清山、林天祐（1999）亦認為良好的指標須具備以下三點：

（一）有效性：為避免教育決策者的誤判及扭曲社會大眾對教育的認知，指標應可反映出正確的教育事實。

（二）可行性：良好指標應具備蒐集的方便性，方可建構出具體可行的指標。

（三）實用性：指標須具有實用價值並能適時的向教育決策者提出正確的資訊。

　　綜合上述相關研究，在進行校長通識素養指標建構時，應考量符應實際與潛在顧客、使用者的需要與期許、吻合當代社會價值判斷，以多元完整面貌呈現，因此，本書認為一套優良的校長通識素養指標至少應符合以下幾點規準：

（一）有效性：指標要能確切反映出現象核心或重要特徵，因此必須依據相關理論或實務經驗來建構，儘可能納入專家學者的意見，以及相關利害關係人的參與，才能進行有效的選取。

（二）理解性：不論是利害關係人或社會大眾，都必須對指標有所理解，如此才能達到溝通的效果。

（三）完整性：指標須以合理層級來建構，避免只憑單一的指標去測量某一現象，因此建構時必須透過層級性的系統連結，以求體系的完整。

（四）持久性：指標要能測量系統中持久性的特徵，以方便進行不同時期的比較分析。

（五）操作性：指標應有共通的操作型定義，如此才能進行描述、分析和比較。

（六）實用性：指標要能提供給相關單位作為後續研究與實務運作之參考，換言之，指標必須具備實用的價值。

(二) 國中小校長通識素養指標之初步建構

本書之校長通識素養指標架構分為「層面—向度—項目」三個層次，從國內外探討校長職責、角色以及應具備能力之相關文獻中歸納而得，其中除了層面與向度的歸納外，項目建構係統整上述各節的討論後，參考現階段國民中小學校長在教育現場實際需求與操作策略整理而得。為求指標架構更加周延，意義更加完整，因此，在建構校長通識素養指標時，採取以下幾項作法：

(一) 通識素養內涵所建構出來的層面與向度，並非所有向度均屬校長通識素養所具有之代表性素養，如數學素養與語文素養，這些素養在校長的工作情境中甚少被談及，有關資料也不易取得，因此將此二個素養向度從校長通識素養中排除。

(二) 經過歸納整理後發現，校長通識素養各向度間所佔之重要性並不相同，有些向度較受學者專家的重視，如情緒素養、問題解決素養、終身學習素養、科技素養、媒體素養、人文素養、倫理素養與民主法治素養，這些素養可視為校長通識素養內涵之重要部份；有些向度專家學者則較少提及，如生涯素養、健康素養、數位素養、美學素養、多元文化素養與國際素養，這些素養經過進一步分析後，從三個方向進行向度選取評估，一是保留教育現場有明確的需求，並與政策具有高度關聯性的素養，如美學素養、多元文化素養與國際素養；二是將彼此含括或內涵相近的素養整合後一併探討，如將數位素養併入科技素養中討論；三是將無法確切反映重要特徵或完整性不足的素養予以刪除，如生涯素養、健康素養。

(三) 指標的選取應考慮時效和資源可用的程度，因此理想指標不宜過多，透過對校長通識素養內涵以及指標建構相關文獻的探討，分別從校長通識素養十一個向度中以德懷術篩選出適合的指標。

(四) 本書將建構之校長通識素養指標，透過順序等級的量化測量方式，進行更具全面性的指標測量，藉以解決無法具體測量之資料蒐集。

對於校長通識素養之分析，目前仍少見較有系統的學術研究，大多散見於相關篇章或單一領域素養之探討。由於校長通識素養指標之建構對於研究

結果之完整性與重要性之影響至深且鉅，為避免對校長通識素養之內涵有所疏漏，以下整合國內外專家學者或相關研究對校長通識素養各面向之探討，藉以轉化為校長通識素養之指標，在指標的呈現上，為求得指標內容之完整性與適當性，本書採取綜合歸納以及內涵補充等二種方式來進行指標之建構，並據以形成國民中小學校長通識素養指標建構問卷。茲依序說明如下：

1.「情緒素養」向度之指標建構

校長乃學校組織的行政首長，也是校務的領導者，其作為深深地影響全校教職員的工作績效與學生的學習成就。近來隨著社會大眾對學校的要求愈來愈多，使得校長面對上級長官、民意代表、學校教職員、學生家長與各方人士的殷切期望時，必須投入更多的時間與精力於工作上，連帶著工作壓力與負擔也愈來愈沈重，如何在此鉅變的環境下，一方面能激發校長的工作動機，以利校務的推行；一方面又能承擔重大的壓力與責任，此時校長所具備的情緒素養更顯重要。檢視有關文獻，探討校長情緒議題之研究尚不多見，然而在教育的場域中，校長的情緒素養又是如此的重要，因此將情緒素養列為校長通識素養研究中的一個向度，對校長素養的發展將有莫大的助益。

情緒素養一詞，Steine 與 Perry（1997）為情緒素養所下的定義為：情緒素養是由瞭解自己情緒、傾聽他人、同理他人以及表達情緒等能力所組成，要有情緒素養就是要能以促進個人能力及生活品質的方式來處理情緒。此外，情緒素養不僅可促進人際關係、可創造人與人之間的愛、可與人一起工作、並可促進社區的情感。Weare（2004）對情緒素養的定義為：瞭解自己及他人的能力，特別是知覺、瞭解並運用自己及他人情緒狀況訊息的能力，包含瞭解、表達及管理自己情緒的能力、及反應他人情緒的能力。

綜合上述學者的說法，可知情緒素養是瞭解我們自己及他人的情緒，應用所得資訊，以學習及解決自我在生活中所面臨有關情緒的問題，並能善用各種方式來進行學習，以期能正確表達及管理自己情緒的能力（張乃文，2009）。為使建構的指標具體可行且可進行評估，同時與校長扮演的角色相

連結，因此綜合上述的討論並予以文句潤飾，將校長「情緒素養」向度之指標建構如表 2-3-1，並說明如下：

(一) 瞭解自我及他人情緒：能隨時清楚知道自己內心的真實感受及情緒的起伏；面對別人沮喪及不穩定的情緒時，能感同身受。

(二) 養成學習能力：能面對現實，不斷自我激勵以突破困境。

(三) 正確表達及管理情緒：能使用適當的語詞或表情來表達我的情緒；能具備情緒控制能力，以完成具挑戰性的工作目標。

表 2-3-1　校長通識素養之「情緒素養」向度指標建構

層面	向度	項目
1.自主行動	1-1 情緒素養	1-1-1 能隨時清楚知道自己內心的真實感受及情緒的起伏。 1-1-2 面對別人沮喪及不穩定的情緒時，能感同身受。 1-1-3 能面對現實，不斷自我激勵以突破困境。 1-1-4 能使用適當的語詞或表情來表達我的情緒。 1-1-5 能具備情緒控制能力，以完成具挑戰性的工作目標。

2.「問題解決素養」向度之指標建構

社會環境瞬息萬變，科技的進步超出人們的想像，已經到了不能用過去的知識，解決現在的問題，因此問題解決素養越來越受重視。校長平日綜理校務，在學校經營與管理過程中，須與學生、教師、家長、社區人士及上級單位等學校利害關係人互動與接觸，因此隨時都可能面臨一些問題，同時必須尋求解決，此時更突顯出校長問題解決素養的重要。

一般而言，問題解決時會歷經發掘問題、分析問題與解決問題的過程，當面對問題時首先要能夠分析關鍵的原因，有效的利用資源及經驗提出可能的解決方式，同時具有足夠的信心，願意在日常生活中使用策略解決問題，並且理性地使用策略。因此，問題解決素養至少包含能夠定義問題、提出方案、進行決策與問題解決信心（國立臺灣師範大學雲端測驗中心，2015），茲就校長「問題解決素養」之指標建構如表 2-3-2，並分述如下：

（一）定義問題：即充分蒐集有助於釐清問題的資訊，明確指出解決問題的主要目的，並釐清複雜問題的關鍵變項及原因，包括能清楚定義問題內容並構思多項適當的解決方案；能著重問題的分析，並有能力歸納出重點。

（二）提出方案：即充分蒐集有助於擬定解決問題方案的資訊，類推過去的經驗提出可行的問題解決方案，且能突破過去的經驗提出創造性問題解決方案，包括能掌握問題的重點，有效切入而非事必躬親；能比較各項問題解決方案並做出較佳的決策。

（三）進行決策：即合理評估問題解決方案的優缺點，並整合所有方案的優缺點，以找出問題解決的最佳方案，包括能正確判斷立即性與迫切性問題，並做良好的決定；能正確評估與改善解決問題的策略。

（四）問題解決信心：即問題解決能力的自信程度，包括在處理學校問題時有相當的自信且不逃避問題；能察覺有關人與事的問題，透過溝通與協商，降低組織衝突與疏離。

表 2-3-2　校長通識素養之「問題解決素養」向度指標建構

層面	向度	項目
1.自主行動	1-2 問題解決素養	1-2-1 能清楚定義問題內容並構思多項適當的解決方案。 1-2-2 能著重問題的分析，並有能力歸納出重點。 1-2-3 能掌握問題的重點，有效切入而非事必躬親。 1-2-4 能比較各項問題解決方案並做出較佳的決策。 1-2-5 能正確判斷立即性與迫切性問題，並做良好的決定。 1-2-6 能正確評估與改善解決問題的策略。 1-2-7 在處理學校問題時有相當的自信且不逃避問題。 1-2-8 能察覺有關人與事的問題，透過溝通與協商，降低組織衝突與疏離。

3.「終身學習素養」向度之指標建構

　　終身學習是指個人在生命全程中所從事的各類學習活動。它不僅突破時空的限制，更重要的精神在於強調學習者主動的學習。近年來教育改革的推動，對於正規教育有著很大的影響，而終身學習即是重要焦點之一。身為學校領導者的校長，必須對當前的教育環境有深刻的體認，單靠職前教育已無

法終生受用，已不足以讓校長在個人成長與工作崗位上永續發展，更無法作為師生典範，為國家培育具競爭力的下一代，因此，校長應視終身學習為刻不容緩的使命，以身作則，在不同階段中主動繼續學習，才能表現出領導者的水準與形象，並受到大家的尊敬。換言之，終身學習素養是現今校長不可或缺的知能，更是終身致力實踐的生活型態，由此可見校長終身學習素養的必要性。

1960 年代開始，終身學習在聯合國教科文組織（UNESCO）、歐洲經濟合作發展組織（OECD）以及歐洲議會（Council of Europe）等國際組織召開重要會議及提出報告書後，成為世界各國教育革新的動力與典範（Hasan, 1996；胡夢鯨，1997）。國內有關終身學習的探討雖早有研究，但迄今衡量個人或學校領導者終身學習的指標卻仍有待建立（胡夢鯨，1998）。在終身學習的趨勢與呼籲下，學校裡推動終身學習的重要領導者——校長，本身如何以實際行動從事終身學習，是一個值得關切的議題。

教育部（2004）在《建立終身學習社會五年計畫》中指出提升全民終身學習素養的三項策略為：宣導終身學習理念，深植國人終身學習習慣；激發終身學習動機，建立國人終身學習興趣；增進終身學習技能，培養國人終身學習能力。換言之，終身學習素養範疇包含了認知、動機與技能三方面。國內相關研究也大多認為終身學習素養可區分為終身學習認知、終身學習情意與終身學習技能（王政彥，1998；丁吉文，2001；劉財坤，2005）。

根據上述，本研究將校長之終身學習素養歸納為終身學習認知、終身學習情意及終身學習技能三個部份，建構之指標如表 2-3-3，並說明內涵如下：

（一）終身學習認知：即校長對終身學習有正確的認知，包括能瞭解學習是一種現況的改變，同時運用知識可以解決難題；能瞭解唯有終身學習才能適應社會潮流及各項教育改革政策。

（二）終身學習情意：即校長樂於終身學習，包括從進入教育職場到現在，一直樂在學習；能瞭解終身學習是每個人在廿一世紀生存必備的能力。

（三）終身學習技能：即校長擁有終身學習的能力，包括能從各項研習會中所學得的新知識實際應用在學校經營上；能不斷學習去營造一所高瞻遠矚、永續經營的學校。

表 2-3-3　校長通識素養之「終身學習素養」向度指標建構

層面	向度	項目
1.自主行動	1-3 終身學習素養	1-3-1 能瞭解學習是一種現況的改變，同時運用知識可以解決難題。 1-3-2 能瞭解唯有終身學習才能適應社會潮流及各項教育改革政策。 1-3-3 從進入教育職場到現在，一直樂在學習。 1-3-4 能瞭解終身學習是每個人在廿一世紀生存必備的能力。 1-3-5 能從各項研習會中所學得的新知識實際應用在學校經營上。 1-3-6 能不斷學習去營造一所高瞻遠矚、永續經營的學校。

4.「科技素養」向度之指標建構

隨著社會的資訊化，將學習結合科技已成為我國重要的教育規劃方向，如教育部於 2001 年 6 月完成《中小學資訊教育總藍圖》，明確訂定整體願景是「資訊隨手得，主動學習樂；合作創新意，知識伴終生」（教育部，2001）。同樣地，世界各國也順此趨勢發展，以美國為例，「用科技支持學習」不僅是美國中小學校長所面臨刻不容緩的挑戰與議題，亦是美國教育部戮力於提升每一位學童學習的重要政策（張奕華，2003）。此教育政策要落實在實際教學中，有賴學校的執行，而學校的執行狀況又將直接影響到學生的學習，因此學校要如何在這股科技潮流中有正確的因應與作為，其關鍵就在校長。校長是學校的舵手，規劃學校的目標與方向，引導學校發展，更直接影響到教師的增能、教學的取向與學生的學習成效。基於此，校長是否具備足夠的科技素養來領導全校師生共同前進，使教學不與社會現況脫節，並達成提升學生學習成效的目標，實是一個迫切的挑戰。

至於科技素養一詞，李隆盛（1993）認為係指人類在為解決實務問題以改善生活環境的前提下，善用知識、創意和機具、材料及產品等資源，以便適應科技社會生活和在科技社會中發展的基本能力；Dyrenfurth（1987）則認為科技素養是指擁有廣泛科技知識，以及能夠安全、適切和有效運用這種知識所需的技能與態度。可見科技素養可以從知識、技能及態度等三方面來進行歸納與分類，茲就校長所須具備的科技素養指標建構如表 2-3-4，並分述如下：

(一)知識：即是對科技素養的認知，包括能向學校同仁清楚說明校內科技使用的願景；能有效地分配資源以提高校內科技計畫的執行。

(二)技能：即是運用科技的能力，包括在各種場合中會使用多媒體器材進行資料呈現；當需要資訊時，能利用不同的查詢方式取得所需要的資訊。

(三)態度：即是對科技議題的關注，包括能因應當代資訊科技的演進，持續提倡革新資訊科技應用的政策；能傳達給教師、家長等有關運用資訊科技以發展學生高層次的技能與創造力的資訊及作法。

表 2-3-4　校長通識素養之「科技素養」向度指標建構

層面	向度	項目
2.溝通互動	2-1 科技素養	2-1-1 能向學校同仁清楚說明校內科技使用的願景。 2-1-2 能有效地分配資源以提高校內科技計畫的執行。 2-1-3 在各種場合中會使用多媒體器材進行資料呈現。 2-1-4 當需要資訊時，能利用不同的查詢方式取得所需要的資訊。 2-1-5 能因應當代資訊科技的演進，持續提倡革新資訊科技應用的政策。 2-1-6 能傳達給教師、家長等有關運用資訊科技以發展學生高層次的技能與創造力的資訊及作法。

5. 「媒體素養」向度之指標建構

隨著媒體型態的日新月異，越來越多專家學者開始關注到媒體對學校育所產生的衝擊。教育部的《媒體素養政策白皮書》更直接指出：媒體儼然已

成為兒童接受教育的第二個主要管道，甚至有直接取代學校教育體制的可能（教育部，2002），可見媒體對社會文化環境的影響無所不在。就教育實施面而言，為倡導師生正確利用媒體科技、蒐集、分析、研判、整合與運用媒體資訊的能力，校長更應先提升自身的媒體素養，才能將媒體素養教育自國小階段開始向下紮根。

　　所謂媒體素養是指有能力去獲取使用、分析、評估各種媒體訊息，並且能夠創作媒體訊息，以達到溝通的目的。然而媒體素養並非與生俱來，唯有透過媒體素養教育之教導，才能培育出具備媒體素養的健全公民(Buckingham, 2003)。茲就媒體獲取使用、媒體分析及媒體評估，將校長媒體素養指標建構如表 2-3-5，並分述其內涵：

（一）媒體獲取使用：即瞭解媒體並獲取使用媒體，包括：當我引用各式媒體資料時，都會附上正確的標題並註明出處；能應用媒體表達自己的教育理念並與他人溝通。

（二）媒體分析：即能分析並瞭解媒體訊息事實上是經過多重人為包裝和修剪後的產品，包括：能正確解讀新聞事件的意涵，並自行淘汰不重要或不確實的資訊；能理解媒體訊息的選擇與呈現是受到許多人為因素的介入、修飾及剪裁。

（三）媒體評估：即能評估並反省個人的媒體行為，包括：能發展和維持與媒體的友善關係，以塑造學校優質形象。

表 2-3-5　校長通識素養之「媒體素養」向度指標建構

層面	向度	項目
2.溝通互動	2-2 媒體素養	2-2-1 當我引用各式媒體資料時，都會附上正確的標題並註明出處。 2-2-2 能應用媒體表達自己的教育理念並與他人溝通。 2-2-3 能正確解讀新聞事件的意涵，並自行淘汰不重要或不確實的資訊。 2-2-4 能理解媒體訊息的選擇與呈現是受到許多人為因素的介入、修飾及剪裁。 2-2-5 能發展和維持與媒體的友善關係，以塑造學校優質形象。

6.「美學素養」向度之指標建構

　　過去臺灣藝術與美感教育的實施，在人民生活的食、衣、住、行與育樂等方面未能產生功效。從家庭到學校，以至於社會上，各機構、場域或空間的佈局安排，無論是校園之規劃，抑或是建物之設計，受到使用者及創造環境者的影響至鉅（教育部，2013）。有鑑於此，教育部為了讓美感教育扎根，於 2013 年提出《教育部美感教育中長程計畫》，對國內美感教育的問題包括美感認知、課程教學、教職專業、資源支持、研究累積和社會風氣等方面的問題進行分析，預計從課程教學、支持資源、教職智能三大行動方案，推動相關藝術課程與師資培訓，舉辦各項推廣活動，並與其他部會合作，提升下一代的美學素養。而在學校中，校長不僅肩負著美感教育的推動，同時其所具備的美學素養亦是影響環境美學建構的關鍵推手。

　　所謂美學素養意指具備營造美感社會的能力，體驗的對象不限於藝文，亦可對於生活世界中公共領域之事物，具有統整性價值之體會，同時能提升體認層次，豐富美感之領受與實踐（莊富源，2013）。換言之，美學素養應該表現在美學體認、美學參與及美學欣賞的知能，今依上所述將校長美學素養指標建構如表 2-3-6，並說明如下：

（一）美學體認：即對藝術的感受力，包括能瞭解藝術風格的意涵；能知道美感教育是當前教育的重點政策。

（二）美學參與：即參與藝術的行動力，包括能主動去參與或觀賞藝術類的展演活動；能透過藝術展演活動的安排來拓展學生學習經驗。

（三）美學欣賞：即對藝術的欣賞力，包括能認同美感有助於生活品質的提升；能重視美化學校的環境與空間美化。

表 2-3-6　校長通識素養之「美學素養」向度指標建構

層面	向度	項目
2.溝通互動	2-3 美學素養	2-3-1 能瞭解藝術風格的意涵。 2-3-2 能知道美感教育是當前教育的重點政策。 2-3-3 能主動去參與或觀賞藝術類的展演活動。

層面	向度	項目
		2-3-4 能透過藝術展演活動的安排來拓展學生學習經驗。
		2-3-5 能認同美感有助於生活品質的提升。
		2-3-6 能重視美化學校的環境與空間美化。

7.「人文素養」向度之指標建構

　　學校是人文素養啟蒙與培育的場所，對學生影響甚為深遠，然而隨著科技時代的來臨，學校往往忽略了人文學科的重要，有鑑於此，校長如何洞察時代潮流，發揮人文精神的領導效能，重新塑造教育的新形象，為「帶好每一個孩子」而努力，可說是當前一項重要的任務。

　　所謂人文素養是指個人內在思維、認知、價值、態度、行為與人格的總和，以自主的、寬容的、負責的、信賴的態度，在人與自己、人與人、人與周遭環境、人與自然間互相包容、相互尊重、互相扶持，進而提升人性尊嚴、謀求人類幸福並促進生態正向發展與平衡（傅木龍，2008）。因此，校長的人文素養必須在生活中實踐，對自己、對他人、對社會、對環境的關心，經由內化，轉化為人格修養的一部份，促使校長在辦學的過程中，能以人文角度為出發點，進而提升學生的學習成就。

　　就人文素養而言，其涵蓋的範圍很廣，每個層面都可以獨立出來探討，今根據相關文獻的探討，人文素養至少應包括知識、態度與能力三方面（郭為藩，1992；李大偉，1993；陳裕宏、林輝亮；2002），考量學生為學習主體的角色，茲整理歸納出校長人文素養的指標如表 2-3-7，並分述如下：

(一)知識：即教育視野與使命，包括能掌握教育的發展趨勢，調整我的辦學方針；能批判不合理的教育現象，並提出改善之道。

(二)態度：即對人性的關懷，此為人文素養的最核心價值，亦即對學生之需求及所遭遇的困難與問題，能以同理心設身處地著想，並提供必要之協助與照護，以維護其學習權益，包括能瞭解學生的個別差異並重視學生的身心發展；能兼顧學生群性與個性的發展。

(三)能力：即表現人文精神的具體作為，包括能以學生的福祉作為所有決定與行動的根本價值；能重視不同學生的學習需要，照顧好每一

位學生；能創造學生平等的學習機會，讓每一個學生都能成功。

表 2-3-7　校長通識素養之「人文素養」向度指標建構

層面	向度	項目
3.社會參與	3-1 人文素養	3-1-1 能掌握教育的發展趨勢，調整我的辦學方針。 3-1-2 能批判不合理的教育現象，並提出改善之道。 3-1-3 能瞭解學生的個別差異並重視學生的身心發展。 3-1-4 能兼顧學生群性與個性的發展。 3-1-5 能以學生的福祉作為所有決定與行動的根本價值。 3-1-6 能重視不同學生的學習需要，照顧好每一位學生。 3-1-7 能創造學生平等的學習機會，讓每一個學生都能成功。

8.「倫理素養」向度之指標建構

　　教育的對象是人，學校行政的核心即是倫理問題的解決（Foster, 1986: 33）。因此，校長所做的決定常具有倫理的效果，因為其任何決定的效果或多或少都會直接、間接的對學生、社區，甚至社會產生影響（王麗雲，2005）。隨著學校行政工作之不可預測性及衝突的特徵愈來愈明顯，校長們面臨處理倫理困境的機會也日益增加（林明地，2002）。

　　倫理素養係指校長在面對各種倫理抉擇與難題時，應具備理性思辨的能力，除了必須認識日常生活與專業情境中經常遇到的倫理議題外，更要能運用道德推理及理性判斷來面對倫理議題（莊富源，2013）。此外，學校中也出現許多新興的倫理議題，如環境倫理、資訊倫理、法律倫理等領域。因此，在倫理素養上，一方面要對當代倫理議題有基本認識，另一方面要能運用道德推理對現在及未來發生的具體的倫理議題加以理性判斷。

　　一般而言，倫理素養較常從校園倫理、群己及環境等倫理來探討（歐慧敏，2013），茲就校長所須具備的倫理素養指標建構如表 2-3-8，並說明如下：

　　（一）校園倫理：即校園中所應遵守的規範，包括能擁有惻隱之心，對於需要幫助的同仁能義無反顧的協助他們；能以身作則，激勵學校同

仁觀摩學習；能表現清廉、正直、誠實等特質，以取得大眾對校長的信賴與尊重。

(二)群己倫理：即在群己相處的不同場域中，發展對他人的尊重與關懷，包括能以誠懇與尊敬的態度，公平、公正的對待學校同仁；能主動關懷同仁，並使每個人都享有內在價值與尊嚴。

(三)環境倫理：即營造一個合乎倫理的環境，包括能積極、主動地創造合乎倫理的教育環境。

表 2-3-8　校長通識素養之「倫理素養」向度指標建構

層面	向度	項目
3.社會參與	3-2 倫理素養	3-2-1 能擁有惻隱之心，對於需要幫助的同仁能義無反顧的協助他們。 3-2-2 能以身作則，激勵學校同仁觀摩學習。 3-2-3 能表現清廉、正直、誠實等特質，以取得大眾對校長的信賴與尊重。 3-2-4 能以誠懇與尊敬的態度，公平、公正的對待學校同仁。 3-2-5 能主動關懷同仁，並使每個人都享有內在價值與尊嚴。 3-2-6 能積極、主動地創造合乎倫理的教育環境。

9.「民主法治素養」向度之指標建構

現代的民主法治國家中，實行民主係為伸張個人自由，而法治則在保障個人權益，因此，民主應以法治為基礎，法治則以民主為依歸。所謂民主，Calabrese 與 Barton（1994）認為民主具有下列涵義：（一）民主是一群具有共同命運的自由人；（二）民主是一種包容的社會，它能容許人們表達意見、陳述理念，彼此相互尊重；（三）民主是在宏揚人性的價值、正義、公平及尊嚴；（四）民主社會中，每個人對自己及對別人都有一份責任；（五）民主可促進討論及辯論，辯論之後，少數服從多數，多數尊重少數。當然，學校不僅是民主生活的縮影，同時也是培養學生具有民主素養的重要場域，因此，身為校長者更應採取民主作風，逐級授權、分層負責，讓全校師生都

能在民主的氛圍中進行學習。

在強調民主素養的同時，也應重視知法與守法。所謂法治素養係指對法治原則或精神所具有的涵養（石凌霜，2009），蓋法律為國人一切行為之準則，而學校是學生充實法律常識，培養國民守法精神的主要場所，倘若校長能強化個人的法治素養，不但可作為師生良好的典範外，同時也可省思其執掌校務時是否合憲、合法。例如，《教育基本法》（2013）第一條規定：「為保障人民學習及受教育之權利，確立教育基本方針，健全教育體制，特制定本法。」可見教育之立法目的在確保人民學習及受教育之權利，而學校正是維護學生學習權益的主要場所，為達此要求與目的，校長法治素養的具備尤為重要。

綜合上述，今歸納出校長民主法治素養的指標如表2-3-9。首先，在民主素養方面，分別從知識、態度和行為三方面，說明如下：

(一) 知識：對民主有正確的認識與觀念，正確的瞭解民主的真義及特質，包括能瞭解校務重要方案，應在校務會議或其他會議上經公開報告說明，並充分討論，以形成共識後據以實施。

(二) 態度：容忍不同意見、接受批判與新觀念的開放心態，包括能包容不同意見，廣納眾議，適時修正自己的看法。

(三) 行為：以理性的態度解決問題，適應各種情境，做出正確判斷與選擇的思考判斷能力，包括能依會議規範，公正、中立的主持會議，會議效率良好。

至於法治素養在理解與運用法律議題的知能於個人的工作環境與人際關係，其包含的範圍相當多元化，並非僅限於權利及責任，還含括了對法律應具備的知識、態度和行為，分述如下：

(一) 知識：即認識法律內容，瞭解法律概念與精神，包括能明確了解各項教育法令的法理基礎及法條內容，並對教育以外之相關法令，亦有基礎之了解；能瞭解只有在有法令的依據下，所作的決定才具有正當性與合法性。

(二) 態度：即對法律的接納、理解、學習、實踐等意願，包括引用或解

釋相關教育法令時，能參酌社會結構，學校行政系統及現場運作的
特性。

（三）實踐行為：即以身作則，遵守法律規定，認同法律精神，包括能遵
守利益迴避原則，不會利用職權謀取不當的利益圖利自己與圖利他
人。

表 2-3-9　校長通識素養之「民主法治素養」向度指標建構

層面	向度	項目
3.社會參與	3-3 民主法治素養	3-3-1 能瞭解校務重要方案，應在校務會議或其他會議上經公開報告說明，並充分討論，以形成共識後據以實施。 3-3-2 能包容不同意見，廣納眾議，適時修正自己的看法。 3-3-3 能依會議規範，公正、中立的主持會議，會議效率良好。 3-3-4 能明確瞭解各項教育法令的法理基礎及法條內容，並對教育以外之相關法令，亦有基礎之瞭解。 3-3-5 能瞭解只有在有法令的依據下，所作的決定才具有正當性與合法性。 3-3-6 引用或解釋相關教育法令時，能參酌社會結構，學校行政系統及現場運作的特性。 3-3-7 能遵守利益迴避原則，不會利用職權謀取不當的利益圖利自己與圖利他人。

10.「多元文化素養」向度之指標建構

　　根據教育部統計處（2016a）之資料顯示，104 學年度新住民子女就讀國
中、小學生數已達 20 萬 8 千人，平均每 9 位國中小學生即有 1 人為新住民
子女。和 94 學年度相較，10 年來新住民子女學生數由 6 萬人增長至 20 萬 8
千人。為了因應校園中學生與家長組成日益多元化，校長是否具備多元文化
素養，不僅有助於校務工作的規劃，亦有助於與不同文化背景之家長溝通，
可見校長的多元文化素養是值得重視的議題。

　　所謂多元文化即文化的多元性，係指非單一面向的文化層面概念，涵蓋
性別、種族、宗教、社會階級、社經地位、性取向、語言及特殊性等文化層

面（Banks & Banks, 2007; Lopez &Bursztyn, 2013）。多元文化教育本著社會正義與不歧視文化差異，在實務面，要納入學習他者文化，從他者生活經驗學習實踐，其重要性在於促進所有族群間不同文化的瞭解，以維持溝通與融合（Stables, 2005）。王雅玄（2007）則將多元文化素養定義為：在多元文化社會中所應具備足以賞析、悅納不同文化、不同族群、不同語言等方面的認知、情意與技能。其概念性定義為：在理念層面與實踐層面所應具備的文化、族群、語言等方面的多元文化認知、情意與技能。

綜上所述，具備多元文化素養的校長能瞭解不同族群的文化，且敏感於個體的需求，繼而消除自身對不同文化的偏見與歧視，肯定及尊重不同族群存在的價值，創造平等的教育機會，以落實多元文化教育。今就校長多元文化素養的認知、情意與技能三部份指標建構如表 2-3-10，並依其內涵說明如下：

(一) 多元文化認知：即對多元文化有正確的認知，包括能瞭解少數族群學生應該接受與主流族群一樣的對待；能有效安排與自己文化背景不同的師生之談話。

(二) 多元文化情意：即包容多元文化，包括能尊重不同文化背景師生的看法；能重視少數族群文化，並且將其納入校務發展計畫。

(三) 多元文化技能：即接納多元文化，包括能與不同族群溝通並協助處理其日常生活常見問題；能辨別是否因為少數族群的文化，而對師生有不友善、不公平的對待。

表 2-3-10　校長通識素養之「多元文化素養」向度指標建構

層面	向度	項目
3.社會參與	3-4 多元文化素養	3-4-1 能瞭解少數族群學生應該接受與主流族群一樣的對待。 3-4-2 能有效安排與自己文化背景不同的師生之談話。 3-4-3 能尊重不同文化背景師生的看法。 3-4-4 能重視少數族群文化，並且將其納入校務發展計畫。 3-4-5 能與不同族群溝通並協助處理其日常生活常見問題。 3-4-6 能辨別是否因為少數族群的文化，而對師生有不友善、不公平的對待。

11.「國際素養」向度之指標建構

　　隨著全球化時代浪潮的來臨，中小學教育在國際化人才的培育過程中，扮演關鍵性的角色。在中小學深耕國際教育，創造競爭優勢的藍海策略，是引領學生自信地邁向全球化新世紀的必要作為（教育部，2011）。為了做好培育國際化人才的基礎教育工作，任何國家都無法自外於國際社會。有鑑於此，《教育基本法》（2013）第二條即揭櫫：「對不同國家、族群、性別、宗教、文化之瞭解與關懷」與「成為具有國家意識與國際視野之現代化國民。」列入教育目的之內涵，彰顯對國際教育的關注。因此，推動國際教育以促進學生成為未來的世界公民是關鍵所在，而校長正是學校推動國際教育的靈魂人物，做為關鍵角色的校長，更須喚起其對國際教育的意識，強化其國際參與所需的國際視野、態度、技能與行動能力，才能開啟推動國際教育的機會，因此，掌握並提升校長應具備的國際素養，以確保學生能有效涵養國際教育的學習成果，實是當前值得關切的議題。

　　美國教育協會（American Council on Education）2003 年提出「國際化學習目標」，其中包含知識、態度與技能三層面（引自劉慶仁，2008），基於有效協助學生從地球村的觀點，認知人類相互依賴、相互合作的事實，透過跨國的溝通與理解，學習尊重多元文化的差異，培養其成為世界公民，促進永續發展，並且在全球化時代下具有國際競爭力的人才。為了與學生國際教育的目標相連結，本研究參考其內涵，據此建構出校長國際素養指標如表 2-3-11。

(一) 知識：能夠從全球的角度或比較性觀點理解自己的文化與其他文化；對於全球性的議題、趨勢、運作過程和系統有充分認知；瞭解其他的文化。包括能瞭解並關心國際事務與全球重要議題；能知道國際教育是當前教育的重點政策。

(二) 態度：能欣賞不同文化的語言、藝術、宗教與哲學等；能接受文化的歧異；樂意追求各種國際經驗或跨文化的學習機會。包括能於公開場合宣達個人國際教育的理念；能積極爭取學校成為國際教育的重點學校或試辦學校。

（三）技能：能運用知識、不同的文化參考架構和多元觀點，進行批判性
思考並解決問題；發展外語聽說讀寫的能力；能運用外語能力和對
其他文化的認識，擴展自己的資訊、經驗和對世界的理解。包括能
參與國際交流或國際體驗相關活動；能具備外語溝通能力。

表 2-3-11　校長通識素養之「國際素養」向度指標建構

層面	向度	項目
3.社會參與	3-5 國際素養	3-5-1 能瞭解並關心國際事務與全球重要議題。 3-5-2 能知道國際教育是當前教育的重點政策。 3-5-3 能於公開場合宣達個人國際教育的理念。 3-5-4 能積極爭取學校成為國際教育的重點學校或試辦學校。 3-5-5 能參與國際交流或國際體驗相關活動。 3-5-6 能具備外語溝通能力。

　　由上述指標建構之過程與結果可知，國民中小學校長通識素養指標可歸納為自主行動層面（包括情緒素養 5 項、問題解決素養 8 項、終身學習素養 6 項）、溝通互動層面（包括科技素養 6 項、媒體素養 5 項、美學素養 6 項）與社會參與層面（包括人文素養 7 項、倫理素養 6 項、民主法治素養 7 項、多元文化素養 6 項與國際素養 6 項）等三個層面、十一個向度與六十八個項目，今進一步彙整上述結果如表 2-3-12 所示，並以此為基礎，編擬出「國民中小學校長通識素養指標建構問卷」初稿，據以進行後續的德懷術分析。

表 2-3-12　校長通識素養指標初步建構結果

通識素養層面	向度	項目
1.自主行動	1-1 情緒素養	1-1-1 能隨時清楚知道自己內心的真實感受及情緒的起伏。 1-1-2 面對別人沮喪及不穩定的情緒時，能感同身受。 1-1-3 能面對現實，不斷自我激勵以突破困境。 1-1-4 能使用適當的語詞或表情來表達我的情緒。 1-1-5 能具備情緒控制能力，以完成具挑戰性的工作目標。
	1-2 問題解決	1-2-1 能清楚定義問題內容並構思多項適當的解決方案。

通識素養層面	向度	項目
	素養	1-2-2 能著重問題的分析，並有能力歸納出重點。 1-2-3 能掌握問題的重點，有效切入而非事必躬親。 1-2-4 能比較各項問題解決方案並做出較佳的決策。 1-2-5 能正確判斷立即性與迫切性問題，並做良好的決定。 1-2-6 能正確評估與改善解決問題的策略。 1-2-7 在處理學校問題時有相當的自信且不逃避問題。 1-2-8 能察覺有關人與事的問題，透過溝通與協商，降低組織衝突與疏離。
	1-3 終身學習素養	1-3-1 能瞭解學習是一種現況的改變，同時運用知識可以解決難題。 1-3-2 能瞭解唯有終身學習才能適應社會潮流及各項教育改革政策。 1-3-3 從進入教育職場到現在，一直樂在學習。 1-3-4 能瞭解終身學習是每個人在廿一世紀生存必備的能力。 1-3-5 能從各項研習會中所學得的新知識實際應用在學校經營上。 1-3-6 能不斷學習去營造一所高瞻遠矚、永續經營的學校。
2.溝通互動	2-1 科技素養	2-1-1 能向學校同仁清楚說明校內科技使用的願景。 2-1-2 能有效地分配資源以提高校內科技計畫的執行。 2-1-3 在各種場合中會使用多媒體器材進行資料呈現。 2-1-4 當需要資訊時，能利用不同的查詢方式取得所需要的資訊。 2-1-5 能因應當代資訊科技的演進，持續提倡革新資訊科技應用的政策。 2-1-6 能傳達給教師、家長等有關運用資訊科技以發展學生高層次的技能與創造力的資訊及作法。
	2-2 媒體素養	2-2-1 當我引用各式媒體資料時，都會附上正確的標題並註明出處。 2-2-2 能應用媒體表達自己的教育理念並與他人溝通。 2-2-3 能正確解讀新聞事件的意涵，並自行淘汰不重要或不確實的資訊。 2-2-4 能理解媒體訊息的選擇與呈現是受到許多人為因素的介入、修飾及剪裁。 2-2-5 能發展和維持與媒體的友善關係，以塑造學校優質形象。

通識素養 層面	向度	項目
	2-3 美學素養	2-3-1 能瞭解藝術風格的意涵。 2-3-2 能知道美感教育是當前教育的重點政策。 2-3-3 能主動去參與或觀賞藝術類的展演活動。 2-3-4 能透過藝術展演活動的安排來拓展學生學習經驗。 2-3-5 能認同美感有助於生活品質的提升。 2-3-6 能重視美化學校的環境與空間美化。
3.社會參與	3-1 人文素養	3-1-1 能掌握教育的發展趨勢,調整我的辦學方針。 3-1-2 能批判不合理的教育現象,並提出改善之道。 3-1-3 能瞭解學生的個別差異並重視學生的身心發展。 3-1-4 能兼顧學生群性與個性的發展。 3-1-5 能以學生的福祉作為所有決定與行動的根本價值。 3-1-6 能重視不同學生的學習需要,照顧好每一位學生。 3-1-7 能創造學生平等的學習機會,讓每一個學生都能成功。
	3-2 倫理素養	3-2-1 能擁有惻隱之心,對於需要幫助的同仁能義無反顧的協助他們。 3-2-2 能以身作則,激勵學校同仁觀摩學習。 3-2-3 能表現清廉、正直、誠實等特質,以取得大眾對校長的信賴與尊重。 3-2-4 能以誠懇與尊敬的態度,公平、公正的對待學校同仁。 3-2-5 能主動關懷同仁,並使每個人都享有內在價值與尊嚴。 3-2-6 能積極、主動地創造合乎倫理的教育環境。
	3-3 民主法治 素養	3-3-1 能瞭解校務重要方案,應在校務會議或其他會議上經公開報告說明,並充分討論,以形成共識後據以實施。 3-3-2 能包容不同意見,廣納眾議,適時修正自己的看法。 3-3-3 能依會議規範,公正、中立的主持會議,會議效率良好。 3-3-4 能明確了解各項教育法令的法理基礎及法條內容,並對教育以外之相關法令,亦有基礎之了解。 3-3-5 能瞭解只有在有法令的依據下,所作的決定才具有正當性與合法性。 3-3-6 引用或解釋相關教育法令時,能參酌社會結構,學校行政系統及現場運作的特性。

通識素養層面	向度	項目
		3-3-7 能遵守利益迴避原則，不會利用職權謀取不當的利益圖利自己與圖利他人。
	3-4 多元文化素養	3-4-1 能瞭解少數族群學生應該接受與主流族群一樣的對待。 3-4-2 能有效安排與自己文化背景不同的師生之談話。 3-4-3 能尊重不同文化背景師生的看法。 3-4-4 能重視少數族群文化，並且將其納入校務發展計畫。 3-4-5 能與不同族群溝通並協助處理其日常生活常見問題。 3-4-6 能辨別是否因為少數族群的文化，而對師生有不友善、不公平的對待。
	3-5 國際素養	3-5-1 能瞭解並關心國際事務與全球重要議題。 3-5-2 能知道國際教育是當前教育的重點政策。 3-5-3 能於公開場合宣達個人國際教育的理念。 3-5-4 能積極爭取學校成為國際教育的重點學校或試辦學校。 3-5-5 能參與國際交流或國際體驗相關活動。 3-5-6 能具備外語溝通能力。

第二部份
實 證 分 析

第三章　實證研究設計與實施

　　本書旨在進行指標的建構與實證資料分析，藉由國內外相關文獻的整理歸納，探究通識素養的意涵，再從國民中小學校長的職責、角色以及所需具備的能力中，歸納出校長通識素養之內涵，進而初步建構出校長通識素養指標。其次，擬定「國民中小學校長通識素養指標建構問卷」，提供給「德懷術專家小組」進行專家諮詢，透過二次德懷術（Delphi technique）分析後，再向實務工作者實施問卷預試，以確立校長通識素養指標架構；再者，藉由「層級分析法（Analytic Hierarchy Process, AHP）專家小組」建構出校長通識素養指標權重體系。至於校長通識素養之資料蒐集，則透過問卷調查法獲得，藉以一窺當前國民中小學校長具備通識素養之現況，同時根據層級分析法與調查問卷所獲得資料，進行分析、討論，以獲致研究結果並提出改進途徑。本章共分四節，第一節為研究架構；第二節為研究對象與實施；第三節為研究工具；第四節為資料處理與統計分析。

一、研究架構

　　關於校長通識素養指標建構與實證分析之研究架構，以下分由研究流程、指標建構流程與實證分析架構等三部份進行說明：

（一）研究流程

　　本研究經文獻探討、德懷術、層級分析法、問卷調查法等研究方法，進行廣泛而深入的資料蒐集與分析，旨在建構國民中小學校長通識素養之指標，再透過實證分析，瞭解國民中小學校長具備通識素養之現況，以期作為日後國內在校長素養發展與提升的管理措施參照指標。

　　本研究首先藉由國內外相關資料蒐集來分析通識素養之意涵，再依據國民中小學校長職責、角色以及應具備之能力內涵在不同工作層面上之運用，將其歸納至通識素養之層面與向度，據以進行校長通識素養指標初構，並擬定「國民中小學校長通識素養指標建構問卷」，提供德懷術專家小組進行校長通識素養指標架構之分析，經彙整相關意見後，編製出「國民中小學校長通識素養指標預試問卷」，並透過問卷預試來確立校長通識素養指標架構，同時形成「國民中小學校長通識素養指標相對權重問卷」與「國民中小學校長通識素養指標正式問卷」。接著再經層級分析法專家小組的協助，完成指標之權重體系，並將「國民中小學校長通識素養指標正式問卷」，透過問卷調查法，來瞭解國民中小學校長所具備之通識素養現況，同時根據層級分析法與調查問卷所獲得資料，進行分析、討論，獲致研究結果並提出改進建議，整體研究流程如圖 3-1-1。

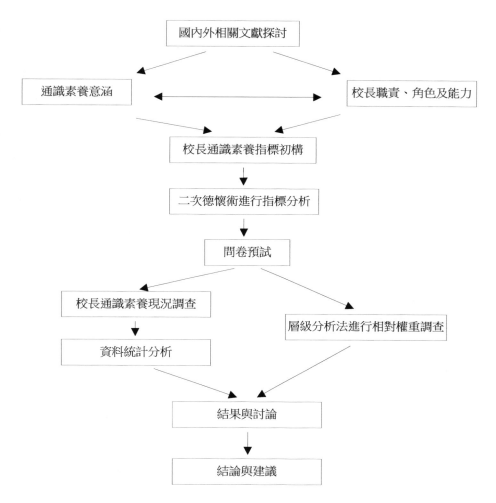

圖 3-1-1　校長通識素養指標建構與實證分析之研究流程圖

(二) 指標建構流程

　　校長通識素養指標之建構，係依據通識素養相關意涵與校長職責、角色以及應具備能力的探討，同時參考指標建構的相關文獻歸納而得。接著透過德懷術與問卷預試進行分析，以確立國民中小學校長通識素養指標架構，有關指標建構流程如圖 3-1-2。

　　本研究指標層面之選取主要依據 DeSeCo 計畫的三維層面，並參考蔡清田等人（2014）之研究歸納出「自主行動」、「溝通互動」與「社會參與」等三個層面；向度的選取則參考 UNESCO（2003）、OECD（2005）、EU（2005）、洪裕宏等人（2008）、陳伯璋等人（2007）與林永豐等人（2014）之相關論點歸納出「生涯素養」、「健康素養」、「情緒素養」、「問題解決素養」、「終身學習素養」、「數學素養」、「科技素養」、「數位素養」、「語文素養」、「媒體素養」、「美學素養」、「人文素養」、「倫理素養」、「民主素養」、「法治素養」、「多元文化素養」與「國際素養」等十七個向度；接著透過校長職責、角色以及應具備能力的討論，將其歸入通識素養向度進行篩選，總計選取出「情緒素養」、「問題解決素養」、「終身學習素養」、「科技素養」、「媒體素養」、「美學素養」、「人文素養」、「倫理素養」、「民主法治素養」、「多元文化素養」及「國際素養」等十一個校長通識素養向度；而在項目部份則是綜合國內外學者的論點與研究，採取綜合歸納、內涵補充等二種方式完成指標之初步建構。

　　初步建構完成的適用當前之校長通識素養指標，先以二次專家德懷術分析，透過德懷術專家小組之諮詢與修正，篩選出重要之通識素養指標，並藉由問卷預試確立通識素養指標架構，至此，完成校長通識素養指標之建構。其後再以此為基礎，進行指標相對權重與實證調查之分析。

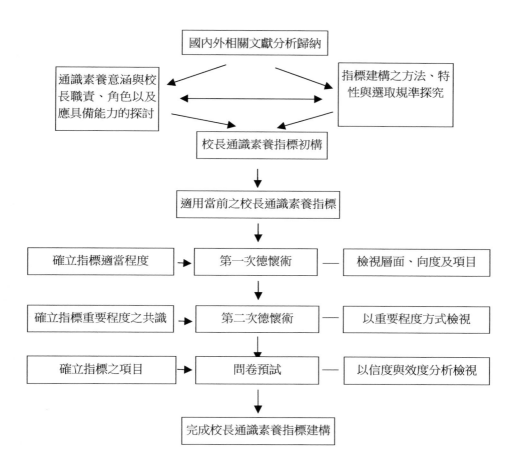

圖 3-1-2　校長通識素養指標建構流程圖

（三）實證分析架構

　　校長通識素養指標之實證分析，旨在運用德懷術與問卷預試所確立之指標，藉由問卷調查法來瞭解國民中小學校長所具備之通識素養現況，有關本研究實證分析架構繪製如圖 3-1-3。

　　本研究之主要變項包括「背景變項」及「校長通識素養變項」，以下分別說明變項及分析途徑：

一、校長背景變項分成六個項目，具體內容分別為：

(一) 性別：男、女。

(二) 擔任校長年資：5 年以下、6-10 年、11-15 年、16-20 年、21 年以上。

(三) 校長別：國中校長、國小校長。

(四) 最高學歷：師範或師專、師大或師院（含一般大學教育系）、一般大學、研究所以上（含 40 學分班）。

(五) 學校班級數：6-12 班、13-24 班、25-48 班、49 班以上。

(六) 學校所在區域：北區（臺北市、新北市、基隆市、桃園市、新竹縣市）、中區（苗栗縣、臺中市、南投縣、彰化縣、雲林縣）、南區（嘉義縣市、臺南市、高雄市、屏東縣、澎湖縣）、東區（宜蘭縣、花蓮縣、臺東縣）。

(七) 學校所在地：偏遠地區、一般鄉鎮、都市地區（含省、縣轄市）。

二、校長通識素養分為三個層面與十一個向度，具體內容分別為：

(一) 自主行動：情緒素養、問題解決素養與終身學習素養。

(二) 溝通互動：科技素養、媒體素養與美學素養。

(三) 社會參與：人文素養、倫理素養、民主法治素養、多元文化素養與國際素養。

三、變項間分析的 A、B、C 途徑：以 t 檢定或單因子變異數分析探討校長不同背景變項所具備通識素養之差異情形。

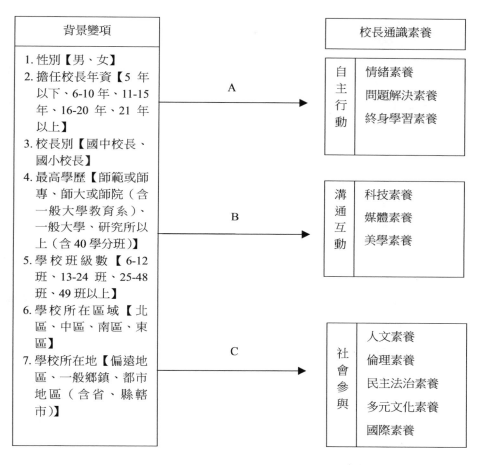

圖 3-1-3　校長通識素養指標實證分析架構圖

二、研究對象與實施

　　本研究的國民中小學校長係指經教育部、直轄市或縣市政府教育局（處）甄選、儲訓合格，具有正式國民中小學校長資格，而經遴選至國民中小學擔任校長者。因此，在校長通識素養指標建構與實證分析部份亦以公立國民中小學階段之學校校長為主。

（一）德懷術之實施

德懷術之應用，係針對某一主題，交由一組專家（a panel of experts; 或稱德懷術小組）表達意見，然後予以蒐集、組織，務期獲致團體一致的看法。事實上，德懷術係針對專家座談法在討論的過程中，可能產生少數人的意見被忽略，或全體參與者無法在同一時間出席等之缺點而設計，其將原來會議面對面溝通的方式，改為匿名式的溝通方式，讓所有參與者都能在無威脅的情境，仔細思考並表達己見，同時還可以參考其他人的意見來決定是否修正自己的意見。因此，進行德懷術時，該組專家毋須面對面對質或辯論，僅需就某一主題編製成多項問題的一系列問卷調查，透過郵件、傳真、或電子郵件來交換資訊。參與者係根據個人的知覺與認知，表達看法或予以判斷，進而達成共識（王文科、王智弘，2010）。因此，選一組適當專家團隊，是運用德懷術的關鍵要素，這組專家的專業背景以及研究領域，攸關運用德懷術研究結果的完整性與品質（Dalkey, 1969）。

一般而言，研究時採用德懷術的主要原因有以下幾點：（一）可以協助在一個複雜的專業議題中，帶來更清晰且需要的結構；（二）德懷術運用調查的方式，可以建立一組專家對於被詢問議題的共識；（三）很具時間效率，能提供專家們無需面對面開會，即能產生一種有意義的共識；（四）透過一組專家的共識調查，相較於單一專家而言，能對想探討的領域，持續產生清晰且更整合的資訊；（五）有效的協商一個事實，並能更有助於朝向一特定的領域前進，展望未來，甚至於透過預測事件來改變未來（Burkar, Cole, Ott, & Stoflet, 2005; Fish & Busby, 1996）。

由於本研究旨在建構國民中小學校長通識養指標，檢視有關文獻，針對校長通識素養的研究可說是付之闕如，故需藉助學者專家及實務工作者提供與議題有關的一致性意見，因此採用德懷術進行分析，透過學者專家及實務工作者的專長與經驗，針對校長通識素養指標提供意見與凝聚共識。

關於德懷術的實施方式，根據李隆盛（1988）、黃政傑（1993）的研

究，可歸納出一般德懷術的實施大致可分為四次，第一次，由專家小組針對問題提供意見；第二次則針對第一次問卷的反應設計問卷，請專家小組針對每一項目評定其優先順序或重要性；第三次則整理出第二次問卷反應之簡單統計結果，並請專家小組評估是否改變原來的評定，若堅持在極端值，需說出理由；第四次則以第三次問卷結果進一步統計而成，分析問卷資料後計算每個項目的評定結果，並排列優先順序。

　　由以上說明可知，德懷術的實施總計需對專家進行四次問卷調查，但實際操作上常因次數過多，可能造成填答較為草率或者樣本流失，故在時間、空間、人力與經費等因素的考量下，本研究採取修正型德懷術，以結構化問卷進行二次德懷術調查，亦即不使用開放式問卷徵詢專家意見，而是依據文獻的分析歸納進行指標初構，編製出「國民中小學校長通識素養指標建構問卷（第一次德懷術）」，再從學者專家及實務工作者之適切性評定來進行分析，透過諮詢意見之增刪與修訂，再次編製「國民中小學校長通識素養指標建構問卷（第二次德懷術）」，藉以確認校長通識素養之重要指標，並作為後續編製預試問卷之依據。

　　因此，為使獲得結果具有效度，德懷術參與者應為具代表性的專家，Delbecq（1975）即認為參與者應具備特質包括對問題的瞭解程度、擁有豐富資訊與人分享、參與熱忱及兼顧理論實務工作等。Issac 與 Michael（1984）亦建議選擇參與成員時應考量其背景，最好包含不同理念或地位的成員，以加強德懷術的過程。至於樣本部份則宜採小樣本，一般而言，當德懷術專家小組成員同質性高時，成員數量以 15 至 30 人為宜；當為異質性小組時，成員數量約 5 至 10 人即可，若德懷術專家小組在 10 人以上時，此時群體的誤差可降至最低，而群體的可信度最高（Dallkey, 1969; Delbecq, 1975）。本研究在規劃德懷術專家小組時，主要即考量理論與實務的結合，並力求代表性的兼顧，共計邀請兩類 12 位小組成員，其組成如表 3-2-1。

　　本研究邀請 12 位學者專家與實務工作者擔任德懷術專家小組成員；學者專家部份計 5 位，係以曾發表與校長有關之研究、指導相關碩博士論文、

具有教育（學校）行政實務經驗、任教於全國各大專校院師資培育中心或各
教育大學之大學教授為主；實務工作者計 7 位，包括教育行政人員、現職國
民中小學校長與家長會成員，這些人員或具有多年教育（學校）行政實務經
驗，或熟悉校長相關議題等，其中，除家長會成員外，其餘人員均具備博士
學位或博士候選人資格。由上可知，本研究之德懷術專家小組成員為異質性
組成，成員人數亦符合上述學者的建議，頗具代表性。藉由兩類人員提供的
意見，透過二次德懷術分析彙整學者專家與實務工作者的意見，篩選出重要
之通識素養指標。

表 3-2-1　德懷術專家小組名單

類別	姓名	職稱	服務單位、學歷
學者專家	張○○	教授	○○大學師資培育與就業輔導處、博士
	吳○○	教授	○○大學教育研究所、博士
	楊○○	副教授	○○大學教育學系、博士
	賴○○	副教授	○○大學師資培育中心、博士
	林○○	助理教授	○○大學師資培育暨就業輔導處、博士
實務工作者	鄧○○	主任秘書	○○○教育局、博士
	蔡○○	校長	○○國中、博士候選人
	趙○○	校長	○○國中、博士候選人
	王○○	校長	○○國小、博士
	侯○○	校長	○○國小、博士
	呂○○	校長	○○國小、博士
	廖○○	秘書長	○○○家長會長協會

（二）預試問卷之抽樣與實施

本研究預試問卷係彙整二次德懷術指標建構問卷的統計結果以及學者專
家的意見而來，為了進一步決定指標的堪用程度，因此實施預試，預試時採
立意抽樣方式，抽樣時選取中區五縣市（苗栗縣、臺中市、南投縣、彰化

縣、雲林縣）國中校長 30 位，國小校長 90 位，共計 120 位校長進行「國民中小學校長通識素養指標預試問卷」之施測工作，並採 Likert 五點量表來填答與計分，由研究對象依據其看法與感受，就「非常重要」、「重要」、「普通」、「不重要」、「非常不重要」等五個語意選擇一語意，分別給予 5 至 1 分，得分愈高者，表示其重要程度愈高；反之，得分愈低者，則表示其重要程度愈低，藉此來確認研究對象認定的指標重要程度。

（三）層級分析法之實施

　　由於指標權重體系之建構，必須考量填答者之專業性，因此，進行層級分析法之調查時，另行邀請 5 位學者專家及 7 位實務工作者，共計 12 人組成層級分析法專家小組，其組成如表 3-2-2。其中包括 5 位學者專家，並以曾發表與校長有關之研究、指導相關碩博士論文、具有教育（學校）行政實務經驗、任教於全國各大專校院師資培育中心或各教育大學之大學教授為主；另外，實務工作者則有 7 位，含教育行政人員、現職國民中小學校長與家長會成員，這些人員或具有多年教育（學校）行政實務經驗，或熟悉校長相關議題，同時都具備博士學位或博士候選人資格（家長會成員除外）。藉由小組成員的協助，進行「國民中小學校長通識素養指標相對權重問卷」調查，並將問卷蒐集之資料以層級分析法進行分析，以建構校長通識素養指標的權重體系。

表 3-2-2　層級分析法專家小組名單

類別	姓名	職稱	服務單位、學歷
學者專家	吳〇〇	教授	〇〇大學師資培育中心、博士
	呂〇〇	教授	〇〇大學教育研究所、博士
	林〇〇	副教授	〇〇大學師資培育暨就業輔導處、博士
	林〇〇	副教授	〇〇大學教育研究所、博士
	楊〇〇	助理教授	〇〇大學師資培育暨就業輔導處、博士
實務工作者	林〇〇	簡任秘書	〇〇大學師資培育暨就業輔導處、博士

類別	姓名	職稱	服務單位、學歷
	梁〇〇	校長	〇〇國中、博士
	蔡〇〇	校長	〇〇國中、博士
	許〇〇	校長	〇〇國小、博士候選人
	過〇〇	校長	〇〇國小、博士
	吳〇〇	校長	〇〇國小、博士
	施〇〇	秘書長	〇〇〇家長會聯合會

（四）正式問卷之抽樣與實施

1. 正式問卷之抽樣

　　本研究之母群體為臺灣地區公立國民中小學校長，為兼顧校長服務學校區域之不同，以及各區域間人文、社經環境之差異，本研究以區域為單位，將臺灣地區分為北、中、南、東四區，此四區涵括縣市如下：北區（臺北市、新北市、基隆市、桃園市、新竹縣市）、中區（苗栗縣、臺中市、南投縣、彰化縣、雲林縣）、南區（嘉義縣市、臺南市、高雄市、屏東縣、澎湖縣）、東區（宜蘭縣、花蓮縣、臺東縣）四區，各區學校數分布情形如表 3-2-3。

表 3-2-3　臺灣地區公立國民中、小學校數區域分配表

區域	總校數	國中校數	國小校數
北區	946	233（32.2%）	713（27.4%）
中區	1025	203（28.1%）	822（31.5%）
南區	1023	219（30.3%）	804（30.9%）
東區	335	68（9.4%）	267（10.2%）
合計	3329	723（100%）	2606（100%）

資料來源：教育部統計處（2016b）。「各級學校縣市別校數統計（104 學年度）」。取自
　　　　　http://depart.moe.edu.tw/ED4500/cp.aspx?n=1B58E0B736635285&s=D04C74553
　　　　　DB60CAD

　　由表 3-2-3 可以看出，北、中、南、東四區國民小學學校所佔之校數百分比，分別是 27.4%、31.5%、30.9%、10.2%；國民中學學校所佔之校數百分比，分別是 32.2%、28.1%、30.3%、9.4%。為求研究結果之真實性，各區應有一定比例的抽樣學校，以實際反映當前國民中小學校長通識素養之現況，因此，本研究採分層隨機抽樣方式，相關抽樣程序如下：

（一）以臺灣地區所有公立國民中、小學為母群體（共計 3329 所），並將臺灣地區分為北、中、南、東四區，抽樣之母群數為臺灣地區所有公立國民中、小學校長，共計 3329 位。

（二）分別計算出北、中、南、東四區國民中、小學的校數比（例如：北區國民小學 713 校/臺灣地區所有國民小學 2606 校=27.4%）。

（三）樣本數目大小的決定，依據 Ghiselli, Campbell 與 Zedeck（1981）建議牽涉到量表的使用時，樣本人數不宜少於 300 人；Airasian 與 Gay（2003）則指出敘述研究的樣本，需佔母群體的 10%（王文科、王智弘，2010）。因此本研究抽取母群體 12.5%數量（全部校數的 1/8）的學校，包括國民中學 90 所，國民小學 326 所，合計 416 所學校，再依程序二所計算之比例進行分區抽樣，各區域抽取校數如表 3-2-4。

表 3-2-4　抽取公立國民中、小學校數分配表

區域	總校數	國中校數	國小校數
北區（N）	118	29	89
中區（M）	128	25	103
南區（S）	128	27	101
東區（E）	42	9	33
合計	416	90	326

2. 問卷編碼說明

　　依學校教育階段別、所在區域加以編碼表示，國中階段以 H 表示、國小階段以 P 表示。北區以 N 表示、中區以 M 表示、南區以 S 表示、東區以 E

表示。各學校個別問卷則以阿拉伯數字依序表示，例如：中區某所國民中學，其編碼為 H-M-1。

3. 校長通識素養指標正式問卷之計分方式

國民中小學校長通識素養指標正式問卷，施測時採 Likert 五點量表來填答與計分，由研究對象依據其感受程度來填答，就「完全具備」、「具備」、「普通」、「不具備」、「完全不具備」等五個語意選擇一語意，分別給予 5 至 1 分，得分愈高者，表示其具備程度愈高；反之，得分愈低者，則表示其具備程度愈低，藉此確認研究對象在指標內容的具備程度。

三、研究工具

本研究根據研究架構，歸納出校長通識素養之內涵並初步建構出國民中小學校長通識素養指標建構問卷初稿，接著由二次德懷術彙整與歸納學者專家的意見，修正、增刪指標項目，再透過問卷預試來完成校長通識素養指標之建構；其次，藉由確立之指標架構，編製出國民中小學校長通識素養指標相對權重問卷與正式問卷，以建構出校長通識素養指標權重體系並進行實證分析。本節針對研究工具分為五個部份進行說明，第一部份為第一次德懷術實施與結果；第二部份為第二次德懷術實施與結果；第三部份為預試問卷之信度與效度分析；第四部份為相對權重問卷編製；第五部份為正式問卷編製。

（一）第一次德懷術實施與結果

第一次德懷術之實施，邀請 12 位學者專家就「國民中小學校長通識素養指標建構問卷（第一次德懷術）」（如附錄一）進行評估，以「適當程度」作為區分，採用 1 至 5 分之評分方式，數值為連續變項，選填分數越高代表該指標適當程度越高。本次問卷於 105 年 9 月 26 日至 10 月 7 日向 12 位學

者專家進行意見諮詢，共回收 12 份，回收率 100%。

　　本次問卷包含三個層面、十一個向度及六十八個項目，由於小組成員對於校長通識素養指標的三個層面及十一個向度，未提出任何修正意見，本研究仍維持原三個層面及十一個向度不變。其次，針對德懷術專家小組的調查問卷計算各項目之平均數（M）、眾數（Mo）和標準差（SD），並以平均數≧4.00（即五點量表換算成百分位數 80）及標準差＜1.00 為篩選標準，同時依據學者專家提出的意見進行指標項目意涵之內容修正與增刪。以下分別依校長通識素養指標的三個層面順序，呈現小組成員調查問卷的統計結果與看法，並將意見加以分析，針對修正（修正部份以粗體表示）、刪除與新增項目進行說明，結果如下所述：

1.「自主行動」層面之統計結果與意見分析

　　「自主行動」層面各向度之項目統計結果與意見分析如表 3-3-1。由表中可知，各向度之項目，其中「1-2-8 能察覺有關人與事的問題，透過溝通與協商，降低組織衝突與疏離」平均數＜4.00 且標準差≧1.00；「1-3-4 能瞭解終身學習是每個人在廿一世紀生存必備的能力」標準差≧1.00，顯示出小組成員對這二個項目的意見分歧未達共識，暫且將上述二個項目予以保留，待後續討論後再予以修刪。其他項目的平均數皆≧4.00、標準差均＜1.00，可見這些項目大都達成初步共識，因此將這些項目加以保留。

　　在開放性問卷中，小組成員針對用語提供修正或刪除意見，同時建議某些向度新增指標項目，說明如表 3-3-1 所示。首先，小組成員認為「1-2-1 能清楚定義問題內容並構思多項適當的解決方案」、「1-2-4 能比較各項問題解決方案並做出較佳的決策」與「1-2-6 能正確評估與改善解決問題的策略」相近，參酌三個項目的平均數以及小組成員的建議後，將「1-2-1 能清楚定義問題內容並構思多項適當的解決方案」與「1-2-6 能正確評估與改善解決問題的策略」併入「1-2-4 能比較各項問題解決方案並做出較佳的決策」。其次，「1-2-8 能察覺有關人與事的問題，透過溝通與協商，降低組織衝突與疏離」，小

組成員認為內容過於複雜，建議刪除，衡量此項目平均數與標準差未達篩選標準（平均數≧4.00 且標準差＜1.00），因此予以刪除。另外，小組成員認為「1-3-2 能瞭解唯有終身學習才能適應社會潮流及各項教育改革政策」與「1-3-4 能瞭解終身學習是每個人在廿一世紀生存必備的能力」相近，建議予以合併，考量「1-3-4 能瞭解終身學習是每個人在廿一世紀生存必備的能力」標準差≧1.00，因此將「1-3-4 能瞭解終身學習是每個人在廿一世紀生存必備的能力」併入「1-3-2 能瞭解唯有終身學習才能適應社會潮流及各項教育改革政策」。除此之外，其餘項目或予以保留，或依小組成員意見進行修正。

關於新增指標項目部份，依小組成員建議，新增「1-1-6 面對他人的指責或挑釁時，能維持平和的情緒」；另外，建議新增之「1-1-7 能以穩定平和之情緒與外界溝通互動」與「1-1-4 能使用適當的語詞或表情來表達我的情緒」相近、建議新增之「1-3-7 能不斷的精進學習，做為師生榜樣」與「1-3-6 能不斷學習去營造一所高瞻遠矚、永續經營的學校」相近，因此不予增題。

表 3-3-1　第一次德懷術「自主行動」層面各向度之項目統計結果與意見分析表

層面	向度	項目	統計結果			處理情形
			M	Mo	SD	
1. 自主行動	1-1 情緒素養	1-1-1 能隨時清楚知道自己內心的真實感受及情緒的起伏。 ※「真實感受」與「情緒的起伏」為不同概念，建議修正。	4.50	5	.80	修正為：「能隨時清楚知道自己的情緒狀態。」
		1-1-2 面對別人沮喪及不穩定的情緒時，能感同身受。 ※建議將「沮喪及不穩定」修正為「負面」。 ※建議將「能感同身受」修正為「能適時給予支持鼓勵」。	4.17	5	.94	修正為：「面對別人負面的情緒時，能適時給予支持鼓勵。」

層面	向度	項目	統計結果			處理情形
			M	Mo	SD	
		1-1-3 能面對現實，不斷自我激勵以突破困境。	4.50	4	.52	本題保留
		1-1-4 能使用適當的語詞或表情來表達我的情緒。 ※建議將「我的情緒」修正為「自己的情緒」或「自我的情緒」。	4.50	5	.80	**修正為：**「能使用適當的語詞或表情來表達自己的情緒。」
		1-1-5 能具備情緒控制能力，以完成具挑戰性的工作目標。 ※「能具備情緒控制能力」與「1-1-4」相近，建議修正。 ※「情緒控制能力」與「完成具挑戰性的工作目標」不見得有因果關係，建議修正。	4.58	5	.90	前段併入 1-1-4；後段修正為：「能為自己訂定目標並儘量完成這些目標。」
		1-1-6 面對他人的指責或挑釁時，能維持平和的情緒。	—			新增項目
		1-1-7 能以穩定平和之情緒與外界溝通互動。	—			與 1-1-4 相近，故不新增項目
	1-2 問題 解決 素養	1-2-1 能清楚定義問題內容並構思多項適當的解決方案。 ※建議一個題項只問一個概念，本題含兩個概念，建議修正。 ※建議將「並構思多項適當的解決方案」刪除。 ※建議將「多項」刪除。	4.42	5	.67	刪除（與 1-2-4 合併）
		1-2-2 能著重問題的分析，並有能力歸納出重點。 ※建議將「能著重問題的分析」修正為「能針對問題進行分析」。	4.50	5	.67	**修正為：**「能針對問題進行分析，並有能力歸納出重點。」

層面	向度	項目	統計結果			處理情形
			M	Mo	SD	
		1-2-3 能掌握問題的重點，有效切入而非事必躬親。 ※「掌握問題的重點」與「有效切入而非事必躬親」無必然因果關係，建議修正。 ※「有效切入」與「事必躬親」概念不同，建議修正。 ※建議將「有效切入而非事必躬親」修正為「構思適當的解決方案」。	4.25	5	.87	**修正為：**「能掌握問題的重點，**構思適當的解決方案。**」
		1-2-4 能比較各項問題解決方案並做出較佳的決策。 ※建議與「**1-2-1**」合併。	4.58	5	.90	將 1-2-1、1-2-6 併入
		1-2-5 能正確判斷立即性與迫切性問題，並做良好的決定。 ※建議刪除「立即性與」。	4.50	5	.80	**修正為：**「能正確判斷迫切性問題，並做良好的決定。」
		1-2-6 能正確評估與改善解決問題的策略。 ※與「**1-2-4**」雷同，建議合併。	4.5	5	.80	刪除（與 1-2-4 合併）
		1-2-7 在處理學校問題時有相當的自信且不逃避問題。 ※「有自信解決」與「不逃避問題」不必然相關，建議修正。 ※建議修正為「在處理學校問題時不逃避，並有自信解決。」 ※建議將「且不逃避問題」修正為「面對」。 ※建議將「有相當的自信且不逃避問題」修正為「能勇於面對而不逃避」。	4.25	5	.97	**修正為：**「在處理學校問題時能勇於面對而不逃避。」

層面	向度	項目	統計結果			處理情形
			M	Mo	SD	
		1-2-8 能察覺有關人與事的問題,透過溝通與協商,降低組織衝突與疏離。 ※建議刪除。 ※內容過於複雜,建議刪除。	<u>3.92</u>	4	<u>1.08</u>	刪除(未達共識且內容過於複雜)
		1-3-1 能瞭解學習是一種現況的改變,同時運用知識可以解決難題。 ※本題含兩個概念,建議修正。	4.17	4	.72	**修正為:**「能瞭解運用知識可以解決難題。」
		1-3-2 能瞭解唯有終身學習才能適應社會潮流及各項教育改革政策。	4.75	5	.62	將 1-3-4 併入
		1-3-3 從進入教育職場到現在,一直樂在學習。 ※內容不夠具體,建議修正為「能隨時把握周遭環境的學習機會」。	4.33	5	.89	**修正為:**「能隨時把握周遭環境的學習機會。」
	1-3 終身 學習 素養	1-3-4 能瞭解終身學習是每個人在廿一世紀生存必備的能力。 ※實質意義不大,建議刪除。 ※建議將「廿一世紀」刪除。 ※與「1-3-2」相近,建議合併。	4.50	5	<u>1.17</u>	刪除(與 1-3-2 合併)
		1-3-5 能從各項研習會中所學得的新知識實際應用在學校經營上。 ※建議將「研習會」修正為「研習進修」。 ※「研習會」只是其中一個方式,建議修正。	4.17	4	.72	**修正為:**「能將各項研習進修中所學得的新知識實際應用在學校經營上。」

層面	向度	項目	統計結果			處理情形
			M	Mo	SD	
		※建議將「能從」修正為「能將」。				
		1-3-6 能不斷學習去營造一所高瞻遠矚、永續經營的學校。 ※「高瞻遠矚」太抽象,建議修正。 ※建議修正為「能不斷學習去營造一所優質的學校。」 ※建議修正為「能不斷學習去營造一所永續精進發展的學校。」	4.33	5	.78	**修正為:**「能不斷學習去營造一所優質的學校。」
		1-3-7 能不斷的精進學習,做為師生榜樣。	—			與 1-3-6 相近,故不新增項目

2.「溝通互動」層面之統計結果與意見分析

「溝通互動」層面各向度之項目統計結果與意見分析如表 3-3-2。由表中可知,各向度之項目,除「2-2-1 當我引用各式媒體資料時,都會附上正確的標題並註明出處」與「2-3-1 能瞭解藝術風格的意涵」平均數＜4.00、標準差≧1.00 以外,其他各項目的平均數皆≧4.00、標準差均＜1.00,顯示小組成員對「2-2-1 當我引用各式媒體資料時,都會附上正確的標題並註明出處」與「2-3-1 能瞭解藝術風格的意涵」二個項目意見分歧未達共識,先暫時保留此二個項目,待後續討論後再決定是否修刪,至於其他項目則大都達成初步共識,因此予以保留。

在開放性問卷中,部份小組成員針對用語提供修正或刪除意見,說明如表 3-3-2 所示。在「2-2-1 當我引用各式媒體資料時,都會附上正確的標題並註明出處」,小組成員認為非媒體素養範疇,建議刪除;在「2-3-1 能瞭解藝術風格的意涵」,小組成員認為內容抽象,建議刪除,衡量此二個項目的平均數與標準差未達篩選標準,因此決定予以刪除。

在新增指標項目方面,依小組成員建議,新增「2-2-6 能瞭解不同的媒體

形式或節目型態，會讓自己對同一事件產生不同的看法」與「2-3-7 能瞭解美感要從日常生活中去感受」二個項目。至於其餘項目則予以保留或根據小組成員的建議意見進行修正。

表 3-3-2　第一次德懷術「溝通互動」層面各向度之項目統計結果與意見分析表

層面	向度	項目修正意見分析	統計結果			處理情形
			M	Mo	SD	
2.溝通互動	2-1 科技素養	2-1-1 能向學校同仁清楚說明校內科技使用的願景。 ※建議修正為「能向學校同仁及家長清楚說明學校科技教育發展的願景」。	4.00	4	.60	修正為：「能向學校同仁及家長清楚說明學校科技教育發展的願景。」
		2-1-2 能有效地分配資源以提高校內科技計畫的執行。 ※「校內科技計畫」所指為何?建議修正。 ※建議將「提高」修正為「確保」。 ※建議將「科技計畫的執行」修正為「科技計畫完整並持續執行」。	4.42	5	.90	修正為：「能有效地分配資源以確保校內科技計畫完整並持續執行。」
		2-1-3 在各種場合中會使用多媒體器材進行資料呈現。	4.50	5	.80	本題保留
		2-1-4 當需要資訊時，能利用不同的查詢方式取得所需要的資訊。 ※建議將「當需要資訊時」刪除。	4.67	5	.78	修正為：「能利用不同的查詢方式取得所需要的資訊。」
		2-1-5 能因應當代資訊科技的演進，持續提倡革新資訊科技應用的政策。 ※建議將「科技應用的」修正為「科技的應用」。 ※建議將「資訊科技」修正	4.17	4	.72	修正為：「能因應當代科技的演進，持續提倡革新科技的應用政策。」

層面	向度	項目修正意見分析	統計結果			處理情形
			M	Mo	SD	
		為「科技」。				
		2-1-6 能傳達給教師、家長等有關運用資訊科技以發展學生高層次的技能與創造力的資訊及作法。 ※建議將「教師、家長等」修正為「教師或家長」。 ※建議將「資訊科技」修正為「科技」。	4.17	5	.94	**修正為:**「能傳達給教師**或**家長有關運用科技以發展學生高層次的技能與創造力的資訊及作法。」
		2-2-1 當我引用各式媒體資料時,都會附上正確的標題並註明出處。 ※是否屬媒體素養範疇宜再界定。 ※建議刪除。	<u>3.83</u>	3	<u>1.03</u>	刪除(未達共識且非媒體素養範疇)
		2-2-2 能應用媒體表達自己的教育理念並與他人溝通。	4.42	5	.79	本題保留
2-2 媒體 素養		2-2-3 能正確解讀新聞事件的意涵,並自行淘汰不重要或不確實的資訊。 ※建議將「淘汰」修正為「篩選」。 ※建議將「自行淘汰不重要或不確實」修正為「擷取有用」。 ※建議修正為「能從媒體訊息中,擷取有意義的資訊向師生傳達,引導正確的價值觀念」。	4.58	5	.67	**修正為:**「能從媒體訊息中,擷取有意義的資訊向師生傳達,引導正確的價值觀念。」
		2-2-4 能理解媒體訊息的選擇與呈現是受到許多人為因素的介入、修飾及剪裁。 ※建議將「人為因素」修正為「意識型態」。 ※建議將「介入、修飾及剪	4.33	5	.78	**修正為:**「能理解媒體訊息的選擇與呈現是受到許多**意識型態**的影響。」

層面	向度	項目修正意見分析	統計結果			處理情形
			M	Mo	SD	
		裁」修正為「影響」。				
		2-2-5 能發展與維持與媒體的友善關係，以塑造學校優質形象。 ※建議將「能發展和維持」修正為「能建立及維持」。	4.33	5	.78	**修正為**：「能建立及維持與媒體的友善關係，以塑造學校優質形象。」
		2-2-6 能瞭解不同的媒體形式或節目型態，會讓自己對同一事件產生不同的看法。	—			新增項目
2-3 美學 素養		2-3-1 能瞭解藝術風格的意涵。 ※「意涵」較抽象，建議修正。 ※「藝術風格」較抽象，建議修正。 ※建議將「風格」刪除。 ※建議刪除本項目。	<u>3.75</u>	4	<u>1.29</u>	刪除（未達共識且內容抽象）
		2-3-2 能知道美感教育是當前教育的重點政策。 ※實質意義不大，建議修正。 ※建議將「當前教育的重點政策」修改為「教育政策中重要的一環」。	4.17	4	.94	**修正為**：「能知道美感教育是**教育政策中重要的一環。**」
		2-3-3 能主動去參與或觀賞藝術類的展演活動。 ※建議將「類的」刪除。 ※建議將「去」刪除。	4.33	5	.78	**修正為**：「能主動參與或觀賞藝術展演活動。」
		2-3-4 能透過藝術展演活動的安排來拓展學生學習經驗。	4.67	5	.65	本題保留
		2-3-5 能認同美感有助於生活品質的提升。	4.58	5	.67	本題保留
		2-3-6 能重視美化學校的環境與空間美化。	4.75	5	.45	**修正為**：「能重視學校環境及空間的美化。」

層面	向度	項目修正意見分析	統計結果			處理情形
			M	Mo	SD	
		※建議修正為「能重視學校環境及空間的美化」。				
		2-3-7 能瞭解美感要從日常生活中去感受。	—			新增項目

3.「社會參與」層面之統計結果與意見分析

　　「社會參與」層面各向度之項目統計結果與意見分析如表 3-3-3。由表中可知，各向度之項目，其中「3-1-2 能批判不合理的教育現象，並提出改善之道」、「3-3-6 引用或解釋相關教育法令時，能參酌社會結構，學校行政系統及現場運作的特性」、「3-5-2 能知道國際教育是當前教育的重點政策」與「3-5-4 能積極爭取學校成為國際教育的重點學校或試辦學校」四個項目的平均數均＜4.00、標準差皆≧1.00，顯示出小組成員意見分歧未達共識，先暫時保留此四個項目，待後續討論後再予以修刪；其他項目平均數皆≧4.00、標準差均＜1.00，因此達成初步共識，故將這些項目予以保留。

　　在開放性問卷中，小組成員針對用語提供修正或刪除意見，同時建議某些向度新增指標項目，說明如表 3-3-3 所示。首先，「3-1-2 能批判不合理的教育現象，並提出改善之道」，小組成員認為非人文素養範疇，建議刪除；「3-3-6 引用或解釋相關教育法令時，能參酌社會結構，學校行政系統及現場運作的特性」，小組成員認為非校長權責，建議刪除；「3-5-2 能知道國際教育是當前教育的重點政策」，小組成員認為非素養重點，建議刪除，審酌此三個項目的平均數與標準差均未達篩選標準，因此決定予以刪除。其次，「3-5-4 能積極爭取學校成為國際教育的重點學校或試辦學校」亦未達篩選標準，但小組成員認為與「3-5-5 能參與國際交流或國際體驗相關活動」相近，因此將「3-5-4 能積極爭取學校成為國際教育的重點學校或試辦學校」併入「3-5-5 能參與國際交流或國際體驗相關活動」。另外，小組成員認為「3-4-6 能辨別是否因為少數族群的文化，而對師生有不友善、不公平的對待」與「3-4-1

能瞭解少數族群學生應該接受與主流族群一樣的對待」雷同，參酌二個項目的平均數以及小組成員建議後，將「3-4-6 能辨別是否因為少數族群的文化，而對師生有不友善、不公平的對待」併入「3-4-1 能瞭解少數族群學生應該接受與主流族群一樣的對待」。除此之外，其餘項目或予以保留，或依小組成員意見進行修正。

　　建議新增指標項目部份，其中建議新增「3-4-7 能檢視自己對不同族群的刻板印象」與「3-4-1 能瞭解少數族群學生應該接受與主流族群一樣的對待」相近，因此不予增題。另依小組成員的建議，新增「3-4-8 能營造弱勢族群教育機會均等的環境」、「3-5-7 能從歷史脈絡中理解我國在國際社會的角色與處境」與「3-5-8 能瞭解全球永續發展之理念並落實於日常生活中」等三個項目。

表 3-3-3　第一次德懷術「社會參與」層面各向度之項目統計結果與意見分析表

層面	向度	項目修正意見分析	統計結果			處理情形
			M	Mo	SD	
3 社會參與	3-1 人文素養	3-1-1 能掌握教育的發展趨勢，調整我的辦學方針。 ※建議將「我的」修正為「自己的」。 ※建議將「教育的發展趨勢」修正為「學生需求」。	4.17	5	.94	**修正為**：「能掌握學生需求，調整自己的辦學方針。」
		3-1-2 能批判不合理的教育現象，並提出改善之道。 ※非屬人文素養，建議修正或刪除。 ※建議將「改善之道」修正為「改善方案」。	<u>3.92</u>	4	<u>1.08</u>	刪除（未達共識且非人文素養範疇）
		3-1-3 能瞭解學生的個別差異並重視學生的身心發展。 ※建議修正為「能重視學生身心的健康與發展」。	4.58	5	.79	**修正為**：「能重視學生身心的健康與發展。」

層面	向度	項目修正意見分析	統計結果			處理情形
			M	Mo	SD	
		3-1-4 能兼顧學生群性與個性的發展。	4.50	5	.80	本題保留
		3-1-5 能以學生的福祉作為所有決定與行動的根本價值。	4.58	5	.67	本題保留
		3-1-6 能重視不同學生的學習需要，照顧好每一位學生。 ※建議將「不同學生的」修正為「學生的個別」。	4.83	5	.39	**修正為：**「能重視學生的**個別**學習需要，照顧好每一位學生。」
		3-1-7 能創造學生平等的學習機會，讓每一個學生都能成功。 ※建議將「平等的學習機會」修正為「平等學習機會的平台」。	4.58	5	.52	**修正為：**「能創造學生平等學習機會的平台，讓每一個學生都能成功。」
3-2 倫理 素養		3-2-1 能擁有惻隱之心，對於需要幫助的同仁能義無反顧的協助他們。 ※建議將「義無反顧的」修正為「盡力」。 ※建議修正為「能擁有惻隱之心，關懷並協助需要幫助的同仁」。	4.17	5	.84	**修正為：**「能擁有惻隱之心，**關懷並協助需要幫助的同仁。**」
		3-2-2 能以身作則，激勵學校同仁觀摩學習。 ※建議將「激勵學校同仁觀摩學習」修正為「為人表率，成為學校師生的楷模」。	4.42	4	.52	**修正為：**「能以身作則**為人表率，成為學校師生的楷模。**」
		3-2-3 能表現清廉、正直、誠實等特質，以取得大眾對校長的信賴與尊重。	4.92	5	.29	本題保留
		3-2-4 能以誠懇與尊敬的態度，公平、公正的對待學校	4.75	5	.45	本題保留

層面	向度	項目修正意見分析	統計結果			處理情形
			M	Mo	SD	
		同仁。				
		3-2-5 能主動關懷同仁，並使每個人都享有內在價值與尊嚴。 ※建議將「主動關懷」修正為「主尊重」，並刪除「並」。	4.33	4	.65	**修正為：**「能尊重同仁，使每個人都享有內在價值與尊嚴。」
		3-2-6 能積極、主動地創造合乎倫理的教育環境。	4.67	5	.49	本題保留
		3-3-1 能瞭解校務重要方案，應在校務會議或其他會議上經公開報告說明，並充分討論，以形成共識後據以實施。	4.75	5	.62	本題保留
		3-3-2 能包容不同意見，廣納眾議，適時修正自己的看法。	4.83	5	.39	本題保留
3-3 民主 法治 素養		3-3-3 能依會議規範，公正、中立的主持會議，會議效率良好。 ※建議新增「使」會議效率良好。 ※建議將「會議效率良好」修改為「促進會議效率」。	4.83	5	.39	**修正為：**「能依會議規範，公正、中立的主持會議，**使**會議效率良好。」
		3-3-4 能明確瞭解各項教育法令的法理基礎及法條內容，並對教育以外之相關法令，亦有基礎之了解。 ※建議修正為「能明確瞭解各項教育法令及教育以外的相關法令」。	4.50	4	.52	**修正為：**「能明確瞭解各項教育法令及**教育以外的相關法令。**」
		3-3-5 能瞭解只有在有法令的依據下，所作的決定才具有正當性與合法性。 ※建議將「只有在有法令的	4.25	4	.75	**修正為：**「能瞭解只有在**依法行政**下，所作的決定才具有正當性與合法性。」

層面	向度	項目修正意見分析	統計結果			處理情形
			M	Mo	SD	
		依據下，」修正為「依法行政下」。				
		3-3-6 引用或解釋相關教育法令時，能參酌社會結構，學校行政系統及現場運作的特性。 ※法律解釋有權責問題，建議刪除本項目。 ※建議刪除本項目。	3.92	4	1.17	刪除（未達共識且非校長權責）
		3-3-7 能遵守利益迴避原則，不會利用職權謀取不當的利益圖利自己與圖利他人。 ※建議將「與」修改為「或」。 ※建議將「謀取不當的利益」刪除。	4.58	5	.67	修正為：「能遵守利益迴避原則，不會利用職權圖利自己或圖利他人。」
3-4 多元文化素養		3-4-1 能瞭解少數族群學生應該接受與主流族群一樣的對待。 ※建議將「能瞭解」修正為「能認同」。 ※建議將「對待」修正為「公平對待」。	4.42	5	.79	將 3-4-6 併入，並修正為：「能認同少數族群學生應該接受與主流族群一樣的公平對待。」
		3-4-2 能有效安排與自己文化背景不同的師生之談話。 ※建議將「有效」刪除。	4.17	5	.84	修正為：「能安排與自己文化背景不同的師生之談話。」
		3-4-3 能尊重不同文化背景師生的看法。	4.75	5	.45	本題保留
		3-4-4 能重視少數族群文化，並且將其納入校務發展計畫。 ※建議將「校務發展計畫」修正為「學校課程與活動」。	4.67	5	.49	修正為：「能重視少數族群文化，並且將其納入學校課程與活動。」

層面	向度	項目修正意見分析	統計結果			處理情形
			M	Mo	SD	
		3-4-5 能與不同族群溝通並協助處理其日常生活常見問題。 ※建議修正為「能包容並接納不同族群間的文化差異」。	4.25	4	.75	修正為：「能包容並接納不同族群間的文化差異。」
		3-4-6 能辨別是否因為少數族群的文化，而對師生有不友善、不公平的對待。 ※似乎為 3-4-1 的反向敘述，宜區隔。 ※與 3-4-1 雷同，建議合併。	4.25	4	.75	刪除（與 3-4-1 合併）
		3-4-7 能檢視自己對不同族群的刻板印象。		—		與 3-4-1 相近，故不新增項目
		3-4-8 能營造弱勢族群教育機會均等的環境。		—		新增項目
3-5 國際素養		3-5-1 能瞭解並關心國際事務與全球重要議題。 ※建議將「全球」修正為「全球化」。	4.58	5	.52	修正為：「能瞭解並關心國際事務與全球化重要議題。」
		3-5-2 能知道國際教育是當前教育的重點政策。 ※知道國際教育政策非素養重點，建議修正或刪除。	<u>3.92</u>	5	<u>1.17</u>	刪除（未達共識且非素養重點）
		3-5-3 能於公開場合宣達個人國際教育的理念。 ※建議將「國際教育的理念」修正為「國際教育理念並融入校務計畫中」。	4.17	4	.58	修正為：「能於公開場合宣達個人國際教育理念並融入校務計畫中。」
		3-5-4 能積極爭取學校成為國際教育的重點學校或試辦學校。 ※本項非素養重點，建議修正或刪除。	<u>3.25</u>	4	<u>1.29</u>	刪除（與 3-5-5 合併）

層面	向度	項目修正意見分析	統計結果			處理情形
			M	Mo	SD	
		※與 3-5-5 相近,建議合併。				
		3-5-5 能參與國際交流或國際體驗相關活動。 ※建議修正為「能自己親自或讓學校參與國際交流或國際體驗相關活動」。	4.33	4	.65	將 3-5-4 併入,並修正為:「能自己親自或讓學校參與國際交流或國際體驗相關活動。」
		3-5-6 能具備外語溝通能力。 ※不應只侷限於「外語」,應包括語言、文化……等多面向,建議修正。 ※建議修正為「能具備學習世界不同文化的意願」。	4.17	4	.94	修正為:「能具備學習世界不同文化的意願。」
		3-5-7 能從歷史脈絡中理解我國在國際社會的角色與處境。	—			新增項目
		3-5-8 能瞭解全球永續發展之理念並落實於日常生活中。	—			新增項目

4. 小結

　　綜合第一次德懷術之實施,學者專家對於指標的三個層面及十一個向度未提出任何修正意見,因此本研究仍維持原自主行動、溝通互動與社會參與等三個層面以及情緒素養、問題解決素養、終身學習素養、科技素養、媒體素養、美學素養、人文素養、倫理素養、民主法治素養、多元文化素養與國際素養等十一個向度不變。在指標項目方面,根據平均數之統計分析結果,在六十八個項目中有七個項目(原 1-2-8、2-2-1、2-3-1、3-1-2、3-3-6、3-5-2、3-5-4)平均數<4.00 且標準差≥1.00,一個項目(原 1-3-4)標準差≥1.00,其餘六十個項目平均數均≥4.00 且標準差<1.00,顯示出德懷術專家小組對於指標適當程度看法與意見的一致性頗高。

　　而學者專家針對指標項目所提出之修正（修正部份以粗體表示）、刪除與新增意見，綜合統計結果與學者專家意見後，共計刪除六個項目（原 1-2-8、2-2-1、2-3-1、3-1-2、3-3-6、3-5-2）、並將五個項目（原 1-2-1、1-2-6、1-3-4、3-4-6、3-5-4）刪除後併入原有項目以及新增六個項目（包括情緒素養 1 項、媒體素養 1 項、美學素養 1 項、多元文化素養 1 項與國際素養 2 項），因此，第一次德懷術將原先六十八個項目（情緒素養 5 項、問題解決素養 8 項、終身學習素養 6 項、科技素養 6 項、媒體素養 5 項、美學素養 6 項、人文素養 7 項、倫理素養 6 項、民主法治素養 7 項、多元文化素養 6 項與國際素養 6 項）經過增刪後成為六十三個項目（情緒素養 6 項、問題解決素養 5 項、終身學習素養 5 項、科技素養 6 項、媒體素養 5 項、美學素養 6 項、人文素養 6 項、倫理素養 6 項、民主法治素養 6 項、多元文化素養 6 項與國際素養 6 項），並將增刪後之指標重新編碼及標示所屬之層面與向度，關於第一次德懷術專家諮詢分析結果彙整如表 3-3-4 所示。

表 3-3-4　第一次德懷術專家諮詢分析結果表

層面	向度	項目	統計結果		
			M	Mo	SD
1.自主行動	1-1 情緒素養	1-1-1 能隨時清楚知道自己的**情緒狀態**。	4.50	5	.80
		1-1-2 面對別人負面的情緒時，能**適時給予支持鼓勵**。	4.17	5	.94
		1-1-3 能面對現實，不斷自我激勵以突破困境。	4.50	4	.52
		1-1-4 能使用適當的語詞或表情來表達自己的情緒。	4.50	5	.80
		1-1-5 能為自己訂定目標並儘量完成這些目標。	4.58	5	.90
		1-1-6 面對他人的指責或挑釁時，能維持平和的情緒。	新增項目		
	1-2 問題解決	1-2-1 能針對問題進行分析，並有能力歸納出重點。	4.50	5	.67

層面	向度	項目	統計結果		
			M	Mo	SD
	素養	1-2-2 能掌握問題的重點，構思適當的解決方案。	4.25	5	.87
		1-2-3 能比較各項問題解決方案並做出較佳的決策。	4.58	5	.90
		1-2-4 能正確判斷迫切性問題，並做良好的決定。	4.50	5	.80
		1-2-5 在處理學校問題時能勇於面對而不逃避。	4.25	5	.97
	1-3 終身學習素養	1-3-1 能瞭解運用知識可以解決難題。	4.17	4	.72
		1-3-2 能瞭解唯有終身學習才能適應社會潮流及各項教育改革政策。	4.75	5	.62
		1-3-3 能隨時把握周遭環境的學習機會。	4.33	5	.89
		1-3-4 能將各項研習進修中所學得的新知識實際應用在學校經營上。	4.17	4	.72
		1-3-5 能不斷學習去營造一所優質的學校。	4.33	5	.78
2.溝通互動	2-1 科技素養	2-1-1 能向學校同仁及家長清楚說明學校科技教育發展的願景。	4.00	4	.60
		2-1-2 能有效地分配資源以確保校內科技計畫完整並持續執行。	4.42	5	.90
		2-1-3 在各種場合中會使用多媒體器材進行資料呈現。	4.50	5	.80
		2-1-4 能利用不同的查詢方式取得所需要的資訊。	4.67	5	.78
		2-1-5 能因應當代科技的演進，持續提倡革新科技的應用政策。	4.17	4	.72
		2-1-6 能傳達給教師或家長有關運用科技以發展學生高層次的技能與創造力的資訊及作法。	4.17	5	.94
	2-2 媒體素養	2-2-1 能應用媒體表達自己的教育理念並與他人溝通。	4.42	5	.79
		2-2-2 能從媒體訊息中，擷取有意義的資訊向師生傳達，引導正確的價值觀念。	4.58	5	.67

層面	向度	項目	統計結果		
			M	Mo	SD
		2-2-3 能理解媒體訊息的選擇與呈現是受到許多意識型態的影響。	4.33	5	.78
		2-2-4 能建立及維持與媒體的友善關係，以塑造學校優質形象。	4.33	5	.78
		2-2-5 能瞭解不同的媒體形式或節目型態，會讓自己對同一事件產生不同的看法。	新增項目		
	2-3 美學素養	2-3-1 能知道美感教育是**教育政策中重要的一環**。	4.17	4	.94
		2-3-2 能主動參與或觀賞藝術展演活動。	4.33	5	.78
		2-3-3 能透過藝術展演活動的安排來拓展學生學習經驗。	4.67	5	.65
		2-3-4 能認同美感有助於生活品質的提升。	4.58	5	.67
		2-3-5 能重視學校環境及空間的美化。	4.75	5	.45
		2-3-6 能瞭解美感要從日常生活中去感受。	新增項目		
3 社會參與	3-1 人文素養	3-1-1 能掌握學生需求，調整自己的辦學方針。	4.17	5	.94
		3-1-2 能重視學生身心的**健康與發展**。	4.58	5	.79
		3-1-3 能兼顧學生群性與個性的發展。	4.50	5	.80
		3-1-4 能以學生的福祉作為所有決定與行動的根本價值。	4.58	5	.67
		3-1-5 能重視學生的**個別**學習需要，照顧好每一位學生。	4.83	5	.39
		3-1-6 能創造學生平等學習機會的平台，讓每一個學生都能成功。	4.58	5	.52
	3-2 倫理素養	3-2-1 能擁有惻隱之心，**關懷並協助**需要幫助的同仁。	4.17	5	.84
		3-2-2 能以身作則**為人表率，成為**學校師生的**楷模**。	4.42	4	.52
		3-2-3 能表現清廉、正直、誠實等特質，以取得大眾對校長的信賴與尊重。	4.92	5	.29
		3-2-4 能以誠懇與尊敬的態度，公平、公正的對待學校同仁。	4.75	5	.45

層面	向度	項目	統計結果		
			M	Mo	SD
		3-2-5 能尊重同仁，使每個人都享有內在價值與尊嚴。	4.33	4	.65
		3-2-6 能積極、主動地創造合乎倫理的教育環境。	4.67	5	.49
	3-3 民主法治素養	3-3-1 能瞭解校務重要方案，應在校務會議或其他會議上經公開報告說明，並充分討論，以形成共識後據以實施。	4.75	5	.62
		3-3-2 能包容不同意見，廣納眾議，適時修正自己的看法。	4.83	5	.39
		3-3-3 能依會議規範，公正、中立的主持會議，使會議效率良好。	4.83	5	.39
		3-3-4 能明確瞭解各項教育法令及教育以外的相關法令。	4.50	4	.52
		3-3-5 能瞭解只有在依法行政下，所作的決定才具有正當性與合法性。	4.25	4	.75
		3-3-6 能遵守利益迴避原則，不會利用職權圖利自己或圖利他人。	4.58	5	.67
	3-4 多元文化素養	3-4-1 能認同少數族群學生應該接受與主流族群一樣的公平對待。	4.42	5	.79
		3-4-2 能安排與自己文化背景不同的師生之談話。	4.17	5	.84
		3-4-3 能尊重不同文化背景師生的看法。	4.75	5	.45
		3-4-4 能重視少數族群文化，並且將其納入學校課程與活動。	4.67	5	.49
		3-4-5 能包容並接納不同族群間的文化差異。	4.25	4	.75
		3-4-6 能營造弱勢族群教育機會均等的環境。	新增項目		
	3-5 國際素養	3-5-1 能瞭解並關心國際事務與全球化重要議題。	4.58	5	.52
		3-5-2 能於公開場合宣達個人國際教育理念並融入校務計畫中。	4.17	4	.58
		3-5-3 能自己親自或讓學校參與國際交流或國際體驗相關活動。	4.33	4	.65

層面	向度	項目	統計結果		
			M	Mo	SD
		3-5-4 能具備學習世界不同文化的意願。	4.17	4	.94
		3-5-5 能從歷史脈絡中理解我國在國際社會的 角色與處境。	新增項目		
		3-5-6 能瞭解全球永續發展之理念並落實於日 常生活中。	新增項目		

（二）第二次德懷術實施與結果

　　「國民中小學校長通識素養指標建構問卷（第二次德懷術）」（如附錄二），係彙整第一次德懷術指標建構問卷的統計結果以及學者專家的意見而來，其中，第一部份呈現出第一次德懷術問卷各指標項目之平均數（M）（分數範圍 1~5 分）、眾數（Mo）與標準差（SD），同時進行意涵修正（修改部份以黑色粗體表示）與新增指標項目；第二部份則請學者專家提供其他建議；問卷之選填由學者專家從不重要、普通、重要三個選項擇一勾選，分數以 1 至 3 分加以計分，選填分數越高者表該指標項目越重要。本次問卷於105 年 10 月 11 日至 10 月 21 日繼續向德懷術專家小組的 12 位學者專家進行意見諮詢，共回收 12 份，回收率 100%。

　　第二次德懷術問卷包含三個層面、十一個向度及六十三個項目，由於小組成員對於校長通識素養指標的三個層面、十一個向度及六十三個項目，未有任何修正意見，本研究仍維持原層面、向度。至於項目部份，針對德懷術專家小組的調查問卷計算各項目之平均數（M）、眾數（Mo）和標準差（SD），並呈現各指標項目中學者專家填答不重要、普通、重要等選項佔全體之百分比。在第二次德懷術中，以至少有一位專家認為不重要或全體專家填答其重要程度比率未超過 60%者為篩選標準。以下從校長通識素養指標的三個層面，分別呈現小組成員調查問卷的統計結果並進行分析，結果如下所述：

1.「自主行動」層面之統計結果分析

「自主行動」層面各向度之項目統計結果如表 3-3-5。由表中可知，各向度之項目，其中「1-1-5 能為自己訂定目標並儘量完成這些目標」，有一位專家認為不重要；在重要程度佔全體之百分比方面，「1-1-5 能為自己訂定目標並儘量完成這些目標」（41.7%）、「1-3-1 能瞭解運用知識可以解決難題」（33.3%）等 2 個項目，全體專家填答其重要程度比率未超過 60%，其中「1-1-5 能為自己訂定目標並儘量完成這些目標」有一位專家認為不重要、全體專家填答其重要程度比率為 41.7%，兼具至少有一位專家認為不重要與全體專家填答其重要程度比率未超過 60%等兩項因素，因此「自主行動」層面計刪除情緒素養 1 項與終身學習素養 1 項，共計 2 項指標項目。

表 3-3-5　第二次德懷術「自主行動」層面各向度之項目統計結果表

層面	向度	項目	統計結果			重要程度		
						不重要	普通	重要
			M	Mo	SD	%	%	%
1 自主行動	1-1 情緒素養	1-1-1 能隨時清楚知道自己的情緒狀態。	2.83	3	.39	0	16.7	83.3
		1-1-2 面對別人負面的情緒時，能適時給予支持鼓勵。	2.67	3	.49	0	33.3	66.7
		1-1-3 能面對現實，不斷自我激勵以突破困境。	2.75	3	.45	0	25	75
		1-1-4 能使用適當的語詞或表情來表達自己的情緒。	2.83	3	.39	0	16.7	83.3
		1-1-5 能為自己訂定目標並儘量完成這些目標。	2.33	2	.65	8.3	50	41.7
		1-1-6 面對他人的指責或挑釁時，能維持平和的情緒。	3.00	3	.00	0	0	100
		1-2-1 能針對問題進行分析，並有能力歸納出重點。	2.83	3	.39	0	16.7	83.3
		1-2-2 能掌握問題的重點，構思適當的解決方案。	3.00	3	.00	0	0	100

層面	向度	項目	統計結果			重要程度		
						不重要	普通	重要
			M	Mo	SD	%	%	%
1-2 問題 解決 素養		1-2-3 能比較各項問題解決方案並做出較佳的決策。	2.83	3	.39	0	16.7	83.3
		1-2-4 能正確判斷迫切性問題，並做良好的決定。	3.00	3	.00	0	0	100
		1-2-5 在處理學校問題時能勇於面對而不逃避。	2.83	3	.39	0	16.7	83.3
1-3 終身 學習 素養		1-3-1 能瞭解運用知識可以解決難題。	2.33	2	.49	0	66.7	<u>33.3</u>
		1-3-2 能瞭解唯有終身學習才能適應社會潮流及各項教育改革政策。	2.67	3	.49	0	33.3	66.7
		1-3-3 能隨時把握周遭環境的學習機會。	2.83	3	.39	0	16.7	83.3
		1-3-4 能將各項研習進修中所學得的新知識實際應用在學校經營上。	2.67	3	.49	0	33.3	66.7
		1-3-5 能不斷學習去營造一所優質的學校。	2.92	3	.29	0	8.3	91.7

2.「溝通互動」層面之統計結果分析

「溝通互動」層面各向度之項目統計結果如表 3-3-6。由表中可知，各向度之項目並未有任何一位學者專家填答不重要選項，而「2-1-1 能向學校同仁及家長清楚說明學校科技教育發展的願景」（33.3%）、「2-3-1 能知道美感教育是教育政策中重要的一環」（41.7%）等 2 個項目，全體專家填答其重要程度比率未超過 60%，因此「溝通互動」層面計刪除科技素養 1 項與美學素養 1 項，共計 2 項指標項目。

表 3-3-6　第二次德懷術「溝通互動」層面各向度之項目統計結果表

層面	向度	項目	統計結果			重要程度		
						不重要	普通	重要
			M	Mo	SD	%	%	%
2 溝通互動	2-1 科技素養	2-1-1 能向學校同仁及家長清楚說明學校科技教育發展的願景。	2.33	2	.49	0	66.7	33.3
		2-1-2 能有效地分配資源以確保校內科技計畫完整並持續執行。	2.83	3	.39	0	16.7	83.3
		2-1-3 在各種場合中會使用多媒體器材進行資料呈現。	2.67	3	.49	0	33.3	66.7
		2-1-4 能利用不同的查詢方式取得所需要的資訊。	2.83	3	.39	0	16.7	83.3
		2-1-5 能因應當代科技的演進，持續提倡革新科技的應用政策。	2.67	3	.49	0	33.3	66.7
		2-1-6 能傳達給教師或家長有關運用科技以發展學生高層次的技能與創造力的資訊及作法。	2.67	3	.49	0	33.3	66.7
	2-2 媒體素養	2-2-1 能應用媒體表達自己的教育理念並與他人溝通。	2.67	3	.49	0	33.3	66.7
		2-2-2 能從媒體訊息中，擷取有意義的資訊向師生傳達，引導正確的價值觀念。	3.00	3	.00	0	0	100
		2-2-3 能理解媒體訊息的選擇與呈現是受到許多意識型態的影響。	2.92	3	.29	0	8.3	91.7
		2-2-4 能建立及維持與媒體的友善關係，以塑造學校優質形象。	2.92	3	.29	0	8.3	91.7
		2-2-5 能瞭解不同的媒體形式或節目型態，會讓自己對同一事件產生不同的看法。	2.75	3	.45	0	25	75

層面	向度	項目	統計結果			重要程度		
						不重要	普通	重要
			M	Mo	SD	%	%	%
		2-3-1 能知道美感教育是教育政策中重要的一環。	2.42	2	.52	0	58.3	<u>41.7</u>
		2-3-2 能主動參與或觀賞藝術展演活動。	2.67	3	.49	0	33.3	66.7
		2-3-3 能透過藝術展演活動的安排來拓展學生學習經驗。	3.00	3	.00	0	0	100
2-3 美學素養		2-3-4 能認同美感有助於生活品質的提升。	2.92	3	.29	0	8.3	91.7
		2-3-5 能重視學校環境及空間的美化。	3.00	3	.00	0	0	100
		2-3-6 能瞭解美感要從日常生活中去感受。	2.67	3	.49	0	33.3	66.7

3. 「社會參與」層面之統計結果分析

　　「社會參與」層面各向度之項目統計結果如表 3-3-7。由表中可知，各向度之項目，其中「3-4-2 能安排與自己文化背景不同的師生之談話」，有一位專家認為不重要；在重要程度佔全體之百分比方面，「3-4-2 能安排與自己文化背景不同的師生之談話」（25%）、「3-5-2 能於公開場合宣達個人國際教育理念並融入校務計畫中」（25%）等 2 個項目，全體專家填答其重要程度比率未超過 60%，其中「3-4-2 能安排與自己文化背景不同的師生之談話」有一位專家認為不重要、全體專家填答其重要程度比率為 25%，兼具至少有一位專家認為不重要與全體專家填答其重要程度比率未超過 60%等兩項因素，因此「社會參與」層面計刪除多元文化素養 1 項與國際素養 1 項，共計 2 項指標項目。

表 3-3-7　第二次德懷術「社會參與」層面各向度之項目統計結果表

層面	向度	項目	統計結果			重要程度		
						不重要	普通	重要
			M	Mo	SD	%	%	%
3 社會參與	3-1 人文素養	3-1-1 能掌握學生需求,調整自己的辦學方針。	2.83	3	.39	0	16.7	83.3
		3-1-2 能重視學生身心的健康與發展。	3.00	3	.00	0	0	100
		3-1-3 能兼顧學生群性與個性的發展。	3.00	3	.00	0	0	100
		3-1-4 能以學生的福祉作為所有決定與行動的根本價值。	3.00	3	.00	0	0	100
		3-1-5 能重視學生的個別學習需要,照顧好每一位學生。	3.00	3	.00	0	0	100
		3-1-6 能創造學生平等學習機會的平台,讓每一個學生都能成功。	2.92	3	.29	0	8.3	91.7
	3-2 倫理素養	3-2-1 能擁有惻隱之心,關懷並協助需要幫助的同仁。	3.00	3	.00	0	0	100
		3-2-2 能以身作則為人表率,成為學校師生的楷模。	2.92	3	.29	0	8.3	91.7
		3-2-3 能表現清廉、正直、誠實等特質,以取得大眾對校長的信賴與尊重。	2.83	3	.39	0	16.7	83.3
		3-2-4 能以誠懇與尊敬的態度,公平、公正的對待學校同仁。	2.92	3	.29	0	8.3	91.7
		3-2-5 能尊重同仁,使每個人都享有內在價值與尊嚴。	2.83	3	.39	0	16.7	83.3
		3-2-6 能積極、主動地創造合乎倫理的教育環境。	2.92	3	.29	0	8.3	91.7
		3-3-1 能瞭解校務重要方案,應在校務會議或其他會議上經公開報告說明,並充分討論,	2.92	3	.29	0	8.3	91.7

層面	向度	項目	統計結果			重要程度		
						不重要	普通	重要
			M	Mo	SD	%	%	%
		以形成共識後據以實施。						
		3-3-2 能包容不同意見，廣納眾議，適時修正自己的看法。	2.92	3	.29	0	8.3	91.7
3-3 民主法治素養		3-3-3 能依會議規範，公正、中立的主持會議，使會議效率良好。	2.92	3	.29	0	8.3	91.7
		3-3-4 能明確瞭解各項教育法令及教育以外的相關法令。	2.67	3	.49	0	33.3	66.7
		3-3-5 能瞭解只有在依法行政下，所作的決定才具有正當性與合法性。	2.83	3	.39	0	16.7	83.3
		3-3-6 能遵守利益迴避原則，不會利用職權圖利自己或圖利他人。	3.00	3	.00	0	0	100
3-4 多元文化素養		3-4-1 能認同少數族群學生應該接受與主流族群一樣的公平對待。	2.92	3	.29	0	8.3	91.7
		3-4-2 能安排與自己文化背景不同的師生之談話。	2.17	2	.58	8.3	66.7	25
		3-4-3 能尊重不同文化背景師生的看法。	2.92	3	.29	0	8.3	91.7
		3-4-4 能重視少數族群文化，並且將其納入學校課程與活動。	2.83	3	.39	0	16.7	83.3
		3-4-5 能包容並接納不同族群間的文化差異。	2.83	3	.39	0	16.7	83.3
		3-4-6 能營造弱勢族群教育機會均等的環境。	2.92	3	.29	0	8.3	91.7
3-5 國際素養		3-5-1 能瞭解並關心國際事務與全球化重要議題。	2.92	3	.29	0	8.3	91.7
		3-5-2 能於公開場合宣達個人國際教育理念並融入校務計畫中。	2.25	2	.45	0	75	25

層面	向度	項目	統計結果			重要程度		
						不重要	普通	重要
			M	Mo	SD	%	%	%
		3-5-3 能自己親自或讓學校參與國際交流或國際體驗相關活動。	2.67	3	.49	0	33.3	66.7
		3-5-4 能具備學習世界不同文化的意願。	2.67	3	.49	0	33.3	66.7
		3-5-5 能從歷史脈絡中理解我國在國際社會的角色與處境。	2.67	3	.49	0	33.3	66.7
		3-5-6 能瞭解全球永續發展之理念並落實於日常生活中。	2.75	3	.45	0	25	75

4. 小結

綜合第二次德懷術之實施，學者專家對於指標的三個層面及十一個向度未提出任何修正意見，因此本研究仍維持原自主行動、溝通互動與社會參與等三個層面以及情緒素養、問題解決素養、終身學習素養、科技素養、媒體素養、美學素養、人文素養、倫理素養、民主法治素養、多元文化素養與國際素養等十一個向度不變。在指標項目方面，根據至少一位專家認為不重要與全體專家填答重要程度比率未超過 60%者的篩選標準，在六十三個項目中，有二個項目（原 1-1-5、3-4-2）至少有一位專家認為不重要；六個項目（原 1-1-5、1-3-1、2-1-1、2-3-1、3-4-2、3-5-5）全體專家填答重要程度比率未超過 60%，其中二個項目（原 1-1-5、3-4-2）兼具至少有一位專家認為不重要與全體專家填答其重要程度比率未超過 60%等兩項因素，因此共計刪除指標項目 6 項。

綜合上述，第二次德懷術將原先六十三個項目（情緒素養 6 項、問題解決素養 5 項、終身學習素養 5 項、科技素養 6 項、媒體素養 5 項、美學素養 6 項、人文素養 6 項、倫理素養 6 項、民主法治素養 6 項、多元文化素養 6 項與國際素養 6 項）經過刪除後縮減為五十七個項目（情緒素養 5 項、問題

解決素養 5 項、終身學習素養 4 項、科技素養 5 項、媒體素養 5 項、美學素養 5 項、人文素養 6 項、倫理素養 6 項、民主法治素養 6 項、多元文化素養 5 項與國際素養 5 項），茲將第二次德懷術專家諮詢指標保留與刪除結果彙整如表 3-3-8 所示。

表 3-3-8　第二次德懷術專家諮詢指標保留與刪除結果表

層面	向度	項目	統計結果			重要程度			保留與否
			M	Mo	SD	不重要 %	普通 %	重要 %	
1.自主行動	1-1 情緒素養	1-1-1 能隨時清楚知道自己的情緒狀態。	2.83	3	.39	0	16.7	83.3	保留
		1-1-2 面對別人負面的情緒時，能適時給予支持鼓勵。	2.67	3	.49	0	33.3	66.7	保留
		1-1-3 能面對現實，不斷自我激勵以突破困境。	2.75	3	.45	0	25	75	保留
		1-1-4 能使用適當的語詞或表情來表達自己的情緒。	2.83	3	.39	0	16.7	83.3	保留
		1-1-5 能為自己訂定目標並儘量完成這些目標。	2.33	2	.65	8.3	50	41.7	**刪除**
		1-1-6 面對他人的指責或挑釁時，能維持平和的情緒。	3.00	3	.00	0	0	100	保留
	1-2 問題解決素養	1-2-1 能針對問題進行分析，並有能力歸納出重點。	2.83	3	.39	0	16.7	83.3	保留
		1-2-2 能掌握問題的重點，構思適當的解決方案。	3.00	3	.00	0	0	100	保留
		1-2-3 能比較各項問題解決方案並做出較佳的決策。	2.83	3	.39	0	16.7	83.3	保留
		1-2-4 能正確判斷迫切性問題，並做良好的決定。	3.00	3	.00	0	0	100	保留
		1-2-5 在處理學校問題時能勇於面對而不逃避。	2.83	3	.39	0	16.7	83.3	保留

層面	向度	項目	統計結果			重要程度			保留與否
						不重要	普通	重要	
			M	Mo	SD	%	%	%	
	1-3 終身學習素養	1-3-1 能瞭解運用知識可以解決難題。	2.33	2	.49	0	66.7	<u>33.3</u>	**刪除**
		1-3-2 能瞭解唯有終身學習才能適應社會潮流及各項教育改革政策。	2.67	3	.49	0	33.3	66.7	保留
		1-3-3 能隨時把握周遭環境的學習機會。	2.83	3	.39	0	16.7	83.3	保留
		1-3-4 能將各項研習進修中所學得的新知識實際應用在學校經營上。	2.67	3	.49	0	33.3	66.7	保留
		1-3-5 能不斷學習去營造一所優質的學校。	2.92	3	.29	0	8.3	91.7	保留
2.溝通互動	2-1 科技素養	2-1-1 能向學校同仁及家長清楚說明學校科技教育發展的願景。	2.33	2	.49	0	66.7	<u>33.3</u>	**刪除**
		2-1-2 能有效地分配資源以確保校內科技計畫完整並持續執行。	2.83	3	.39	0	16.7	83.3	保留
		2-1-3 在各種場合中會使用多媒體器材進行資料呈現。	2.67	3	.49	0	33.3	66.7	保留
		2-1-4 能利用不同的查詢方式取得所需要的資訊。	2.83	3	.39	0	16.7	83.3	保留
		2-1-5 能因應當代科技的演進，持續提倡革新科技的應用政策。	2.67	3	.49	0	33.3	66.7	保留
		2-1-6 能傳達給教師或家長有關運用科技以發展學生高層次的技能與創造力的資訊及作法。	2.67	3	.49	0	33.3	66.7	保留
	2-2 媒體素養	2-2-1 能應用媒體表達自己的教育理念並與他人溝通。	2.67	3	.49	0	33.3	66.7	保留

層面	向度	項目	統計結果			重要程度			保留與否
						不重要	普通	重要	
			M	Mo	SD	%	%	%	
		2-2-2 能從媒體訊息中，擷取有意義的資訊向師生傳達，引導正確的價值觀念。	3.00	3	.00	0	0	100	保留
		2-2-3 能理解媒體訊息的選擇與呈現是受到許多意識型態的影響。	2.92	3	.29	0	8.3	91.7	保留
		2-2-4 能建立及維持與媒體的友善關係，以塑造學校優質形象。	2.92	3	.29	0	8.3	91.7	保留
		2-2-5 能瞭解不同的媒體形式或節目型態，會讓自己對同一事件產生不同的看法。	2.75	3	.45	0	25	75	保留
	2-3 美學素養	2-3-1 能知道美感教育是教育政策中重要的一環。	2.42	2	.52	0	58.3	<u>41.7</u>	**刪除**
		2-3-2 能主動參與或觀賞藝術展演活動。	2.67	3	.49	0	33.3	66.7	保留
		2-3-3 能透過藝術展演活動的安排來拓展學生學習經驗。	3.00	3	.00	0	0	100	保留
		2-3-4 能認同美感有助於生活品質的提升。	2.92	3	.29	0	8.3	91.7	保留
		2-3-5 能重視學校環境及空間的美化。	3.00	3	.00	0	0	100	保留
		2-3-6 能瞭解美感要從日常生活中去感受。	2.67	3	.49	0	33.3	66.7	保留
3 社會參與	3-1 人文素養	3-1-1 能掌握學生需求，調整自己的辦學方針。	2.83	3	.39	0	16.7	83.3	保留
		3-1-2 能重視學生身心的健康與發展。	3.00	3	.00	0	0	100	保留
		3-1-3 能兼顧學生群性與個性	3.00	3	.00	0	0	100	保留

層面	向度	項目	統計結果			重要程度			保留與否
						不重要	普通	重要	
			M	Mo	SD	%	%	%	
		的發展。							
		3-1-4 能以學生的福祉作為所有決定與行動的根本價值。	3.00	3	.00	0	0	100	保留
		3-1-5 能重視學生的個別學習需要，照顧好每一位學生。	3.00	3	.00	0	0	100	保留
		3-1-6 能創造學生平等學習機會的平台，讓每一個學生都能成功。	2.92	3	.29	0	8.3	91.7	保留
3-2 倫理素養		3-2-1 能擁有惻隱之心，關懷並協助需要幫助的同仁。	3.00	3	.00	0	0	100	保留
		3-2-2 能以身作則為人表率，成為學校師生的楷模。	2.92	3	.29	0	8.3	91.7	保留
		3-2-3 能表現清廉、正直、誠實等特質，以取得大眾對校長的信賴與尊重。	2.83	3	.39	0	16.7	83.3	保留
		3-2-4 能以誠懇與尊敬的態度，公平、公正的對待學校同仁。	2.92	3	.29	0	8.3	91.7	保留
		3-2-5 能尊重同仁，使每個人都享有內在價值與尊嚴。	2.83	3	.39	0	16.7	83.3	保留
		3-2-6 能積極、主動地創造合乎倫理的教育環境。	2.92	3	.29	0	8.3	91.7	保留
3-3 民主法治素養		3-3-1 能瞭解校務重要方案，應在校務會議或其他會議上經公開報告說明，並充分討論，以形成共識後據以實施。	2.92	3	.29	0	8.3	91.7	保留
		3-3-2 能包容不同意見，廣納眾議，適時修正自己的	2.92	3	.29	0	8.3	91.7	保留

層面	向度	項目	統計結果			重要程度			保留與否
						不重要	普通	重要	
			M	Mo	SD	%	%	%	
		看法。							
		3-3-3 能依會議規範，公正、中立的主持會議，使會議效率良好。	2.92	3	.29	0	8.3	91.7	保留
		3-3-4 能明確瞭解各項教育法令及教育以外的相關法令。	2.67	3	.49	0	33.3	66.7	保留
		3-3-5 能瞭解只有在依法行政下，所作的決定才具有正當性與合法性。	2.83	3	.39	0	16.7	83.3	保留
		3-3-6 能遵守利益迴避原則，不會利用職權圖利自己或圖利他人。	3.00	3	.00	0	0	100	保留
3-4 多元文化素養		3-4-1 能認同少數族群學生應該接受與主流族群一樣的公平對待。	2.92	3	.29	0	8.3	91.7	保留
		3-4-2 能安排與自己文化背景不同的師生之談話。	2.17	2	.58	8.3	66.7	25	刪除
		3-4-3 能尊重不同文化背景師生的看法。	2.92	3	.29	0	8.3	91.7	保留
		3-4-4 能重視少數族群文化，並且將其納入學校課程與活動。	2.83	3	.39	0	16.7	83.3	保留
		3-4-5 能包容並接納不同族群間的文化差異。	2.83	3	.39	0	16.7	83.3	保留
		3-4-6 能營造弱勢族群教育機會均等的環境。	2.92	3	.29	0	8.3	91.7	保留
3-5 國際素養		3-5-1 能瞭解並關心國際事務與全球化重要議題。	2.92	3	.29	0	8.3	91.7	保留
		3-5-2 能於公開場合宣達個人國際教育理念並融入校務計畫中。	2.25	2	.45	0	75	25	刪除

層面	向度	項目	統計結果			重要程度			保留與否
			M	Mo	SD	不重要 %	普通 %	重要 %	
		3-5-3 能自己親自或讓學校參與國際交流或國際體驗相關活動。	2.67	3	.49	0	33.3	66.7	保留
		3-5-4 能具備學習世界不同文化的意願。	2.67	3	.49	0	33.3	66.7	保留
		3-5-5 能從歷史脈絡中理解我國在國際社會的角色與處境。	2.67	3	.49	0	33.3	66.7	保留
		3-5-6 能瞭解全球永續發展之理念並落實於日常生活中。	2.75	3	.45	0	25	75	保留

（三）預試問卷之信度與效度分析

「國民中小學校長通識素養指標預試問卷」（如附錄三），係彙整二次德懷術指標建構問卷的統計結果及學者專家的意見，並經重新編碼而成。為了能夠掌握問卷的穩定性，探究指標的結構是否與實際資料契合，並驗證測量模式建構效度的適切性，因此進行問卷預試工作，並以預試樣本進行分析，以交互檢證問卷之信、效度，同時作為決定相對權重問卷與正式問卷的依據。以下分由預試樣本分析、偏態與峰度常態分配考驗、信度分析、驗證性因素分析（confirmatory factor analysis, CFA）及小結進行說明。

1.預試樣本分析

預試工作於 105 年 10 月 28 日至 11 月 7 日進行，共計回收問卷 117 份，經檢視剔除填答不全之無效問卷 1 份，合計取得有效樣本 116 人，問卷總回收率 97.5%，可用率 96.67%。有關預試問卷的樣本組成如表 3-3-9，其中校長年資在 5 年以下者 40 人（佔 34.5%）、6-10 年 42 人（佔 36.2%）、11-15 年 21 人（佔 18.1%）、16-20 年 7 人（佔 6.0%）、21 年以上者 6 人（佔

5.2%）；國中校長之樣本數 27 人（佔 23.3%）、國小校長之樣本數 89 人（佔 76.7%）；學校班級數 6-12 班者 55 人（佔 47.4%）、13-24 班 27 人（佔 23.3%）、25-48 班 25 人（佔 21.6%）、49 班以上者 9 人（佔 7.8%）；若以男女性別的分布而言，男性 86 人（佔 74.1%）、女性 30 人（佔 25.9%）。

表 3-3-9　預試問卷的樣本組成

縣市	性別		校長年資					校長別		學校班級數			
	男	女	<5	6-10	11-15	16-20	≧21	國中	國小	6-12	13-24	25-48	≧49
苗栗縣	9	7	10	2	3	0	1	5	11	11	4	1	0
臺中市	35	5	11	21	7	0	1	10	30	8	8	16	8
南投縣	13	7	4	5	7	3	1	3	17	10	7	3	0
彰化縣	14	6	7	7	2	1	3	6	14	10	6	3	1
雲林縣	15	5	8	7	2	3	0	3	17	16	2	2	0
合計	86	30	40	42	21	7	6	27	89	55	27	25	9
百分比	74.1%	25.9%	34.5%	36.2%	18.1%	6.0%	5.2%	23.3%	76.7%	47.4%	23.3%	21.6%	7.8%

2. 偏態與峰度常態分配考驗

由於驗證性因素分析中以內定之最大概數估計法（Maximum Likehood Estimation, ML）估計參數，利用 ML 時資料必須符合多變量常態分配的假定（Ding, Velicer & Harlow, 1995）。因此，以下先就偏態與峰度常態分配進行考驗，再以此為基礎進行後續的驗證性因素分析。關於偏態與峰度的考驗，一般而言，偏態的絕對值若大於 2.0 視為極端偏態；峰度絕對值大於 7.0 表示峰度有問題（Curran, West & Finch, 1996）。為檢定樣本是否符合常態分配，因此以統計軟體 SPSS 22 來瞭解問卷中每個項目之偏態與峰度係數，再進行驗證性因素分析。由表 3-3-10 可知各項目之偏態係數介於-2.67～- .03 之間，其中「3-2-2 能以身作則為人表率，成為學校師生的楷模」、「3-2-3 能表現清廉、正直、誠實等特質，以取得大眾對校長的信賴與尊重」與「3-3-6 能遵守利益迴避原則，不會利用職權圖利自己或圖利他人」等偏態係數分別為

-2.02、-2.13、-2.67，表示這三個項目具有極端值，因此予以刪除，至於其餘項目之偏態係數的絕對值均未大於 2.0。峰度係數則介於 6.89～-1.24 之間，可見峰度係數均未大於 7.0，亦即均在正常範圍內。綜上所述，除了將偏態明顯的三個項目刪除後，其餘項目的偏態與峰度並未明確違反常態分配。

表 3-3-10　預試樣本偏態與峰度係數摘要表

層面	向度	項目	N	M	SD	偏態係數	峰度係數	保留與否
1.自主行動	1-1 情緒素養	1-1-1 能隨時清楚知道自己的情緒狀態。	116	4.57	.53	-.64	-.86	保留
		1-1-2 面對別人負面的情緒時，能適時給予支持鼓勵。	116	4.36	.55	-.07	-.83	保留
		1-1-3 能面對現實，不斷自我激勵以突破困境。	116	4.41	.58	-.32	-.76	保留
		1-1-4 能使用適當的語詞或表情來表達自己的情緒。	116	4.30	.58	-.14	-.57	保留
		1-1-5 面對他人的指責或挑釁時，能維持平和的情緒。	116	3.95	.73	-.73	1.71	保留
	1-2 問題解決素養	1-2-1 能針對問題進行分析，並有能力歸納出重點。	116	4.45	.60	-.55	-.60	保留
		1-2-2 能掌握問題的重點，構思適當的解決方案。	116	4.45	.55	-.27	-1.00	保留
		1-2-3 能比較各項問題解決方案並做出較佳的決策。	116	4.45	.55	-.38	-.83	保留
		1-2-4 能正確判斷迫切性問題，並做良好的決定。	116	4.34	.55	-.01	-.79	保留
		1-2-5 在處理學校問題時能勇於面對而不逃避。	116	4.58	.55	-.80	-.44	保留
	1-3 終身學習素養	1-3-1 能瞭解唯有終身學習才能適應社會潮流及各項教育改革政策。	116	4.66	.50	-.88	-.71	保留
		1-3-2 能隨時把握周遭環境的學習機會。	116	4.52	.57	-.65	-.59	保留

層面	向度	項目	N	M	SD	偏態係數	峰度係數	保留與否
		1-3-3 能將各項研習進修中所學得的新知識實際應用在學校經營上。	116	4.38	.64	-.54	-.63	保留
		1-3-4 能不斷學習去營造一所優質的學校。	116	4.60	.53	-.79	-.61	保留
	2-1 科技素養	2-1-1 能有效地分配資源以確保校內科技計畫完整並持續執行。	116	4.23	.58	-.07	-.38	保留
		2-1-2 在各種場合中會使用多媒體器材進行資料呈現。	116	4.20	.66	-.61	.86	保留
		2-1-3 能利用不同的查詢方式取得所需要的資訊。	116	4.47	.61	-.68	-.47	保留
		2-1-4 能因應當代科技的演進，持續提倡革新科技的應用政策。	116	4.27	.57	-.03	-.44	保留
2.溝通互動		2-1-5 能傳達給教師或家長有關運用科技以發展學生高層次的技能與創造力的資訊及作法。	116	4.16	.58	-.03	-.19	保留
	2-2 媒體素養	2-2-1 能應用媒體表達自己的教育理念並與他人溝通。	116	4.29	.58	-.11	-.54	保留
		2-2-2 能從媒體訊息中，擷取有意義的資訊向師生傳達，引導正確的價值觀念。	116	4.48	.55	-.41	-.93	保留
		2-2-3 能理解媒體訊息的選擇與呈現是受到許多意識型態的影響。	116	4.38	.63	-.71	.62	保留
		2-2-4 能建立及維持與媒體的友善關係，以塑造學校優質形象。	116	4.34	.66	-.70	.28	保留
		2-2-5 能瞭解不同的媒體形式或節目型態，會讓自己對同一事件產生不同的看法。	116	4.31	.65	-.80	1.27	保留

層面	向度	項目	N	M	SD	偏態係數	峰度係數	保留與否
	2-3 美學素養	2-3-1 能主動參與或觀賞藝術展演活動。	116	4.12	.75	-.46	-.31	保留
		2-3-2 能透過藝術展演活動的安排來拓展學生學習經驗。	116	4.41	.59	-.43	-.67	保留
		2-3-3 能認同美感有助於生活品質的提升。	116	4.65	.52	-1.01	-.17	保留
		2-3-4 能重視學校環境及空間的美化。	116	4.61	.54	-.97	-.13	保留
		2-3-5 能瞭解美感要從日常生活中去感受。	116	4.59	.58	-1.04	.11	保留
3 社會參與	3-1 人文素養	3-1-1 能掌握學生需求,調整自己的辦學方針。	116	4.57	.53	-.64	-.86	保留
		3-1-2 能重視學生身心的健康與發展。	116	4.74	.50	-1.75	2.27	保留
		3-1-3 能兼顧學生群性與個性的發展。	116	4.62	.54	-1.01	-.03	保留
		3-1-4 能以學生的福祉作為所有決定與行動的根本價值。	116	4.70	.50	-1.30	.62	保留
		3-1-5 能重視學生的個別學習需要,照顧好每一位學生。	116	4.59	.55	-.84	-.37	保留
		3-1-6 能創造學生平等學習機會的平台,讓每一個學生都能成功。	116	4.56	.55	-.73	-.57	保留
	3-2 倫理素養	3-2-1 能擁有惻隱之心,關懷並協助需要幫助的同仁。	116	4.73	.46	-1.33	.45	保留
		3-2-2 能以身作則為人表率,成為學校師生的楷模。	116	4.75	.49	<u>-2.02</u>	2.55	**刪除**
		3-2-3 能表現清廉、正直、誠實等特質,以取得大眾對校長的信賴與尊重。	116	4.80	.44	<u>-2.13</u>	3.92	**刪除**
		3-2-4 能以誠懇與尊敬的態度,公平、公正的對待學校同仁。	116	4.74	.46	-1.39	.64	保留

層面	向度	項目	N	M	SD	偏態係數	峰度係數	保留與否
		3-2-5 能尊重同仁,使每個人都享有內在價值與尊嚴。	116	4.74	.48	-1.59	1.61	保留
		3-2-6 能積極、主動地創造合乎倫理的教育環境。	116	4.64	.52	-.96	-.27	保留
3-3 民主法治素養		3-3-1 能瞭解校務重要方案,應在校務會議或其他會議上經公開報告說明,並充分討論,以形成共識後據以實施。	116	4.67	.51	-1.15	.18	保留
		3-3-2 能包容不同意見,廣納眾議,適時修正自己的看法。	116	4.62	.51	-.71	-1.02	保留
		3-3-3 能依會議規範,公正、中立的主持會議,使會議效率良好。	116	4.68	.50	-1.20	.32	保留
		3-3-4 能明確瞭解各項教育法令及教育以外的相關法令。	116	4.37	.61	-.42	-.64	保留
		3-3-5 能瞭解只有在依法行政下,所作的決定才具有正當性與合法性。	116	4.74	.46	-1.39	.64	保留
		3-3-6 能遵守利益迴避原則,不會利用職權圖利自己或圖利他人。	116	4.84	.41	<u>-2.67</u>	6.89	**刪除**
3-4 多元文化素養		3-4-1 能認同少數族群學生應該接受與主流族群一樣的公平對待。	116	4.77	.46	-1.80	2.42	保留
		3-4-2 能尊重不同文化背景師生的看法。	116	4.72	.49	-1.41	.97	保留
		3-4-3 能重視少數族群文化,並且將其納入學校課程與活動。	116	4.37	.63	-.69	.61	保留
		3-4-4 能包容並接納不同族群間的文化差異。	116	4.66	.51	-1.10	.057	保留

層面	向度	項目	N	M	SD	偏態係數	峰度係數	保留與否
		3-4-5 能營造弱勢族群教育機會均等的環境。	116	4.67	.51	-1.15	.18	保留
3-5 國際素養		3-5-1 能瞭解並關心國際事務與全球化重要議題。	116	4.43	.53	-.07	-1.24	保留
		3-5-2 能自己親自或讓學校參與國際交流或國際體驗相關活動。	116	4.11	.72	-.31	-.54	保留
		3-5-3 能具備學習世界不同文化的意願。	116	4.41	.65	-.82	.56	保留
		3-5-4 能從歷史脈絡中理解我國在國際社會的角色與處境。	116	4.30	.64	-.56	.42	保留
		3-5-5 能瞭解全球永續發展之理念並落實於日常生活中。	116	4.46	.60	-.84	1.10	保留

3. 信度分析

本研究信度分析以問卷所建構之內部一致性 Cronbach's α 係數作為信度指標，有關預試問卷信度分析見表 3-3-11。從表中可知，整體問卷同質性極高，α 係數為 .97，顯示出整體問卷項目具有相當的同質性；各層面的 α 係數分別為自主行動 .90、溝通互動 .91、社會參與 .95；各向度的 α 係數則介於 .81 至 .89 之間，分別為情緒素養 .82、問題解決素養 .88、終身學習素養 .83、科技素養 .81、媒體素養 .85、美學素養 .87、人文素養 .88、倫理素養 .89、民主法治素養 .87、多元文化素養 87、國際素養 .86。整體而言，從預試樣本的 Cronbach's α 係數可以發現，本研究問卷不論從整體、各層面或各向度的 α 係數均在 .80 以上，反映出問卷的內部一致性頗佳。

表 3-3-11　國民中小學校長通識素養指標預試問卷信度分析摘要表

層面	向度	指標項目數	Cronbach's α 值
1.自主行動		14	.90
	1-1 情緒素養	5	.82
	1-2 問題解決素養	5	.88
	1-3 終身學習素養	4	.83
2.溝通互動		15	.91
	2-1 科技素養	5	.81
	2-2 媒體素養	5	.85
	2-3 美學素養	5	.87
3.社會參與		25	.95
	3-1 人文素養	6	.88
	3-2 倫理素養	4	.89
	3-3 民主法治素養	5	.87
	3-4 多元文化素養	5	.87
	3-5 國際素養	5	.86
整體問卷		54	.97

4. 驗證性因素分析

　　校長通識素養指標三個層面均由數個向度所構成，為了刪除項目並確認指標的信、效度，因此進行驗證性因素分析，分析前先就模式配適度的檢核指標進行說明。Bogozzi 與 Yi（1988）認為理論模式與實際資料是否契合，必須同時考慮到基本配適度指標（perliminary fit criteria）、整體模式配適度指標（overall model fit）及模式內在結構配適度指標（fit of internal structural model）等三方面。整體模式配適度指標在檢核整個模式與觀察資料的配適程度，可以說是模式外在品質的考驗；而模式內在結構配適度指標則在檢核模式內估計參數的顯著程度以及各指標及潛在變項的信度等，屬於模式的內在品質。以下先說明配適度各項檢核指標，以做為評估時的依據；接著針對

每個向度進行一階驗證性因素分析，讓每個向度的項目得以確立；最後則就每個層面執行二階驗證性因素分析，確保每個層面解構成各該向度是合理且必須的。

(1) 模式配適度檢核指標

A.基本配適度指標

基本配適度檢核之目的乃在確認有無違反估計，亦即在進行模式檢核前，需先確立所估計參數並未違反統計所能接受的範圍，若是違反估計時即表示模式有問題。基本配適度的指標如下：

(1) 估計參數中不能有負的誤差變異。

(2) 所有誤差變異須達到顯著水準。

(3) 因素負荷量介於 .5~ .95 之間。

(4) 參數間相關的絕對值不能太接近 1。

B.整體模式配適度指標

屬於模式外在品質的考驗，透過整體模式配適度的檢核，表示模式整體上具有效度，進行整體模式配適度檢核的指標包括：

(1) χ^2 值比率小於 3。

(2) 配適度指標（Goodness of Fit Index, GFI）.9 以上。

(3) 調整之配適度指標（adjusted-goodness-of-fit index, AGFI）.9 以上。

(4) 均方根殘差值（Root Mean square Residual, RMR）.05 以下。

(5) 標準化均方根殘差值（Standardized Root Mean Square Residual, SRMR）.05 以下。

(6) 近似均方根誤差（Root Mean square Residual of Approximation, RMSEA）.08 以下。

(7) 精簡配適度指標（Parsimonious Goodness-Fit Index, PGFI）.5 以上。

(8) 精簡規範配適度指標（Parsimonious Normed Fit Index, PNFI）.5 以上。

(9) 標準配適度指標（NormED- Fit Index, NFI）大於 .9 以上。

(10) 非規範配適度指標（Tuchker-Lewis Index, TLI）.9 以上。

(11) 成長配適度指標（Incremental Fit Index, IFI）.9 以上。

(12) 比較性配適度指標（Comparative Fit Index, CFI）.9 以上。

C.模式內在結構配適度指標

關於模式內在結構配適度指標，包括：

(1) 個別項目信度 .5 以上。

(2) 組合信度（composite reliability, CR）.7 以上。

(3) 平均變異數萃取量（average of variance extracted, AVE）.5 以上。

上述關於驗證性因素分析模式配適度檢核指標彙整如下表 3-3-12 所示。

表 3-3-12　驗證性因素分析模式配適度檢核指標彙整表

	檢核項目	建議值
基本配適度指標	誤差變異	沒有負值
	誤差變異	達顯著水準
	因素負荷量	介於 .5~ .95 之間
整體模式配適度指標	χ^2 值比率	≤ 3
	配適度指標（GFI）	$\geq$ .9
	調整之配適度指標（AGFI）	$\geq$ .9
	均方根殘差值（RMR）	$\leq$ .05
	標準化均方根殘差值（SRMR）	$\leq$ .05
	近似均方根誤差（RMSEA）	$\leq$ .08
	精簡配適度指標（PGFI）	$\geq$ .5
	精簡規範配適度指標（PNFI）	$\geq$ .5
	標準配適度指標（NFI）	$\geq$ .9
	非規範配適度指標（TLI）	$\geq$ .9
	成長配適度指標（IFI）	$\geq$ .9
	比較性配適度指標（CFI）	$\geq$ .9
模式內在結構配適度指標	個別項目信度	$\geq$ .5
	組合信度（CR）	$\geq$ .7
	平均變異數萃取量（AVE）	$\geq$ .5

(2)「自主行動」層面之驗證性因素分析

A.「情緒素養」向度之驗證性因素分析

情緒素養向度共有五個項目，自由度為 5×6/2=15df，共估計 5 個殘差加上 1 個變異數及 4 個因素負荷量，自由度大於估計參數，模型屬於過度辨識，符合理論上模型正定的要求。執行 CFA 後，由圖 3-3-1、表 3-3-13 可知，GFI≧ .9、AGFI≧ .9、normed chi-square≦3、rmsea≦ .08，配適度頗為理想。而「1-1-1」及「1-1-3」的因素負荷量為 .62 及 .65，雖未達 .7 的標準，但仍是可接受的範圍，其餘各項目均超過 .7 以上且未超過 .95 以上，殘差均為正數且顯著，顯見無違犯估計。組合信度為 .82，超過 .7 的標準；平均變異數萃取量為 .49，接近 .5 的標準，配適度仍在可接受的範圍（Fornell & Larcker, 1981），因此將該五個項目全部予以保留至下一階段進行分析。

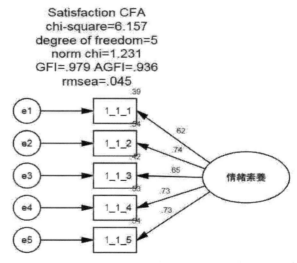

圖 3-3-1　情緒素養向度一階驗證性因素分析圖

表 3-3-13　情緒素養向度各指標項目

向度	項目
情緒素養	1-1-1 能隨時清楚知道自己的情緒狀態。
	1-1-2 面對別人負面的情緒時，能適時給予支持鼓勵。
	1-1-3 能面對現實，不斷自我激勵以突破困境。
	1-1-4 能使用適當的語詞或表情來表達自己的情緒。
	1-1-5 面對他人的指責或挑釁時，能維持平和的情緒。

B.「問題解決素養」向度之驗證性因素分析

　　問題解決素養向度共有五個項目，自由度為 5×6/2=15df，共估計 5 個殘差加上 1 個變異數及 4 個因素負荷量，自由度大於估計參數，模型屬於過度辨識，符合理論上模型正定的要求。CFA 分析後，由圖 3-3-2、表 3-3-14 可知，GFI≧ .9、AGFI≧ .9、normed chi-square≦3、rmsea≦ .08，配適度頗為理想。而「1-2-4」的因素負荷量為 .68，雖未達 .7 的標準，但已相當接近建議值，其餘各項目均超過 .7 以上且未超過 .95 以上，殘差均為正數且顯著，顯見無違犯估計。組合信度為 .88，超過 .7 的標準；平均變異數萃取量為 .59，超過 .5 的標準，配適度均在可接受的範圍，因此將該五個項目全部予以保留至下一階段的分析。

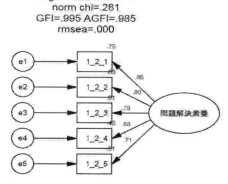

圖 3-3-2　問題解決素養向度一階驗證性因素分析圖

表 3-3-14   問題解決素養向度各指標項目

向度	項目
問題解決素養	1-2-1 能針對問題進行分析，並有能力歸納出重點。
	1-2-2 能掌握問題的重點，構思適當的解決方案。
	1-2-3 能比較各項問題解決方案並做出較佳的決策。
	1-2-4 能正確判斷迫切性問題，並做良好的決定。
	1-2-5 在處理學校問題時能勇於面對而不逃避。

C.「終身學習素養」向度之驗證性因素分析

終身學習素養向度共有四個項目，自由度為 4×5/2=10df，共估計 4 個殘差加上 1 個變異數及 3 個因素負荷量，自由度大於估計參數，模型屬於過度辨識，符合理論上模型正定的要求。執行 CFA 後，由圖 3-3-3、表 3-3-15 可知，GFI≧ .9、AGFI≧ .9、normed chi-square≦3、rmsea≦ .08，配適度頗為理想。而「1-3-1」的因素負荷量為 .58，雖未達 .7 的標準，但仍是可接受的範圍，其餘各項目均超過 .7 以上且未超過 .95 以上，殘差均為正數且顯著，顯見無違犯估計。組合信度為 .83，超過 .7 的標準；平均變異數萃取量為 .56，超過 .5 的標準，配適度在可接受的範圍，因此將該四個項目全部予以保留至下一階段進行分析。

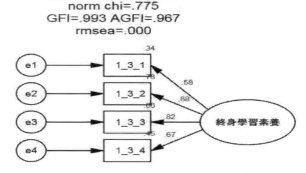

圖 3-3-3   終身學習素養向度一階驗證性因素分析圖

表 3-3-15　終身學習素養向度各指標項目

向度	項目
終身學習素養	1-3-1 能瞭解唯有終身學習才能適應社會潮流及各項教育改革政策。
	1-3-2 能隨時把握周遭環境的學習機會。
	1-3-3 能將各項研習進修中所學得的新知識實際應用在學校經營上。
	1-3-4 能不斷學習去營造一所優質的學校。

D.「自主行動」層面之二階驗證性因素分析

　　「自主行動」層面包括情緒素養、問題解決素養與終身學習素養三個向度，進行二階驗證性因素分析後，其結果如圖 3-3-4 所示。

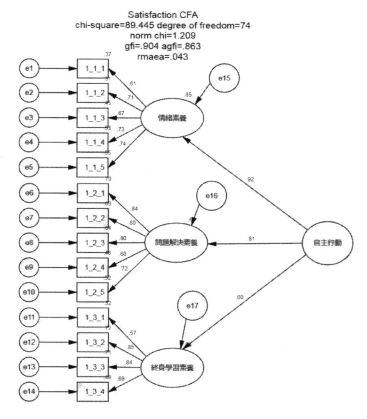

圖 3-3-4　自主行動層面二階驗證性因素分析圖

以下分別就基本配適度指標、整體模式配適度指標及模式內在結構配適度指標加以分析。首先，就基本配適度指標而言，如表 3-3-16 所示，誤差變異並沒有出現負值，符合建議值；因素負荷量介於 .57~ .85 之間，均符合建議值介於 .5~. 95 之間，誤差變異亦都達顯著水準，均小於 .01。因此就基本適配指數而言，模式並未發生違反估計情形。

表 3-3-16　自主行動層面各變項間之參數估計摘要表

變項		非標準化因素負荷	標準誤	C.R.	P	標準化因素負荷	誤差參數	標準化參數值	標準誤	P
情緒素養	<--- 自主行動	1.00				.92	e15	.09	.03	**
問題解決素養	<--- 自主行動	1.36	.31	4.47	***	.82	e16	.08	.03	**
終身學習素養	<--- 自主行動	.57	.16	3.67	***	.60	e17	.02	.02	**
1-1-1	<--- 情緒素養	1.00				.61	e1	.14	.02	***
1-1-2	<--- 情緒素養	1.22	.21	5.94	***	.71	e2	.18	.03	***
1-1-3	<--- 情緒素養	1.20	.21	5.71	***	.67	e3	.15	.02	***
1-1-4	<--- 情緒素養	1.31	.22	6.03	***	.73	e4	.18	.03	***
1-1-5	<--- 情緒素養	1.69	.28	6.12	***	.74	e5	.16	.03	***
1-2-1	<--- 問題解決素養	1.00				.84	e6	.05	.02	**
1-2-2	<--- 問題解決素養	.88	.09	9.70	***	.80	e7	.11	.02	***
1-2-3	<--- 問題解決素養	.91	.09	9.79	***	.80	e8	.11	.02	***
1-2-4	<--- 問題解決素養	.75	.10	7.87	***	.68	e9	.11	.02	***
1-2-5	<--- 問題解決素養	.79	.09	8.54	***	.72	e10	.16	.02	***
1-3-1	<--- 終身學習素養	1.00				.57	e11	.14	.02	***
1-3-2	<--- 終身學習素養	1.71	.28	6.16	***	.85	e12	.16	.02	***
1-3-3	<--- 終身學習素養	1.91	.31	6.15	***	.84	e13	.09	.02	***
1-3-4	<--- 終身學習素養	1.29	.23	5.53	***	.69	e14	.12	.03	***

P< .01；* P< .001

其次，就整體模式配適度指標而言，由表 3-3-17 可知，χ^2 值比率≦3、GFI≧ .9、RMR≦ .05、SRMR ≦ .05、RMSEA≦ .08、PGFI≧ .5、PNFI ≧ .5、TLI≧ .9、IFI≧ .9、CFI≧ .9，配適度良好。而 AGFI 為 .86、NFI 為 .89，二者雖未達 .9 的建議值，但已接近建議值；SRMR 為 .06，雖未小於 .05 的建議值，但一般小於 .08 仍在可接受的範圍內（張偉豪，2013），配適度尚可。因此，就整體模式配適度而言，本模式具有良好的配適度。

表 3-3-17　自主行動層面整體模式配適度檢核摘要表

	檢核項目	建議值	檢核結果	配適度判斷
	χ^2 值比率	≦3	1.21	配適度良好
	配適度指標（GFI）	≧ .9	.90	配適度良好
	調整之配適度指標（AGFI）	≧ .9	.86	配適度尚可
	均方根殘差值（RMR）	≦ .05	.02	配適度良好
	標準化均方根殘差值（SRMR）	≦ .05	.06	配適度尚可
整體模式配適度指標	近似均方根誤差（RMSEA）	≦ .08	.04	配適度良好
	精簡配適度指標（PGFI）	≧ .5	.64	配適度良好
	精簡規範配適度指標（PNFI）	≧ .5	.73	配適度良好
	標準配適度指標（NFI）	≧ .9	.89	配適度尚可
	非規範配適度指標（TLI）	≧ .9	.97	配適度良好
	成長配適度指標（IFI）	≧ .9	.98	配適度良好
	比較性配適度指標（CFI）	≧ .9	.98	配適度良好

最後，就模式內在結構配適度指標而言，由表 3-3-18 可知，個別項目的信度介於 .36~ .72 之間，大部份均≧ .5；組合信度介於 .82~ .88 之間，全部符合建議值≧ .7；平均變異數萃取量介於 .49~ .63 之間，除「1-1 情緒素養」接近建議值 .5 外，其餘均≧ .5。因此，就模式內在結構配適度來看，除少數數值接近建議值，其餘皆符合配適程度，表示模式內在結構配適度良好。

表 3-3-18　自主行動層面各變項之個別項目信度、組合信度與平均變異數萃取量

變項	因素負荷值	個別項目信度	組合信度	平均變異數萃取量
1.自主行動			.83	.63
1-1 情緒素養	.92	.85		
1-1-1	.61	.37		
1-1-2	.71	.51	.82	.49
1-1-3	.67	.45		
1-1-4	.73	.53		
1-1-5	.74	.55		
1-2 問題解決素養	.82	.66		
1-2-1	.84	.70		
1-2-2	.80	.63	.88	.59
1-2-3	.80	.64		
1-2-4	.68	.46		
1-2-5	.72	.52		
1-3 終身學習素養	.60	.36		
1-3-1	.57	.32		
1-3-2	.85	.72	.83	.56
1-3-3	.84	.71		
1-3-4	.69	.48		

　　綜合上述,以自主行動層面進行二階驗證性因素分析後,不論基本配適度指標、整體模式配適度指標與模式內在結構配適度指標,大都符合建議值,整體而言,本研究自主行動層面之模式配適度良好。

(3)「溝通互動」層面之驗證性因素分析

　　「溝通互動」層面係由科技素養、媒體素養與美學素養等三個向度所構成,為了確認向度的信、效度以利於進行後續的模型分析,因此本研究先針對每個向度進行 CFA 分析。

A.「科技素養」向度之驗證性因素分析

科技素養向度共有五個項目，自由度為 5×6/2=15df，共估計 5 個殘差加上 1 個變異數及 4 個因素負荷量，自由度大於估計參數，模型屬於過度辨識，符合理論上模型正定的要求。執行 CFA 後，由圖 3-3-5、表 3-3-19 初步來看，雖然 GFI≧ .9、rmsea≦ .08，但 AGFI≦ .9、normed chi-square≧3，超過標準值。而「2-1-1」、「2-1-2」及「2-1-5」的因素負荷量分別為 .67、 .54 及 .68，雖未達 .7 的標準，但仍是可接受的範圍，其餘二個項目超過 .7 以上且未超過 .95 以上，殘差均為正數且顯著，顯見無違犯估計。組合信度為 .81，超過 .7 的標準；平均變異數萃取量為 .47，低於 .5 的標準，整體來看，配適度並不理想，然而因素負荷量並不低，因此造成配適度不佳的原因應該是殘差不獨立的問題。

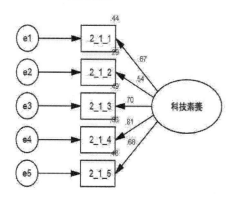

Satisfaction CFA
chi-square=15.612
degree of freedom=5
norm chi=3.122
GFI=.947 AGFI=.842
rmsea=.136

圖 3-3-5　科技素養向度一階驗證性因素分析圖

表 3-3-19　科技素養向度各指標項目

向度	項目
科技素養	2-1-1 能有效地分配資源以確保校內科技計畫完整並持續執行。
	2-1-2 在各種場合中會使用多媒體器材進行資料呈現。
	2-1-3 能利用不同的查詢方式取得所需要的資訊。
	2-1-4 能因應當代科技的演進，持續提倡革新科技的應用政策。
	2-1-5 能傳達給教師或家長有關運用科技以發展學生高層次的技能與創造力的資訊及作法。

　　從殘差卡方值來看，報表中的修正指標（modification indices）可以發現 e2 和其他變數的卡方值比較大，所以先將「2-1-2」（e2）予以刪除，並重新進行估計，重新估計結果如圖 3-3-6，由圖中可以看出，GFI≧ .9、AGFI ≧ .9、normed chi-square≦3、rmsea≦ .08，配適度甚為理想。而「2-1-1」及「2-1-3」的因素負荷量分別為 .63 及 .66，雖仍未達 .7 的標準，但已是可接受的範圍，其餘各項目均超過 .7 以上且未超過 .95 以上，殘差均為正數且顯著，顯見無違犯估計。組合信度為 .81，超過 .7 的標準；平均變異數萃取量為 .51，超過 .5 的標準，可見刪除「2-1-2」後重新估計，配適度為可接受的範圍，因此將刪除後的四個項目予以保留至下一階段進行分析。

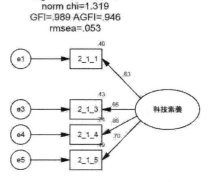

圖 3-3-6　科技素養向度一階驗證性因素分析重新估計圖

B.「媒體素養」向度之驗證性因素分析

媒體素養向度共有五個項目，自由度為 5×6/2=15df，共估計 5 個殘差加上 1 個變異數及 4 個因素負荷量，自由度大於估計參數，模型屬於過度辨識，符合理論上模型正定的要求。執行 CFA 後，由圖 3-3-7、表 3-3-20 可知，GFI≧ .9、AGFI≧ .9、normed chi-square≦3、rmsea≦ .08，配適度頗為理想。而「2-2-1」及「2-2-4」的因素負荷量分別為 .68 及 .66，雖未達 .7 的標準，但仍是可接受的範圍，其餘各項目均超過 .7 以上且未超過 .95 以上，殘差均為正數且顯著，顯見無違犯估計。組合信度為 .85，超過 .7 的標準；平均變異數萃取量為 .54，超過 .5 的標準，配適度在可接受的範圍內，因此將該五個項目全部予以保留至下一階段的分析。

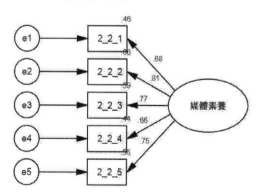

圖 3-3-7　媒體素養向度一階驗證性因素分析圖

表 3-3-20　媒體素養向度各指標項目

向度	項目
媒體素養	2-2-1 能應用媒體表達自己的教育理念並與他人溝通。
	2-2-2 能從媒體訊息中，擷取有意義的資訊向師生傳達，引導正確的價值觀念。
	2-2-3 能理解媒體訊息的選擇與呈現是受到許多意識型態的影響。
	2-2-4 能建立及維持與媒體的友善關係，以塑造學校優質形象。
	2-2-5 能瞭解不同的媒體形式或節目型態，會讓自己對同一事件產生不同的看法。

C.「美學素養」向度之驗證性因素分析

美學素養向度共有五個項目，自由度為 5×6/2=15df，共估計 5 個殘差加上 1 個變異數及 4 個因素負荷量，自由度大於估計參數，模型屬於過度辨識，符合理論上模型正定的要求。執行 CFA 後，由圖 3-3-8、表 3-3-21 初步來看，雖然 GFI≧ .9，但 AGFI≦ .9、normed chi-square≧3、rmsea≧ .08，超過標準值。而「2-3-1」的因素負荷量為 .66，雖未達 .7 的標準，但仍是可接受的範圍，其餘四個項目超過 .7 以上且未超過 .95 以上，殘差均為正數且顯著，顯見無違犯估計。組合信度為 .89，超過 .7 的標準；平均變異數萃取量為 .61，超過 .5 的標準，整體來看，配適度並不理想，然而因素負荷量並不低，因此造成配適度不佳的原因應該是殘差不獨立的問題。

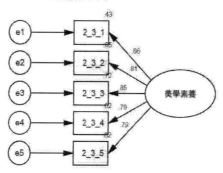

Satisfaction CFA
chi-square=16.109
degree of freedom=5
norm chi=3.222
GFI=.947 AGFI=.840
rmsea=.139

圖 3-3-8　美學素養向度一階驗證性因素分析圖

表 3-3-21　美學素養向度各指標項目

向度	項目
美學素養	2-3-1 能主動參與或觀賞藝術展演活動。
	2-3-2 能透過藝術展演活動的安排來拓展學生學習經驗。
	2-3-3 能認同美感有助於生活品質的提升。
	2-3-4 能重視學校環境及空間的美化。
	2-3-5 能瞭解美感要從日常生活中去感受。

　　從殘差卡方值來看，報表中的修正指標（modification indices）可以發現 e1 和其他變數的卡方值比較大，所以先將「2-3-1」（e1）予以刪除，並重新進行估計，重新估計結果如圖 3-3-9，由圖中可以看出，GFI≥ .9、AGFI ≥ .9、normed chi-square≤3、rmsea≤ .08，配適度甚為理想。而全部項目的因素負荷量均超過 .7 以上且未超過 .95 以上，殘差均為正數且顯著，顯見無違犯估計。組合信度為 .88，超過 .7 的標準；平均變異數萃取量為 .65，

超過 .5 的標準，可見刪除「2-3-1」後重新估計，配適度在可接受的範圍，因此將刪除後的四個項目予以保留至下一階段進行分析。

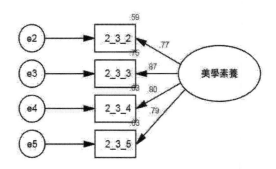

圖 3-3-9　美學素養向度一階驗證性因素分析重新估計圖

D.「溝通互動」層面之二階驗證性因素分析

「溝通互動」層面包括科技素養、媒體素養與美學素養三個向度，進行二階驗證性因素分析後，其結果如圖 3-3-10 所示。

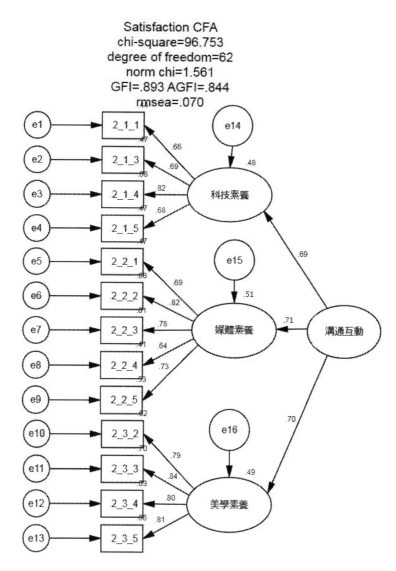

Satisfaction CFA
chi-square=96.753
degree of freedom=62
norm chi=1.561
GFI=.893 AGFI=.844
rmsea=.070

圖 3-3-10　溝通互動層面二階驗證性因素分析圖

　　以下分別就基本配適度指標、整體模式配適度指標及模式內在結構配適度指標加以分析。首先，就基本配適度指標而言，如表 3-3-22 所示，誤差變異並沒有出現負值，符合建議值；因素負荷量介於 .64~ .84 之間，均符合建

議值介於 .5~. 95 之間，誤差變異亦都達顯著水準，均小於 .01。因此就基本
適配指數而言，模式並未發生違反估計情形。

表 3-3-22　溝通互動層面各變項間之參數估計摘要表

變項			非標準化因素負荷	標準誤	C.R.	P	標準化因素負荷	誤差參數	標準化參數值	標準誤	P
科技素養	<---	溝通互動	1.00				.69	e14	.08	.03	**
媒體素養	<---	溝通互動	1.27	.36	4.32	***	.71	e15	.12	.02	***
美學素養	<---	溝通互動	1.22	.25	4.84	***	.70	e16	.11	.02	**
2-1-1	<---	科技素養	1.00				.66	e1	.19	.02	***
2-1-3	<---	科技素養	1.09	.18	6.18	***	.69	e2	.20	.03	***
2-1-4	<---	科技素養	1.21	.17	6.99	***	.82	e3	.10	.03	***
2-1-5	<---	科技素養	1.03	.17	6.15	***	.68	e4	.18	.02	***
2-2-1	<---	媒體素養	1.00				.69	e5	.17	.03	***
2-2-2	<---	媒體素養	1.15	.15	7.83	***	.82	e6	.10	.03	***
2-2-3	<---	媒體素養	1.24	.17	7.47	***	.78	e7	.15	.02	***
2-2-4	<---	媒體素養	1.07	.17	6.28	***	.64	e8	.25	.03	***
2-2-5	<---	媒體素養	1.20	.17	7.03	***	.73	e9	.20	.04	***
2-3-2	<---	美學素養	1.00				.79	e10	.13	.03	***
2-3-3	<---	美學素養	.92	.10	9.52	***	.84	e11	.08	.02	***
2-3-4	<---	美學素養	.92	.10	9.01	***	.80	e12	.11	.02	***
2-3-5	<---	美學素養	1.00	.11	9.22	***	.81	e13	.11	.02	***

P< .01；* P< .001

其次，就整體模式配適度指標而言，由表 3-3-23 可知，χ^2 值比率≦3、
RMR≦ .05、SRMR ≦ .05、RMSEA≦ .08、PGFI≧ .5、PNFI≧ .5、TLI
≧ .9、IFI≧ .9、CFI≧ .9，配適度良好。而 GFI 為 .89、AGFI 為 .84、NFI
為 .88，三者雖未達 .9 的建議值，但仍是可接受的範圍；SRMR 為 .06，雖
未小於 .05 的建議值，但一般小於 .08 仍在可接受的範圍內，配適度尚可。
因此，就整體模式配適度而言，本模式具有良好的配適度。

表 3-3-23　溝通互動層面整體模式配適度檢核摘要表

	檢核項目	建議值	檢核結果	配適度判斷
整體模式配適度指標	χ^2 值比率	≤ 3	1.56	配適度良好
	配適度指標（GFI）	$\geq .9$	.89	配適度尚可
	調整之配適度指標（AGFI）	$\geq .9$	.84	配適度尚可
	均方根殘差值（RMR）	$\leq .05$	.02	配適度良好
	標準化均方根殘差值（SRMR）	$\leq .05$	.06	配適度尚可
	近似均方根誤差（RMSEA）	$\leq .08$	.07	配適度良好
	精簡配適度指標（PGFI）	$\geq .5$	.61	配適度良好
	精簡規範配適度指標（PNFI）	$\geq .5$	.70	配適度良好
	標準配適度指標（NFI）	$\geq .9$	.88	配適度尚可
	非規範配適度指標（TLI）	$\geq .9$	.94	配適度良好
	成長配適度指標（IFI）	$\geq .9$	.96	配適度良好
	比較性配適度指標（CFI）	$\geq .9$	.95	配適度良好

　　最後，就模式內在結構配適度指標而言，由表 3-3-24 可知，個別項目的信度介於 .41~ .70 之間，其中一半的項目$\geq$ .5；組合信度介於 .74~ .88 之間，全部符合建議值$\geq$ .7；平均變異數萃取量介於 .49~ .65 之間，除「2.溝通互動」接近建議值 .5 外，其餘均$\geq$ .5。因此，就模式內在結構配適度來看，部份數值雖未符合建議值，但與建議值接近，除此之外，其餘皆符合配適程度，代表模式內在結構配適度良好。

表 3-3-24　溝通互動層面各變項之個別項目信度、組合信度與平均變異數萃取量

變項	因素負荷值	個別項目信度	組合信度	平均變異數萃取量
2.溝通互動			.74	.49
2-1 科技素養	.69	.48		
2-1-1	.66	.44	.81	.51
2-1-3	.69	.47		
2-1-4	.82	.68		

變項	因素負荷值	個別項目信度	組合信度	平均變異數萃取量
2-1-5	.68	.47		
2-2 媒體素養	.71	.50		
2-2-1	.69	.47		
2-2-2	.82	.68	.85	.54
2-2-3	.78	.61		
2-2-4	.64	.41		
2-2-5	.73	.53		
2-3 美學素養	.70	.49		
2-3-2	.79	.62		
2-3-3	.84	.70	.88	.65
2-3-4	.80	.63		
2-3-5	.81	.66		

　　綜合上述，以溝通互動層面進行二階驗證性因素分析後，雖然部份指標未盡理想，但整體而言，不論基本配適度指標、整體模式配適度指標與模式內在結構配適度指標，大都能符合建議值，表示溝通互動層面之模式配適度尚稱良好。

(4)「社會參與」層面之驗證性因素分析

　A.「人文素養」向度之驗證性因素分析

　　人文素養向度共有六個項目，自由度為 6×7/2=21df，共估計 6 個殘差加上 1 個變異數及 5 個因素負荷量，自由度大於估計參數，模型屬於過度辨識，符合理論上模型正定的要求。進行 CFA 分析後，由圖 3-3-11、表 3-3-25 初步來看，雖然 GFI ≧ .9，但 AGFI ≦ .9、normed chi-square ≧ 3、rmsea ≧ .08，超過標準值。而「3-1-1」的因素負荷量為 .67，雖未達 .7 的標準，但仍是可接受的範圍，其餘項目均超過 .7 以上且未超過 .95 以上，殘差均為正數且顯著，顯見無違犯估計。組合信度為 .88，超過 .7 的標準；平均變異數萃取量為 .56，超過 .5 的標準，整體來看，配適度並不理想，然而因素負荷量並不低，因此造成配適度不佳的原因應該是殘差不獨立的問題。

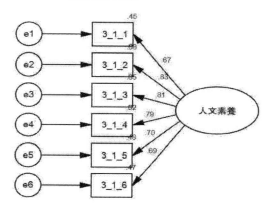

Satisfaction CFA
chi-square=38.588
degree of freedom=9
norm chi=4.288
GFI=.906 AGFI=.780
rmsea=.169

圖 3-3-11　人文素養向度一階驗證性因素分析圖

表 3-3-25　人文素養向度各指標項目

向度	項目
人文素養	3-1-1 能掌握學生需求，調整自己的辦學方針。
	3-1-2 能重視學生身心的健康與發展。
	3-1-3 能兼顧學生群性與個性的發展。
	3-1-4 能以學生的福祉作為所有決定與行動的根本價值。
	3-1-5 能重視學生的個別學習需要，照顧好每一位學生。
	3-1-6 能創造學生平等學習機會的平台，讓每一個學生都能成功。

　　從殘差卡方值來看，報表中的修正指標（modification indices）可以發現 e6 和其他變數的卡方值比較大，所以先將「3-1-6」（e6）予以刪除，並重新進行估計，重新估計結果如圖 3-3-12，由圖中可以看出，GFI≧ .9、AGFI ≧ .9、normed chi-square≦3、rmsea≦ .08，配適度甚為理想。而「3-1-1」

及「3-1-5」的因素負荷量分別為 .66 及 .65，雖仍未達 .7 的標準，但已是可接受的範圍，其餘各項目均超過 .7 以上且未超過 .95 以上，殘差均為正數且顯著，顯見無違犯估計。組合信度為 .87，超過 .7 的標準；平均變異數萃取量為 .58，超過 .5 的標準，可見刪除「3-1-6」後重新估計，配適度在可接受的範圍，因此將刪除後的五個項目予以保留至下一階段進行分析。

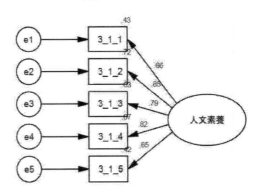

圖 3-3-12　人文素養向度一階驗證性因素分析重新估計圖

B.「倫理素養」向度之驗證性因素分析

倫理學習素養向度共有四個項目，自由度為 4×5/2=10df，共估計 4 個殘差加上 1 個變異數及 3 個因素負荷量，自由度大於估計參數，模型屬於過度辨識，符合理論上模型正定的要求。執行 CFA 後，由圖 3-3-13、表 3-3-26 可知，GFI≧ .9、AGFI≧ .9、normed chi-square≦3、rmsea≦ .08，配適度頗為理想。而全部項目的因素負荷量均超過 .7 以上且未超過 .95 以上，殘差均為正數且顯著，顯見無違犯估計。組合信度為 .89，超過 .7 的標準；平均變異數萃取量為 .68，超過 .5 的標準，配適度在可接受的範圍，因此將該

四個項目全部予以保留至下一階段進行分析。

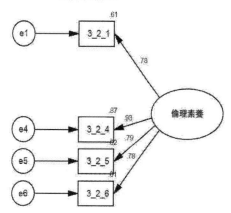

圖 3-3-13　倫理素養向度一階驗證性因素分析圖

表 3-3-26　倫理素養向度各指標項目

向度	項目
倫理素養	3-2-1 能擁有惻隱之心，關懷並協助需要幫助的同仁。
	3-2-4 能以誠懇與尊敬的態度，公平、公正的對待學校同仁。
	3-2-5 能尊重同仁，使每個人都享有內在價值與尊嚴。
	3-2-6 能積極、主動地創造合乎倫理的教育環境。

C.「民主法治素養」向度之驗證性因素分析

　　民主法治素養向度共有五個項目，自由度為 5×6/2=15df，共估計 5 個殘差加上 1 個變異數及 4 個因素負荷量，自由度大於估計參數，模型屬於過度辨識，符合理論上模型正定的要求。進行 CFA 分析後，由圖 3-3-14、表 3-3-27 可知，GFI≧ .9、AGFI≧ .9、normed chi-square≦3、rmsea≦ .08，配適

度頗為理想。而「3-3-4」的因素負荷量為 .67，雖未達 .7 的標準，但仍是可接受的範圍，其餘各項目均超過 .7 以上且未超過 .95 以上，殘差均為正數且顯著，顯見無違犯估計。組合信度為 .88，超過 .7 的標準；平均變異數萃取量為 .59，超過 .5 的標準，配適度在可接受的範圍內，因此將該五個項目全部予以保留至下一階段的分析。

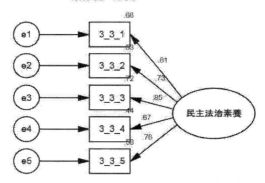

圖 3-3-14　民主法治素養向度一階驗證性因素分析圖

表 3-3-27　民主法治素養向度各指標項目

向度	項目
民主法治素養	3-3-1 能瞭解校務重要方案，應在校務會議或其他會議上經公開報告說明，並充分討論，以形成共識後據以實施。
	3-3-2 能包容不同意見，廣納眾議，適時修正自己的看法。
	3-3-3 能依會議規範，公正、中立的主持會議，使會議效率良好。
	3-3-4 能明確瞭解各項教育法令及教育以外的相關法令。
	3-3-5 能瞭解只有在依法行政下，所作的決定才具有正當性與合法性。

D.「多元文化素養」向度之驗證性因素分析

多元文化素養向度共有五個項目，自由度為 5×6/2=15df，共估計 5 個殘差加上 1 個變異數及 4 個因素負荷量，自由度大於估計參數，模型屬於過度辨識，符合理論上模型正定的要求。執行 CFA 後，由圖 3-3-15、表 3-3-28 初步來看，雖然 GFI≧ .9、normed chi-square≦3，但 AGFI≦ .9、rmsea≧ .08，超過標準值。而「3-4-3」及「3-4-5」的因素負荷量分別為 .68 及 .69，雖未達 .7 的標準，但仍是可接受的範圍，其餘三個項目超過 .7 以上且未超過 .95 以上，殘差均為正數且顯著，顯見無違犯估計。組合信度為 .88，超過 .7 的標準；平均變異數萃取量為 .59，超過 .5 的標準，整體來看，配適度並不理想，雖然因素負荷量並不低，但造成配適度不佳的原因應該是殘差不獨立的問題。

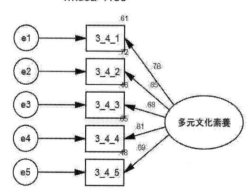

圖 3-3-15　多元文化素養向度一階驗證性因素分析圖

表 3-3-28 多元文化素養向度各指標項目

向度	項目
多元文化素養	3-4-1 能認同少數族群學生應該接受與主流族群一樣的公平對待。
	3-4-2 能尊重不同文化背景師生的看法。
	3-4-3 能重視少數族群文化，並且將其納入學校課程與活動。
	3-4-4 能包容並接納不同族群間的文化差異。
	3-4-5 能營造弱勢族群教育機會均等的環境。

從殘差卡方值來看，報表中的修正指標（modification indices）可以發現 e3 和其他變數的卡方值比較大，所以先將「3-4-3」（e3）予以刪除，並重新進行估計，重新估計結果如圖 3-3-16，由圖中可以看出，GFI ≧ .9、AGFI ≧ .9、normed chi-square ≦ 3、rmsea ≦ .08，配適度甚為理想。而「3-4-5」的因素負荷量為 .67，雖未達 .7 的標準，但仍是可接受的範圍，其餘三個項目均超過 .7 以上且未超過 .95 以上，殘差均為正數且顯著，顯見無違犯估計。組合信度為 .86，超過 .7 的標準；平均變異數萃取量為 .62，超過 .5 的標準，可見刪除「3-4-3」後重新估計，配適度在可接受的範圍，因此將刪除後的四個項目予以保留至下一階段進行分析。

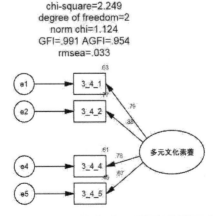

圖 3-3-16 多元文化素養向度一階驗證性因素分析重新估計圖

E.「國際素養」向度之驗證性因素分析

國際素養向度共有五個項目，自由度為 5×6/2=15df，共估計 5 個殘差加上 1 個變異數及 4 個因素負荷量，自由度大於估計參數，模型屬於過度辨識，符合理論上模型正定的要求。進行 CFA 分析後，由圖 3-3-17、表 3-3-29 可知，GFI≧ .9、AGFI≧ .9、normed chi-square≦3、rmsea≦ .08，配適度頗為理想。而「3-5-2」的因素負荷量為 .59，雖未達 .7 的標準，但仍是可接受的範圍，其餘四個項目均超過 .7 以上且未超過 .95 以上，殘差均為正數且顯著，顯見無違犯估計。組合信度為 .87，超過 .7 的標準；平均變異數萃取量為 .57，超過 .5 的標準，配適度在可接受的範圍內，因此將該五個項目全部予以保留至下一階段的分析。

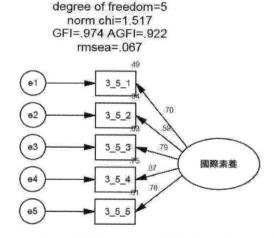

圖 3-3-17　國際素養向度一階驗證性因素分析圖

表 3-3-29　國際素養向度各指標項目

向度	項目
國際素養	3-5-1 能瞭解並關心國際事務與全球化重要議題。
	3-5-2 能自己親自或讓學校參與國際交流或國際體驗相關活動。
	3-5-3 能具備學習世界不同文化的意願。

向度	項目
	3-5-4 能從歷史脈絡中理解我國在國際社會的角色與處境。
	3-5-5 能瞭解全球永續發展之理念並落實於日常生活中。

F.「社會參與」層面之二階驗證性因素分析

　　「社會參與」層面包括人文素養、倫理素養、民主法治素養、多元文化素養與國際素養五個向度，進行二階驗證性因素分析後，其結果如圖 3-3-18 所示。

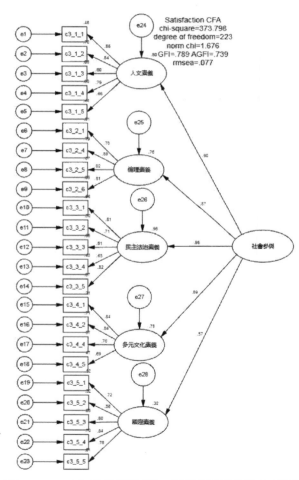

圖 3-3-18　社會參與層面二階驗證性因素分析圖

　　以下分別就基本配適度指標、整體模式配適度指標及模式內在結構配適度指標加以分析。首先，就基本配適度指標而言，如表 3-3-30 所示，誤差變異並沒有出現負值，符合建議值；因素負荷量介於 .56~ .89 之間，均符合建議值介於 .5~. 95 之間，誤差變異亦都達顯著水準，均小於 .01。因此就基本適配指數而言，模式並未發生違反估計情形。

表 3-3-30　社會參與層面各變項間之參數估計摘要表

變項			非標準化因素負荷	標準誤	C.R.	P	標準化因素負荷	誤差參數	標準化參數值	標準誤	P
人文素養	<---	社會參與	1.00				.90	e24	.01	2.94	**
倫理素養	<---	社會參與	.98	.15	6.52	***	.87	e25	.01	3.61	***
民主法治素養	<---	社會參與	1.24	.18	7.11	***	.98	e26	.01	1.05	**
多元文化素養	<---	社會參與	1.07	.16	6.87	***	.89	e27	.01	3.42	***
國際素養	<---	社會參與	.67	.14	4.67	***	.57	e28	.02	4.10	***
3-1-1	<---	人文素養	1.00				.68	e1	.02	6.97	***
3-1-2	<---	人文素養	1.14	.14	8.13	***	.66	e5	.01	5.81	***
3-1-3	<---	人文素養	1.20	.15	7.76	***	.84	e2	.02	6.27	***
3-1-4	<---	人文素養	1.09	.14	7.68	***	.80	e3	.01	6.36	***
3-1-5	<---	人文素養	1.00	.15	6.52	***	.79	e4	.02	7.03	***
3-2-1	<---	倫理素養	1.00				.78	e6	.01	6.59	***
3-2-4	<---	倫理素養	1.13	.11	10.58	***	.89	e7	.01	5.17	***
3-2-5	<---	倫理素養	1.08	.11	9.63	***	.82	e8	.01	6.22	***
3-2-6	<---	倫理素養	1.16	.12	9.44	***	.81	e9	.01	6.36	***
3-3-1	<---	民主法治素養	1.00				.81	e10	.01	6.41	***
3-3-2	<---	民主法治素養	.87	.10	8.30	***	.71	e11	.02	7.00	***
3-3-3	<---	民主法治素養	1.00	.10	10.08	***	.82	e12	.01	6.39	***

	變項	非標準化因素負荷	標準誤	C.R.	P	標準化因素負荷	誤差參數	標準化參數值	標準誤	P
3-3-4	<--- 民主法治素養	.97	.13	7.54	***	.65	e13	.03	7.14	***
3-3-5	<--- 民主法治素養	.91	.09	10.11	***	.82	e14	.01	6.37	***
3-4-1	<--- 多元文化素養	1.00				.84	e15	.01	5.66	***
3-4-2	<--- 多元文化素養	1.06	.10	10.89	***	.84	e16	.01	5.63	***
3-4-4	<--- 多元文化素養	.99	.11	9.27	***	.76	e17	.02	6.55	***
3-4-5	<--- 多元文化素養	.91	.11	8.26	***	.69	e18	.02	6.87	***
3-5-1	<--- 國際素養	1.00				.72	e19	.02	6.58	***
3-5-2	<--- 國際素養	1.07	.19	5.71	***	.56	e20	.05	7.15	***
3-5-3	<--- 國際素養	1.36	.17	8.08	***	.80	e21	.03	5.83	***
3-5-4	<--- 國際素養	1.35	.16	8.47	***	.84	e22	.02	5.21	***
3-5-5	<--- 國際素養	1.22	.16	7.85	***	.78	e23	.02	6.10	***

P< .01；* P< .001

　　其次，就整體模式配適度指標而言，由表 3-3-31 可知，χ^2 值比率≦3、RMR≦ .05、SRMR ≦ .05、RMSEA≦ .08、PGFI≧ .5、PNFI≧ .5、TLI ≧ .9、IFI≧ .9、CFI≧ .9，配適度良好。而 GFI 為 .79、AGFI 為 .74、NFI 為 .82，三者雖未達 .9 的建議值，但仍是可接受的範圍；SRMR 為 .06，雖未小於 .05 的建議值，但一般小於 .08 仍在可接受的範圍內，配適度尚可。因此，就整體模式配適度而言，本模式具有良好的配適度。

表 3-3-31　社會參與層面整體模式配適度檢核摘要表

	檢核項目	建議值	檢核結果	配適度判斷
整體模式配適度指標	χ^2 值比率	≤ 3	1.68	配適度良好
	配適度指標（GFI）	$\geq .9$	.79	配適度尚可
	調整之配適度指標（AGFI）	$\geq .9$	.74	配適度尚可
	均方根殘差值（RMR）	$\leq .05$	.02	配適度良好
	標準化均方根殘差值（SRMR）	$\leq .05$	.06	配適度尚可
	近似均方根誤差（RMSEA）	$\leq .08$	.08	配適度良好
	精簡配適度指標（PGFI）	$\geq .5$	.64	配適度良好
	精簡規範配適度指標（PNFI）	$\geq .5$	.72	配適度良好
	標準配適度指標（NFI）	$\geq .9$	.82	配適度尚可
	非規範配適度指標（TLI）	$\geq .9$	.91	配適度良好
	成長配適度指標（IFI）	$\geq .9$	.92	配適度良好
	比較性配適度指標（CFI）	$\geq .9$	.92	配適度良好

　　最後，就模式內在結構配適度指標而言，由表 3-3-32 可知，個別項目的信度介於 .32~ .96 之間，大部份 $\geq$ .5；組合信度介於 .86~ .93 之間，全部符合建議值 $\geq$ .7；平均變異數萃取量介於 .57~ .73 之間，全部符合建議值 $\geq$ .5。因此，就模式內在結構配適度來看，大都符合配適程度，代表模式內在結構配適度良好。

表 3-3-32　社會參與層面各變項之個別項目信度、組合信度與平均變異數萃取量

變項	因素負荷值	個別項目信度	組合信度	平均變異數萃取量
3.社會參與			.93	.73
3-1 人文素養	.90	.80		
3-1-1	.68	.46	.87	.58
3-1-2	.66	.44		
3-1-3	.84	.70		

變項	因素負荷值	個別項目信度	組合信度	平均變異數萃取量
3-1-4	.80	.65		
3-1-5	.80	.63		
3-2 倫理素養	.87	.76		
3-2-1	.78	.61		
3-2-4	.89	.79	.89	.68
3-2-5	.82	.67		
3-2-6	.81	.66		
3-3 民主法治素養	.98	.96		
3-3-1	.81	.66		
3-3-2	.71	.50	.88	.59
3-3-3	.82	.66		
3-3-4	.65	.43		
3-3-5	.82	.67		
3-4 多元文化素養	.89	.79		
3-4-1	.84	.71		
3-4-2	.84	.71	.86	.62
3-4-4	.76	.57		
3-4-5	.69	.47		
3-5 國際素養	.57	.32		
3-5-1	.72	.52		
3-5-2	.56	.32	.87	.57
3-5-3	.80	.65		
3-5-4	.84	.70		
3-5-5	.78	.61		

綜合上述,以社會參與層面進行二階驗證性因素分析後,雖然部份指標未盡理想,但整體而言,不論基本配適度指標、整體模式配適度指標與模式內在結構配適度指標,大都能符合建議值,表示社會參與層面之模式配適度良好。

5. 小結

　　綜觀預試問卷之信度與效度分析結果，原藉由二次德懷術分析後之自主行動層面（包括情緒素養 5 項、問題解決素養 5 項、終身學習素養 4 項）、溝通互動層面（包括科技素養 5 項、媒體素養 5 項、美學素養 5 項）與社會參與層面（包括人文素養 6 項、倫理素養 6 項、民主法治素養 6 項、多元文化素養 5 項與國際素養 5 項）等三個層面、十一個向度與五十七個項目中，以問卷預試進行偏態與峰度常態分配考驗、信度分析與驗證性因素分析。在偏態與峰度常態分配考驗中，將偏態的絕對值大於 2.0 視為極端偏態，峰度絕對值大於 7.0 表示峰度有問題，經統計後共計刪除三個（包括倫理素養 2 項與民主法治素養 1 項）具有極端值且偏態明顯的的項目，因此刪減後為自主行動層面（包括情緒素養 5 項、問題解決素養 5 項、終身學習素養 4 項）、溝通互動層面（包括科技素養 5 項、媒體素養 5 項、美學素養 5 項）與社會參與層面（包括人文素養 6 項、倫理素養 4 項、民主法治素養 5 項、多元文化素養 5 項與國際素養 5 項）等三個層面、十一個向度與五十四個項目。

　　信度分析中，不論從整體、各層面或各向度的 α 係數均在 .80 以上，反映出問卷的內部一致性頗佳。

　　驗證性因素分析中，以基本配適度指標、整體模式配適度指標及模式內在結構配適度指標做為評估依據，並將配適度不佳的四個項目（包括科技素養 1 項、美學素養 1 項、人文素養 1 項與多元文化素養 1 項）予以刪除，最後將校長通識素養整體指標架構縮減為自主行動層面（包括情緒素養 5 項、問題解決素養 5 項、終身學習素養 4 項）、溝通互動層面（包括科技素養 4 項、媒體素養 5 項、美學素養 4 項）與社會參與層面（包括人文素養 5 項、倫理素養 4 項、民主法治素養 5 項、多元文化素養 4 項與國際素養 5 項）等三個層面、十一個向度與五十個項目，並據此做為編製相對權重問卷與正式問卷的依據。

（四）相對權重問卷編製

　　層級分析法（AHP）是 1971 年由 Thomas L. Saaty 所發展出來的一套多目標決策方法，主要是應用在不確定情況下或是具有數個評估準則的決策問題上，後經由不斷的應用、修正以及驗證，1980 年後層級分析法的理論已近乎完備（Saaty, 1980）。層級分析法是結合學者專家的主觀看法以及量化分析的客觀技術，將決策的思維模型化與數量化的過程（吳政達，2008；葉連祺，2005）。其執行過程主要透過各個指標之間以兩兩比較的方式，找出不同指標的權重數值，並根據這些權重數值的高低，進行決策的判斷。

　　本研究工具依據二次德懷術與預試問卷之調查結果編製成「國民中小學校長通識素養指標相對權重問卷」，接著由層級分析法專家小組成員填寫問卷，並分析問卷所蒐集之資料。問卷內容包括填答說明、名詞釋義、指標內涵架構、範例說明與相對權重調查等五個部份；問卷之設計採用層級分析法之理論概念設計，以成對比較方式評估指標的重要性，並以九點量表形式進行指標間之兩兩成對比較，其評定尺度劃分為「同等重要」、「稍微重要」、「重要」、「相當重要」、「絕對重要」等五個尺度，並賦予 1、3、5、7、9 的衡量值，另有四項介於五個基本尺度之間，則賦予 2、4、6、8 的衡量值，代表相鄰尺度之中間值。透過指標之間的相對權重評比，進而建立國民中小學校長通識素養指標的權重體系。

（五）正式問卷編製

　　本研究根據問卷預試結果，著手編製「國民中小學校長通識素養指標正式問卷」。正式問卷編製目的在探討當前國民中小學校長具備本研究所建構通識素養指標之現況，並進一步統計分析；抽樣方式採取分層隨機抽樣，資料來源則參考教育部統計處（2016b）「各級學校縣市別校數統計（104 學年度）」資料做為抽樣依據。正式問卷包括基本資料、填答說明與問卷內容等三個部份，茲說明如下：

1. 基本資料

(一) 性別：對校長的性別進行測量，分為男、女兩類，編碼時以男性為1，女性為 2。

(二) 擔任校長年資：以擔任校長年資區分為 5 年以下、6-10 年、11-15 年、16-20 年與 21 年以上等五類，並依序由 1 至 5 加以編碼。

(三) 校長別：對校長服務的教育階段進行調查，分為國中校長、國小校長兩類，編碼時以國中校長為 1，國小校長為 2。

(四) 最高學歷：根據校長接受正規教育的教育程度來測量最高學歷，分為師範或師專、師大或師院（含一般大學教育系）、一般大學與研究所以上（含 40 學分班）等四類，並依序由 1 至 4 加以編碼。

(五) 學校班級數：以校長服務學校的班級數進行填答，分為 6-12 班、13-24 班、25-48 班與 49 班以上等四類，並分別以 1~4 予以編碼。

(六) 學校所在區域：根據校長服務學校所在區域，分為北區（臺北市、新北市、基隆市、桃園市、新竹縣市）、中區（苗栗縣、臺中市、南投縣、彰化縣、雲林縣）、南區（嘉義縣市、臺南市、高雄市、屏東縣、澎湖縣）與東區（宜蘭縣、花蓮縣、台東縣）等四個區域，並分別以 1、2、3、4 加以編碼。

(七) 學校所在地：以校長服務學校所在地為劃分，分為偏遠地區、一般鄉鎮與都市地區（含省、縣轄市）等三類，並分別以 1~3 予以編碼。

2. 填答說明

問卷設計採 Likert 五點量表來填答與計分，由研究對象就是否具備該指標，同時按照「完全具備」到「完全不具備」等五個語意選擇一語意，分別給予計分。勾選「完全具備」者表示已具備該指標，其得分也越高；反之，則表示其具備程度越低，得分也越少。

3. 問卷內容

問卷內容包括校長通識素養的三個層面、十一個向度與五十個項目，具體內容分別為：

（一）自主行動層面：包括情緒素養 5 個項目、問題解決素養 5 個項目與終身學習素養 4 個項目。

（二）溝通互動層面：包括科技素養 4 個項目、媒體素養 5 個項目與美學素養 4 個項目。

（三）社會參與層面：包括人文素養 5 個項目、倫理素養 4 個項目、民主法治素養 5 個項目、多元文化素養 4 個項目與國際素養 5 個項目。

四、資料處理與統計分析

依據文獻初步建構之指標，經由德懷術和預試問卷確立校長通識素養指標架構，接著透過層級分析法建立校長通識素養指標權重體系，同時以問卷調查方式來探討當前臺灣地區公立國民中小學校長所具備通識素養之現況，並將所得資料進行統計分析。以下說明資料處理與統計分析方式：

（一）資料處理

主要以二次德懷術及層級分析法之資料進行處理，透過德懷術篩選與修正初步建構之校長通識素養指標，可反映出指標的可靠性、實用性與決策性；層級分析法則用以確立指標之相對權重。進行德懷術和層級分析法時，分別由德懷術專家小組與層級分析法專家小組成員提供諮詢，其中德懷術專家小組成員 12 位；層級分析法專家小組成員亦為 12 位。在實施過程中，德懷術共分二次進行，經過二次的專家意見諮詢，調整、修訂指標項目以篩選出校長通識素養之重要指標；至於指標之相對權重則藉由問卷以層級分析法進行資料處理，茲將處理方式說明如下：

1. 二次德懷術之資料處理

（一）德懷術實施之目的

1. 第一次：就校長通識素養指標適切性進行評估，透過學者專家意見獲得共識並進行指標項目修正、增刪或合併。

2. 第二次：由第一次德懷術資料進行指標修正、增刪或合併後，第二次德懷術則進行指標重要性之界定，區分為「不重要」、「普通」和「重要」三種。

（二）德懷術之計分方式

第一次德懷術以「適當程度」作為區分，採用 1 至 5 分之評分方式，數值為連續變項；第二次德懷術則依「不重要」、「普通」、「重要」之區分，分數以 1 至 3 加以評分。

2. 層級分析法之資料處理

本研究利用專家選擇軟體進行統計分析，以建立指標的相對權重。問卷回收後，以 Expert Choice 2000 軟體進行統計分析，由於進行指標成對比較時，若專家對於評定指標無法完全一致時會影響分析的正確性，因此必須檢定誤差大小，視其是否在可忍受的誤差範圍內，才不會影響評定之結果。因此，本研究使用一致性比率 C.R.（Consistency Ratio of Hierarchy）值進行檢定，若 C.R.≦ .1 時，表示架構的一致性達到滿足程度，若超過此水準，則應重新修正評估（鄧振源、曾國雄，1989a；1989b）。

（二）統計分析

本研究將預試問卷與正式問卷調查回收後，針對有效問卷進行編碼，並以 Amos 20 與 SPSS 22 套裝統計軟體進行統計分析。在預試問卷方面，以偏態與峰度常態分配考驗、信度分析以及驗證性因素分析進行指標項目刪除工作，同時檢證問卷的信度與效度；在正式問卷方面，首先，經由描述統計瞭解校長通識素養在各層面、向度及項目之得分情形；其次，分析不同背景變項校長在通識素養各面向之差異情形。本研究所使用的統計分析方法包括：

1. 偏態與峰度常態分配考驗

以偏態係數與峰度係數為依據，進行鑑別力較低之指標項目刪除工作。

2. 信度分析（reliability analysis）

預試時用以考驗問卷各量表之內部一致性，以 Cronbach's α 值做為信度評量標準，凡 Cronbach's α 值愈高者，則表示該量之內部性質愈趨於一致性。

3. 驗證性因素分析（confirmatory factor analysis, CFA）

針對國民中小學校長通識素養指標預試問卷填答結果，以 Amos 20 統計軟體進行驗證性因素分析之處理，以探求本研究校長通識素養指標各面向之配適度。

4. 描述性統計

瞭解國民中小學校長在通識素養各指標得分之平均數、眾數、標準差以及百分比等情形，以分析校長通識素養之現況，並加以解釋。

5. t 檢定

依據正式問卷施測結果，進行平均數的差異檢定，以瞭解校長各背景變項與通識素養之間是否存有顯著差異情形。

6. 單因子變異數分析（ANOVA）與事後比較

以單因子變異數分析來比較三個以上類別背景變項與通識素養之關係，藉以瞭解各變項間之差異情形。同時針對存有差異之變項，利用 Scheff'e 法進一步進行事後比較。

第四章　實證研究分析結果與討論

　　本研究主要藉由國內外相關文獻的整理歸納，探究通識素養意涵，再從國民中小學校長的職責、角色以及所需具備的能力中，歸納出校長通識素養之內涵，進而初步建構出校長通識素養指標；接著透過二次德懷術專家意見調查，並以預試問卷進行信度與效度分析，確立出校長通識素養指標架構，並據此編製出「國民中小學校長通識素養指標相對權重問卷」與「國民中小學校長通識素養指標正式問卷」，藉以建構出校長通識素養指標權重體系並瞭解當前國民中小學校長具備通識素養之現況。本章共分四節，第一節為校長通識素養指標建構；第二節為指標相對權重研究結果與討論；第三節為校長通識素養調查結果分析與討論；第四節為指標權重體系與實證調查結果綜合討論。

一、校長通識素養指標建構

　　本研究之指標建構問卷初稿，經由國內外相關文獻的分析整理，歸納出自主行動層面（包括情緒素養 5 項、問題解決素養 8 項、終身學習素養 6 項）、溝通互動層面（包括科技素養 6 項、媒體素養 5 項、美學素養 6 項）與社會參與層面（包括人文素養 7 項、倫理素養 6 項、民主法治素養 7 項、多元文化素養 6 項與國際素養 6 項）等三個層面、十一個向度與六十八個項目，由於校長通識素養指標建構之目的在反映當前校長所需具備的重要素養，為兼顧指標建構過程之嚴謹性與指標內容之重要性，因此藉由二次德懷

術專家諮詢來進行指標項目之修正與增刪。

　　第一次德懷術用「適當程度」作為區分，採用 1 至 5 分之評分方式，指標項目之評估以平均數≧4.00（即五點量表換算成百分位數 80）及標準差＜1.00 為篩選標準，同時依據學者專家提出的意見進行指標項目意涵之內容修正與增刪，共計刪除六個項目（包括問題解決素養 1 項、媒體素養 1 項、美學素養 1 項、人文素養 1 項、民主法治素養 1 項與國際素養 1 項），將五個項目（包括問題解決素養 2 項、終身學習素養 1 項、多元文化素養 1 項與國際素養 1 項）刪除後併入原有項目以及新增六個項目（包括情緒素養 1 項、媒體素養 1 項、美學素養 1 項、多元文化素養 1 項與國際素養 2 項），故修正為自主行動層面（包括情緒素養 6 項、問題解決素養 5 項、終身學習素養 5 項）、溝通互動層面（包括科技素養 6 項、媒體素養 5 項、美學素養 6 項）與社會參與層面（包括人文素養 6 項、倫理素養 6 項、民主法治素養 6 項、多元文化素養 6 項與國際素養 6 項）等三個層面、十一個向度與六十三個項目。

　　第二次德懷術透過專家對指標項目的「重要程度」看法，分數以 1 至 3 分加以計分，指標項目之評估以至少有一位專家認為不重要或全體專家填答其重要程度比率未超過 60%者為篩選標準，共計刪除六個項目（包括情緒素養 1 項、終身學習素養 1 項、科技素養 1 項、美學素養 1 項、多元文化素養 1 項與國際素養 1 項），整體指標架構調整為自主行動層面（包括情緒素養 5 項、問題解決素養 5 項、終身學習素養 4 項）、溝通互動層面（包括科技素養 5 項、媒體素養 5 項、美學素養 5 項）與社會參與層面（包括人文素養 6 項、倫理素養 6 項、民主法治素養 6 項、多元文化素養 5 項與國際素養 5 項）等三個層面、十一個向度與五十七個項目。

　　為求在問卷定稿前，有一個先期檢驗的機會，再以預試問卷進行偏態與峰度常態分配考驗與信度分析，將偏態絕對值大於 2.0、峰度絕對值大於 7.0 的項目予以刪除，共刪除三個（包括倫理素養 2 項與民主法治素養 1 項）指標項目，整體指標架構調整為自主行動層面（包括情緒素養 5 項、問題解決

素養 5 項、終身學習素養 4 項)、溝通互動層面(包括科技素養 5 項、媒體素養 5 項、美學素養 5 項)與社會參與層面(包括人文素養 6 項、倫理素養 4 項、民主法治素養 5 項、多元文化素養 5 項與國際素養 5 項)等三個層面、十一個向度與五十四個項目。

接著針對預試樣本進行驗證性因素分析,並將造成配適度不佳的項目予以刪除,共計刪除四個(包括科技素養 1 項、美學素養 1 項、人文素養 1 項與多元文化素養 1 項)指標項目,整體指標架構調整為自主行動層面(包括情緒素養 5 項、問題解決素養 5 項、終身學習素養 4 項)、溝通互動層面(包括科技素養 4 項、媒體素養 5 項、美學素養 4 項)與社會參與層面(包括人文素養 5 項、倫理素養 4 項、民主法治素養 5 項、多元文化素養 4 項與國際素養 5 項)等三個層面、十一個向度與五十個項目。此時,校長通識素養指標建構完成,並據此做為編製相對權重問卷與正式問卷的依據。

綜觀本研究指標經德懷術專家小組二次修訂,並透過預試問卷篩選出重要指標,最後決定將整個指標架構調整為三個層面(自主行動、溝通互動、社會參與)、十一個向度(情緒素養、問題解決素養、終身學習素養、科技素養、媒體素養、美學素養、人文素養、倫理素養、民主法治素養、多元文化素養、國際素養)與五十個項目(情緒素養 5 項、問題解決素養 5 項、終身學習素養 4 項、科技素養 4 項、媒體素養 5 項、美學素養 4 項、人文素養 5 項、倫理素養 4 項、民主法治素養 5 項、多元文化素養 4 項與國際素養 5 項),以下茲將修正與增刪後之通識素養指標彙整並重新編碼如表 4-1-1 所示。

表 4-1-1　校長通識素養指標層面、向度與項目之編碼與內容一覽表

層面	向度	項目
1.自主行動	1-1 情緒素養	1-1-1 能隨時清楚知道自己的情緒狀態。
		1-1-2 面對別人負面的情緒時,能適時給予支持鼓勵。
		1-1-3 能面對現實,不斷自我激勵以突破困境。

層面	向度	項目
		1-1-4 能使用適當的語詞或表情來表達自己的情緒。
		1-1-5 面對他人的指責或挑釁時,能維持平和的情緒。
	1-2 問題解決素養	1-2-1 能針對問題進行分析,並有能力歸納出重點。
		1-2-2 能掌握問題的重點,構思適當的解決方案。
		1-2-3 能比較各項問題解決方案並做出較佳的決策。
		1-2-4 能正確判斷迫切性問題,並做良好的決定。
		1-2-5 在處理學校問題時能勇於面對而不逃避。
	1-3 終身學習素養	1-3-1 能瞭解唯有終身學習才能適應社會潮流及各項教育改革政策。
		1-3-2 能隨時把握周遭環境的學習機會。
		1-3-3 能將各項研習進修中所學得的新知識實際應用在學校經營上。
		1-3-4 能不斷學習去營造一所優質的學校。
2.溝通互動	2-1 科技素養	2-1-1 能有效地分配資源以確保校內科技計畫完整並持續執行。
		2-1-2 能利用不同的查詢方式取得所需要的資訊。
		2-1-3 能因應當代科技的演進,持續提倡革新科技的應用政策。
		2-1-4 能傳達給教師或家長有關運用科技以發展學生高層次的技能與創造力的資訊及作法。
	2-2 媒體素養	2-2-1 能應用媒體表達自己的教育理念並與他人溝通。
		2-2-2 能從媒體訊息中,擷取有意義的資訊向師生傳達,引導正確的價值觀念。
		2-2-3 能理解媒體訊息的選擇與呈現是受到許多意識型態的影響。
		2-2-4 能建立及維持與媒體的友善關係,以塑造學校優質形象。
		2-2-5 能瞭解不同的媒體形式或節目型態,會讓自己對同一事件產生不同的看法。
	2-3 美學素養	2-3-1 能透過藝術展演活動的安排來拓展學生學習經驗。
		2-3-2 能認同美感有助於生活品質的提升。
		2-3-3 能重視學校環境及空間的美化。

層面	向度	項目
		2-3-4 能瞭解美感要從日常生活中去感受。
	3-1 人文素養	3-1-1 能掌握學生需求，調整自己的辦學方針。
		3-1-2 能重視學生身心的健康與發展。
		3-1-3 能兼顧學生群性與個性的發展。
		3-1-4 能以學生的福祉作為所有決定與行動的根本價值。
		3-1-5 能重視學生的個別學習需要，照顧好每一位學生。
	3-2 倫理素養	3-2-1 能擁有惻隱之心，關懷並協助需要幫助的同仁。
		3-2-2 能以誠懇與尊敬的態度，公平、公正的對待學校同仁。
		3-2-3 能尊重同仁，使每個人都享有內在價值與尊嚴。
		3-2-4 能積極、主動地創造合乎倫理的教育環境。
3 社會參與	3-3 民主法治素養	3-3-1 能瞭解校務重要方案，應在校務會議或其他會議上經公開報告說明，並充分討論，以形成共識後據以實施。
		3-3-2 能包容不同意見，廣納眾議，適時修正自己的看法。
		3-3-3 能依會議規範，公正、中立的主持會議，使會議效率良好。
		3-3-4 能明確瞭解各項教育法令及教育以外的相關法令。
		3-3-5 能瞭解只有在依法行政下，所作的決定才具有正當性與合法性。
	3-4 多元文化素養	3-4-1 能認同少數族群學生應該接受與主流族群一樣的公平對待。
		3-4-2 能尊重不同文化背景師生的看法。
		3-4-3 能包容並接納不同族群間的文化差異。
		3-4-4 能營造弱勢族群教育機會均等的環境。
	3-5 國際素養	3-5-1 能瞭解並關心國際事務與全球化重要議題。
		3-5-2 能自己親自或讓學校參與國際交流或國際體驗相關活動。
		3-5-3 能具備學習世界不同文化的意願。
		3-5-4 能從歷史脈絡中理解我國在國際社會的角色與處境。
		3-5-5 能瞭解全球永續發展之理念並落實於日常生活中。

二、指標相對權重研究結果與討論

本研究依據二次德懷術之專家諮詢，並透過預試問卷調查的統計分析結果和討論後，對於校長通識素養指標之層面、向度與項目已趨於一致性共識，因此，確立國民中小學校長通識素養指標為三個層面、十一個向度與五十個項目，並據以編製「國民中小學校長通識素養指標相對權重問卷」，為進行權重體系之分析，採取層級分析法，以求得成對關係與比重。

相對權重問卷的設計係採九點量表形式進行兩兩成對比較，評定尺度劃分為「同等重要」、「稍微重要」、「重要」、「相當重要」、「絕對重要」等五個尺度，並賦予 1、3、5、7、9 的衡量值，另有四項介於五個基本尺度之間，則賦予 2、4、6、8 的衡量值，代表相鄰尺度之中間值。有關各尺度所代表之意義，如表 4-2-1 所示。建立層級結構時，最高層代表評估的最終目標，並儘量將重要性相近的要素放在同一層級，另外，層級內的要素不宜過多，以不超過 7 個為原則，以免影響層級的一致性。層級內的各要素，力求具備獨立性。並以一致性指標 C.R.（Consistency Ratio of Hierarchy）來表示與一致性的接近程度。Saaty（1990）建議 C.R.$\leq$ .1 為可容許偏誤。

表 4-2-1　層級分析法評估尺度意義及說明

評估尺度	定義	說明
1	同等重要 （Equal Importance）	兩比較指標的貢獻程度具同等重要性（等強）
3	稍重要 （Weak Importance）	經驗與判斷稍微傾向喜好某一指標（稍強）
5	頗重要 （Essential Importance）	經驗與判斷強烈傾向喜好某一指標（頗強）
7	極重要 （Very Strong Importance）	實際顯示非常強烈傾向喜好某一指標（極強）
9	絕對重要	有足夠證據肯定絕對喜好某一指標（絕強）

評估尺度	定義	說明
	（Absolute Importance）	
2、4、6、8	相鄰尺度之中間值 （Intermediate values）	需要折衷值時

資料來源：鄧振源、曾國雄（1989a）。層級分析法（AHP）的內涵特性與應用（頁 12）。

　　問卷填答時，則需注意同一組指標間邏輯的一致性，例如選填結果應符合「A>B、B>C，則 A>C」的邏輯；倘若填答結果違反一致性假設，將導致填答內容無效。因此，請填答者於填答前先按各分項指標的重要程度排列順序，以提高勾選時的一致性。

　　以本問卷「社會參與」層面的五個向度為例，例如填答者認為其重要程度依序為：（3-1 人文素養）≧（3-3 民主法治素養）≧（3-2 倫理素養）≧（3-4 多元文化素養）≧（3-5 國際素養），則其重要程度的排序為（3-1）≧（3-3）≧（3-2）≧（3-4）≧（3-5）。接著，再依據相對重要程度填入問卷中，填答範例如表 4-2-2。範例中即表示「3-2 倫理素養」較「3-5 國際素養」重要，其重要性的比為 5（重要）。

表 4-2-2　相對權重問卷填答範例表

指標 A	←					強度			→					指標 B
	絕對重要	~	相當重要	~	重要	~	稍微重要	~	同等重要	~	稍微重要	~	重要	~	相當重要	~	絕對重要	
	9	8	7	6	5	4	3	2	1	2	3	4	5	6	7	8	9	
3-2 倫理素養					✓													3-5 國際素養

　　本次問卷另行邀請 12 位層級分析法專家小組成員填寫「國民中小學校長通識素養指標相對權重問卷」（如附錄四），問卷於 105 年 11 月 10 寄出，於同年 11 月 22 日完成回收，共回收 12 份，回收率 100%。問卷回收後以

Expert Choice 2000 統計軟體進行分析,除依序輸入專家小組成員之評定結果並進行一致性檢定外,也依據專家小組成員評定之結果判斷層面、向度與項目之相對權重與排序,進而建構出校長通識素養指標之權重體系。

本次回收的 12 份問卷全部均通過邏輯一致性檢定,故全部均為有效問卷。以下分別由四個部份進行相對權重討論,第一部份為層面間之相對權重分析,第二部份為向度間之相對權重分析,第三部份為項目間之相對權重分析,第四部份為小結。

(一) 層面間之相對權重分析

由表 4-2-3 可知,在校長通識素養指標的自主行動、溝通互動和社會參與等三個層面中,由一致性比率之檢定中可發現各層面均達到可接受的程度(C.R.≦ .1)。依權重之排序以「1.自主行動」相對權重 .481 最高,被學者專家認為是國民中小學校長應具備最重要的通識素養層面;而「3.社會參與」相對權重為 .284 次之,「2.溝通互動」相對權重為 .235 居末。可見自主行動乃校長通識素養最重要的層面,然而亦不可輕乎其他兩個層面合起來之重要性。由上可知,校長在發展通識素養時,除了以「1.自主行動」為導向外,對於「3.社會參與」與「2.溝通互動」層面亦不可偏廢。

表 4-2-3　校長通識素養指標層面間之相對權重與排序表

層面	相對權重	排序
1.自主行動	.481	1
2.溝通互動	.235	3
3.社會參與	.284	2
C.R.（一致性比率）= .00		

(二) 向度間之相對權重分析

由表 4-2-4 可知,本研究通識素養指標的十一個向度中,在一致性比率

之檢定中，C.R.值介於 .00 至 .01 之間，均達到可接受之程度（C.R.≦ .1）。如就通識素養層面內之各向度來看，在「1.自主行動」層面中，以「1-2 問題解決素養」相對權重 .475 最高，可視為「1.自主行動」層面中最重要的通識素養向度。而「1-1 情緒素養」相對權重為 .351 次之，「1-3 終身學習素養」相對權重為 .174 居末。

　　「2.溝通互動」層面中，以「2-3 美學素養」相對權重 .432 最高，其次為「2-2 媒體素養」相對權重 .345，最後為「2-1 科技素養」相對權重 .223。

　　「3.社會參與」層面中，以「3-1 人文素養」相對權重 .333 最高，其餘依序為「3-3 民主法治素養」、「3-4 多元文化素養」、「3-2 倫理素養」與「3-5 國際素養」，相對權重則分別為 .250、 .184、 .160 與 .073。

表 4-2-4　校長通識素養指標向度間之相對權重與排序表

層面	向度	C.R.（一致性比率）	相對權重	排序
1.自主行動	1-1 情緒素養	.00	.351	2
	1-2 問題解決素養		.475	1
	1-3 終身學習素養		.174	3
2.溝通互動	2-1 科技素養	.005	.223	3
	2-2 媒體素養		.345	2
	2-3 美學素養		.432	1
3.社會參與	3-1 人文素養	.01	.333	1
	3-2 倫理素養		.160	4
	3-3 民主法治素養		.250	2
	3-4 多元文化素養		.184	3
	3-5 國際素養		.073	5

（三）項目間之相對權重分析

　　由表 4-2-5 可知，本研究通識素養指標的五十個項目中，其 C.R.（一致

性比率）介於 .00 至 .05 之間，均達到可接受之程度（C.R.≦ .1）。至於每一個向度中項目與項目之相對權重調查結果，依序說明如下：

1.「1-1情緒素養」向度各項目之相對權重

「1-1 情緒素養」向度 C.R.（一致性比率）為 .01，達到可接受之程度（C.R.≦ .1）。其相對權重的排序分別為：

（一）「1-1-1 能隨時清楚知道自己的情緒狀態」相對權重為 .280。

（二）「1-1-5 面對他人的指責或挑釁時，能維持平和的情緒」相對權重為 .261。

（三）「1-1-2 面對別人負面的情緒時，能適時給予支持鼓勵」相對權重為 .210。

（四）「1-1-3 能面對現實，不斷自我激勵以突破困境」相對權重為 .169。

（五）「1-1-4 能使用適當的語詞或表情來表達自己的情緒」相對權重為 .008。

2.「1-2問題解決素養」向度各項目之相對權重

「1-2 問題解決素養」向度 C.R.（一致性比率）為 .02，達到可接受之程度（C.R.≦ .1）。其相對權重的排序分別為：

（一）「1-2-4 能正確判斷迫切性問題，並做良好的決定」相對權重為 .319。

（二）「1-2-5 在處理學校問題時能勇於面對而不逃避」相對權重為 .247。

（三）「1-2-2 能掌握問題的重點，構思適當的解決方案」相對權重為 .207。

（四）「1-2-1 能針對問題進行分析，並有能力歸納出重點」相對權重為 .153

（五）「1-2-3 能比較各項問題解決方案並做出較佳的決策」相對權重為 .074。

3.「1-3終身學習素養」向度各項目之相對權重

「1-3 終身學習素養」向度 C.R.（一致性比率）為 .05，達到可接受之程

度（C.R.≤ .1）。其相對權重的排序分別為：

(一)「1-3-3 能將各項研習進修中所學得的新知識實際應用在學校經營上」相對權重為 .407。

(二)「1-3-4 能不斷學習去營造一所優質的學校」相對權重為 .294。

(三)「1-3-2 能隨時把握周遭環境的學習機會」相對權重為 .150。

(四)「1-3-1 能瞭解唯有終身學習才能適應社會潮流及各項教育改革政策」相對權重為 .149。

4.「2-1科技素養」向度各項目之相對權重

「2-1 科技素養」向度 C.R.（一致性比率）為 .00，達到可接受之程度（C.R.≤ .1）。其相對權重的排序分別為：

(一)「2-1-1 能有效地分配資源以確保校內科技計畫完整並持續執行」相對權重為 .370。

(二)「2-1-3 能因應當代科技的演進，持續提倡革新科技的應用政策」相對權重為 .308。

(三)「2-1-2 能利用不同的查詢方式取得所需要的資訊」相對權重為 .164。

(四)「2-1-4 能傳達給教師或家長有關運用科技以發展學生高層次的技能與創造力的資訊及作法」相對權重為 .158。

5.「2-2媒體素養」向度各項目之相對權重

「2-2 媒體素養」向度 C.R.（一致性比率）為 .03，達到可接受之程度（C.R.≤ .1）。其相對權重的排序分別為：

(一)「2-2-1 能應用媒體表達自己的教育理念並與他人溝通」相對權重為 .303。

(二)「2-2-2 能從媒體訊息中，擷取有意義的資訊向師生傳達，引導正確的價值觀念」相對權重為 .220。

(三)「2-2-4 能建立及維持與媒體的友善關係，以塑造學校優質形象」相對權重為 .194。

(四)「2-2-3 能理解媒體訊息的選擇與呈現是受到許多意識型態的影

響」相對權重為 .160。

(五)「2-2-5 能瞭解不同的媒體形式或節目型態，會讓自己對同一事件產生不同的看法」相對權重為 .123。

6.「2-3美學素養」向度各項目之相對權重

「2-3 美學素養」向度 C.R.（一致性比率）為 .05，達到可接受之程度（C.R.≦ .1）。其相對權重的排序分別為：

(一)「2-3-3 能重視學校環境及空間的美化」相對權重為 .416。

(二)「2-3-2 能認同美感有助於生活品質的提升」相對權重為 .216。

(三)「2-3-4 能瞭解美感要從日常生活中去感受」相對權重為 .215。

(四)「2-3-1 能透過藝術展演活動的安排來拓展學生學習經驗」相對權重為 .153。

7.「3-1人文素養」向度各項目之相對權重

「3-1 人文素養」向度 C.R.（一致性比率）為 .02，達到可接受之程度（C.R.≦ .1）。其相對權重的排序分別為：

(一)「3-1-4 能以學生的福祉作為所有決定與行動的根本價值」相對權重為 .309。

(二)「3-1-1 能掌握學生需求，調整自己的辦學方針」相對權重為 .239。

(三)「3-1-5 能重視學生的個別學習需要，照顧好每一位學生」相對權重為 .235。

(四)「3-1-2 能重視學生身心的健康與發展」相對權重為 .133。

(五)「3-1-3 能兼顧學生群性與個性的發展」相對權重為 .084。

8.「3-2倫理素養」向度各項目之相對權重

「3-2 倫理素養」向度 C.R.（一致性比率）為 .03，達到可接受之程度（C.R.≦ .1）。其相對權重的排序分別為：

(一)「3-2-3 能尊重同仁，使每個人都享有內在價值與尊嚴」相對權重為 .319。

(二)「3-2-1 能擁有惻隱之心，關懷並協助需要幫助的同仁」相對權重

為 .270。

(三)「3-2-2 能以誠懇與尊敬的態度，公平、公正的對待學校同仁」相
對權重為 .265。

(四)「3-2-4 能積極、主動地創造合乎倫理的教育環境」相對權重
為 .146。

9.「3-3民主法治素養」向度各項目之相對權重

「3-3 民主法治素養」向度 C.R.（一致性比率）為 .01，達到可接受之程
度（C.R.≦ .1）。其相對權重的排序分別為：

(一)「3-3-5 能瞭解只有在依法行政下，所作的決定才具有正當性與合
法性」相對權重為 .295。

(二)「3-3-4 能明確瞭解各項教育法令及教育以外的相關法令」相對權
重為 .245。

(三)「3-3-1 能瞭解校務重要方案，應在校務會議或其他會議上經公開
報告說明，並充分討論，以形成共識後據以實施」相對權重
為 .207。

(四)「3-3-2 能包容不同意見，廣納眾議，適時修正自己的看法」相對
權重為 .172。

(五)「3-3-3 能依會議規範，公正、中立的主持會議，使會議效率良
好」相對權重為 .081。

10.「3-4多元文化素養」向度各項目之相對權重

「3-4 多元文化素養」向度 C.R.（一致性比率）為 .01，達到可接受之程
度（C.R.≦ .1）。其相對權重的排序分別為：

(一)「3-4-4 能營造弱勢族群教育機會均等的環境」相對權重為 .363。

(二)「3-4-3 能包容並接納不同族群間的文化差異」相對權重為 .263。

(三)「3-4-2 能尊重不同文化背景師生的看法」相對權重為 .229。

(四)「3-4-1 能認同少數族群學生應該接受與主流族群一樣的公平對
待」相對權重為 .145。

11.「3-5國際素養」向度各項目之相對權重

「3-5 國際素養」向度 C.R.（一致性比率）為 .02，達到可接受之程度（C.R.≦ .1）。其相對權重的排序分別為：

（一）「3-5-5 能瞭解全球永續發展之理念並落實於日常生活中」相對權重為 .297。

（二）「3-5-1 能瞭解並關心國際事務與全球化重要議題」相對權重為 .278。

（三）「3-5-3 能具備學習世界不同文化的意願」相對權重為 .197。

（四）「3-5-4 能從歷史脈絡中理解我國在國際社會的角色與處境」相對權重為 .120。

（五）「3-5-2 能自己親自或讓學校參與國際交流或國際體驗相關活動」相對權重為 .108。

綜合上述討論，本研究十一個向度中的五十個項目，各向度相對權重最高的項目分別為「1-1-1 能隨時清楚知道自己的情緒狀態」、「1-2-4 能正確判斷迫切性問題，並做良好的決定」、「1-3-3 能將各項研習進修中所學得的新知識實際應用在學校經營上」、「2-1-1 能有效地分配資源以確保校內科技計畫完整並持續執行」、「2-2-1 能應用媒體表達自己的教育理念並與他人溝通」、「2-3-3 能重視學校環境及空間的美化」、「3-1-4 能以學生的福祉作為所有決定與行動的根本價值」、「3-2-3 能尊重同仁，使每個人都享有內在價值與尊嚴」、「3-3-5 能瞭解只有在依法行政下，所作的決定才具有正當性與合法性」、「3-4-4 能營造弱勢族群教育機會均等的環境」、「3-5-5 能瞭解全球永續發展之理念並落實於日常生活中」，這十一個項目為校長通識素養各向度中之最重要項目，可視為校長通識素養的關鍵項目，同時亦可做為校長在發展通識素養時先後次序及輕重緩急之參考。

表 4-2-5　校長通識素養指標項目間之相對權重與排序表

層面	向度	項目	C.R.	相對權重	排序
1.自主行動	1-1 情緒 素養	1-1-1 能隨時清楚知道自己的情緒狀態。	.01	.280	1
		1-1-2 面對別人負面的情緒時，能適時給予支持鼓勵。		.210	3
		1-1-3 能面對現實，不斷自我激勵以突破困境。		.169	4
		1-1-4 能使用適當的語詞或表情來表達自己的情緒。		.008	5
		1-1-5 面對他人的指責或挑釁時，能維持平和的情緒。		.261	2
	1-2 問題 解決 素養	1-2-1 能針對問題進行分析，並有能力歸納出重點。	.02	.153	4
		1-2-2 能掌握問題的重點，構思適當的解決方案。		.207	3
		1-2-3 能比較各項問題解決方案並做出較佳的決策。		.074	5
		1-2-4 能正確判斷迫切性問題，並做良好的決定。		.319	1
		1-2-5 在處理學校問題時能勇於面對而不逃避。		.247	2
	1-3 終身 學習 素養	1-3-1 能瞭解唯有終身學習才能適應社會潮流及各項教育改革政策。	.05	.149	4
		1-3-2 能隨時把握周遭環境的學習機會。		.150	3
		1-3-3 能將各項研習進修中所學得的新知識實際應用在學校經營上。		.407	1
		1-3-4 能不斷學習去營造一所優質的學校。		.294	2
2.溝通互動	2-1 科技 素養	2-1-1 能有效地分配資源以確保校內科技計畫完整並持續執行。	.00	.370	1
		2-1-2 能利用不同的查詢方式取得所需要的資訊。		.164	3
		2-1-3 能因應當代科技的演進，持續提倡		.308	2

層面	向度	項目	C.R.	相對權重	排序
		革新科技的應用政策。			
		2-1-4 能傳達給教師或家長有關運用科技以發展學生高層次的技能與創造力的資訊及作法。		.158	4
	2-2 媒體素養	2-2-1 能應用媒體表達自己的教育理念並與他人溝通。		.303	1
		2-2-2 能從媒體訊息中，擷取有意義的資訊向師生傳達，引導正確的價值觀念。		.220	2
		2-2-3 能理解媒體訊息的選擇與呈現是受到許多意識型態的影響。	.03	.160	4
		2-2-4 能建立及維持與媒體的友善關係，以塑造學校優質形象。		.194	3
		2-2-5 能瞭解不同的媒體形式或節目型態，會讓自己對同一事件產生不同的看法。		.123	5
	2-3 美學素養	2-3-1 能透過藝術展演活動的安排來拓展學生學習經驗。		.153	4
		2-3-2 能認同美感有助於生活品質的提升。	.05	.216	2
		2-3-3 能重視學校環境及空間的美化。		.416	1
		2-3-4 能瞭解美感要從日常生活中去感受。		.215	3
3 社會參與	3-1 人文素養	3-1-1 能掌握學生需求，調整自己的辦學方針。		.239	2
		3-1-2 能重視學生身心的健康與發展。		.133	4
		3-1-3 能兼顧學生群性與個性的發展。	.02	.084	5
		3-1-4 能以學生的福祉作為所有決定與行動的根本價值。		.309	1
		3-1-5 能重視學生的個別學習需要，照顧好每一位學生。		.235	3
	3-2 倫理素養	3-2-1 能擁有惻隱之心，關懷並協助需要幫助的同仁。	.03	.270	2
		3-2-2 能以誠懇與尊敬的態度，公平、公		.265	3

層面	向度	項目	C.R.	相對權重	排序
		正的對待學校同仁。			
		3-2-3 能尊重同仁，使每個人都享有內在價值與尊嚴。		.319	1
		3-2-4 能積極、主動地創造合乎倫理的教育環境。		.146	4
3-3 民主法治素養		3-3-1 能瞭解校務重要方案，應在校務會議或其他會議上經公開報告說明，並充分討論，以形成共識後據以實施。	.01	.207	3
		3-3-2 能包容不同意見，廣納眾議，適時修正自己的看法。		.172	4
		3-3-3 能依會議規範，公正、中立的主持會議，使會議效率良好。		.081	5
		3-3-4 能明確瞭解各項教育法令及教育以外的相關法令。		.245	2
		3-3-5 能瞭解只有在依法行政下，所作的決定才具有正當性與合法性。		.295	1
3-4 多元文化素養		3-4-1 能認同少數族群學生應該接受與主流族群一樣的公平對待。	.01	.145	4
		3-4-2 能尊重不同文化背景師生的看法。		.229	3
		3-4-3 能包容並接納不同族群間的文化差異。		.263	2
		3-4-4 能營造弱勢族群教育機會均等的環境。		.363	1
3-5 國際素養		3-5-1 能瞭解並關心國際事務與全球化重要議題。	.02	.278	2
		3-5-2 能自己親自或讓學校參與國際交流或國際體驗相關活動。		.108	5
		3-5-3 能具備學習世界不同文化的意願。		.197	3
		3-5-4 能從歷史脈絡中理解我國在國際社會的角色與處境。		.120	4
		3-5-5 能瞭解全球永續發展之理念並落實於日常生活中。		.297	1

(四) 小結

本研究藉由學者專家的諮詢，以層級分析法建構國民中小學校長通識素養指標之權重體系，綜合上述的調查結果歸納如下：

1. 國民中小學校長通識素養指標之權重分配符合一致性比率

本研究應用層級分析法建構指標的權重體系，不同學者專家評定結果的一致性比率皆在可容許的偏誤內，換言之，不論是層面、向度或項目之相對權重都是可以接受的。

2. 校長通識素養指標中以「1.自主行動」層面最為重要

本研究的校長通識素養指標層面間之相對權重由高至低分別為「1.自主行動」、「3.社會參與」與「2.溝通互動」，說明了在國民中小學校長通識素養的內涵中，自主行動比社會參與、溝通互動更為重要。

3. 「1.自主行動」層面中以「1-2問題解決素養」向度最為重要

「1.自主行動」層面中各向度之相對權重由高至低分別為「1-2 問題解決素養」、「1-1 情緒素養」與「1-3 終身學習素養」，顯示出在國民中小學校長自主行動中，問題解決素養比情緒素養、終身學習素養更為重要。

4. 「2.溝通互動」層面中以「2-3美學素養」向度最為重要

「2.溝通互動」層面中各向度之相對權重由高至低分別為「2-3 美學素養」、「2-2 媒體素養」與「2-1 科技素養」，代表在國民中小學校長溝通互動中，美學素養比媒體素養、科技素養更為重要。

5. 「3.社會參與」層面中以「3-1人文素養」向度最為重要

「3.社會參與」層面中各向度之相對權重由高至低分別為「3-1 人文素養」、「3-3 民主法治素養」、「3-4 多元文化素養」、「3-2 倫理素養」與「3-5 國際素養」，呈現國民中小學校長社會參與中，人文素養比民主法治素養、多

元文化素養、倫理素養、國際素養更為重要。

6. **各向度中相對權重最高的項目，可視為校長通識素養的關鍵項目，分別為：**

（一）「1-1 情緒素養」向度中以「1-1-1 能隨時清楚知道自己的情緒狀態」最為重要。

（二）「1-2 問題解決素養」向度中以「1-2-4 能正確判斷迫切性問題，並做良好的決定」最為重要。

（三）「1-3 終身學習素養」向度中以「1-3-3 能將各項研習進修中所學得的新知識實際應用在學校經營上」最為重要。

（四）「2-1 科技素養」向度中以「2-1-1 能有效地分配資源以確保校內科技計畫完整並持續執行」最為重要。

（五）「2-2 媒體素養」向度中以「2-2-1 能應用媒體表達自己的教育理念並與他人溝通」最為重要。

（六）「2-3 美學素養」向度中以「2-3-3 能重視學校環境及空間的美化」最為重要。

（七）「3-1 人文素養」向度中以「3-1-4 能以學生的福祉作為所有決定與行動的根本價值」最為重要。

（八）「3-2 倫理素養」向度中以「3-2-3 能尊重同仁，使每個人都享有內在價值與尊嚴」最為重要。

（九）「3-3 民主法治素養」向度中以「3-3-5 能瞭解只有在依法行政下，所作的決定才具有正當性與合法性」最為重要。

（十）「3-4 多元文化素養」向度中以「3-4-4 能營造弱勢族群教育機會均等的環境」最為重要。

（十一）「3-5 國際素養」向度中以「3-5-5 能瞭解全球永續發展之理念並落實於日常生活中」最為重要。

綜合上述學者專家對國民中小學校長通識素養指標權重體系的評定，本研究將以此為基礎，做為下一階段與國民中小學校長所具備通識素養之現況進行比較分析，以瞭解校長通識素養指標的重要程度與實際所具備程度間的差異。

三、校長通識素養調查結果分析與討論

本節主要在探討經由德懷術與問卷預試所建構之國民中小學校長通識素養指標所進行之實證調查，藉以檢證當前國民中小學校長所具備的通識素養現況。本節分為四個部份，第一部份為基本資料分析；第二部份進行校長所具備通識素養分析；第三部份則為不同背景變項校長所具備通識素養之差異分析；第四部份為小結。

（一）基本資料分析

本研究之實證調查主要以臺灣地區公立國民中小學校長為研究對象，正式問卷編製完成後，於 105 年 11 月 10 日至 11 月 20 日針對 416 位校長進行調查，共計回收問卷 380 份，經檢視剔除未作答或填答不全之無效問卷 4 份，合計取得有效樣本 376 人，問卷總回收率 91.35%，可用率 90.38%。有關正式問卷樣本的基本資料如表 4-3-1，由表中可以看出，在全部樣本中，男性校長多於女性校長，其中男性校長有 265 位，佔 70.5%；女性校長有 111 位，佔 29.5%。擔任校長年資在 5 年以下、6-10 年、11-15 年、16-20 年以及 20 年以上所佔的百分比分別為 35.9%、34.6%、16.0%、7.7%和 5.9%，可見在年資上大約呈現遞減的分配情形。就校長別而言，國中校長有 87 位，佔 23.1%；國小校長有 289 位，佔 76.9%，後者為前者的 3.3 倍。在最高學歷方面，以研究所以上（含 40 學分班）佔最多，有 348 人，佔 92.6%；其次為師大、師院或教育大學（含一般大學教育系），所佔百分比為 6.6%；師範或師專 3 人，佔百分比為 0.8%，至於一般大學則為 0 人。而學校班級數的分佈，以 6-12 班的佔多數，有 158 人，佔 42.0%；而 49 班以上者分佈最少，僅有 44 人，佔 11.7%。學校所在區域方面，北區（臺北市、新北市、基隆市、桃園市、新竹縣市）有 103 位，佔 27.4%；中區（苗栗縣、臺中市、南投縣、彰化縣、雲林縣）有 124 位，佔 33.0%；南區（嘉義縣市、臺南市、高雄市、

屏東縣、澎湖縣）有 115 位，佔 30.6%；東區（宜蘭縣、花蓮縣、臺東縣）有 34 位，佔 9.0%。就學校所在地來看，偏遠地區有 105 人，佔 27.9%；一般鄉鎮 151 人，佔 40.2%；都市地區（含省、縣轄市）有 120 人，佔 31.9%，因此樣本仍以一般鄉鎮的校長居多。

表 4-3-1　正式問卷樣本的基本資料表

	樣本基本資料	次數	百比分	樣本數
性別	男性	265	70.5%	376
	女性	111	29.5%	
擔任校長年資	5 年以下	135	35.9%	376
	6-10 年	130	34.6%	
	11-15 年	60	16.0%	
	16-20 年	29	7.7%	
	21 年以上	22	5.9%	
校長別	國中校長	87	23.1%	376
	國小校長	289	76.9%	
最高學歷	師範或師專	3	0.8%	376
	師大、師院或教育大學(含一般大學教育系)	25	6.6%	
	一般大學	0	0%	
	研究所以上(含 40 學分班)	348	92.6%	
學校班級數	6-12 班	158	42.0%	376
	13-24 班	96	25.5%	
	25-48 班	78	20.7%	
	49 班以上	44	11.7%	
學校所在區域	北區(臺北市、新北市、基隆市、桃園市、新竹縣市)	103	27.4%	376
	中區(苗栗縣、臺中市、南投縣、彰化縣、雲林縣)	124	33.0%	
	南區(嘉義縣市、臺南市、高雄市、屏東縣、澎湖縣)	115	30.6%	

樣本基本資料		次數	百比分	樣本數
	東區(宜蘭縣、花蓮縣、臺東縣)	34	9.0%	
學校所在地	偏遠地區	105	27.9%	
	一般鄉鎮	151	40.2%	376
	都市地區(含省、縣轄市)	120	31.9%	

（二）校長所具備通識素養分析

本研究校長通識素養指標包括三個層面、十一個向度和五十個項目，以下分別從平均數和標準差來瞭解當前國民中小學校長所具備通識素養情形，並針對統計結果進行比較與討論。

1. 校長所具備通識素養層面分析

本研究之國民中小學校長通識素養，包括自主行動、溝通互動與社會參與等三個層面計五十個項目，有關校長所具備通識素養層面之得分情形如表4-3-2。

由該表得知，就平均數而言，「3.社會參與」（M=4.59）的得分最高，其次是「1.自主行動」（M=4.42）、「2.溝通互動」（M=4.38），可見校長所具備通識素養層面以社會參與表現較佳，雖然平均數上有高低之別，但都高於 4分，且其間差距並不大，顯示出國民中小學校長在具備三個層面的通識素養上表現尚佳。

表 4-3-2　校長所具備通識素養層面之平均數與標準差摘要表

層面	項目數	平均數（M）	標準差（SD）
1.自主行動	14	4.42	.38
2.溝通互動	13	4.38	.43
3.社會參與	23	4.59	.38

2. 校長所具備通識素養向度分析

本研究之國民中小學校長通識素養，包括情緒素養、問題解決素養、終身學習素養、科技素養、媒體素養、美學素養、人文素養、倫理素養、民主法治素養、多元文化素養與國際素養等十一個向度，針對校長所具備通識素養向度之得分情形整理如表 4-3-3。

由表中可知，「3-2 倫理素養」（M=4.69）、「3-4 多元文化素養」（M=4.68）、「3-1 人文素養」（M=4.62）、「3-3 民主法治素養」（M=4.61）與「2-3 美學素養」（M=4.54）等五個向度的平均數均高於 4.5 分，在表現上相對較佳；「2-1 科技素養」（M=4.26）、「3-5 國際素養」（M=4.32）、「1-1 情緒素養」（M=4.33）與「2-2 媒體素養」（M=4.33）等四個向度則表現相對較弱，不過整體而言，國民中小學校長所具備通識素養的十一個向度之平均數均高於 4 分，顯示出校長在具備十一個向度的通識素養上表現尚佳。

表 4-3-3　校長所具備通識素養向度之平均數與標準差摘要表

層面	向度	項目數	平均數（M）	標準差（SD）
	1-1 情緒素養	5	4.33	.44
1.自主行動	1-2 問題解決素養	5	4.44	.45
	1-3 終身學習素養	4	4.48	.49
	2-1 科技素養	4	4.26	.51
2.溝通互動	2-2 媒體素養	5	4.33	.51
	2-3 美學素養	4	4.54	.48
	3-1 人文素養	5	4.62	.43
	3-2 倫理素養	4	4.69	.41
3.社會參與	3-3 民主法治素養	5	4.61	.42
	3-4 多元文化素養	4	4.68	.43
	3-5 國際素養	5	4.32	.54

3. 校長所具備通識素養項目分析

本研究之國民中小學校長通識素養，包括三個層面、十一個向度與五十個項目，有關校長所具備通識素養項目之得分情形如表 4-3-4 所示。

由表中可看出，國民中小學校長在五十個項目之平均數都在 4 分以上，顯示出校長在具備五十個項目的通識素養上表現尚佳。其中「3-1-2 能重視學生身心的健康與發展」（M=4.72）、「3-2-2 能以誠懇與尊敬的態度，公平、公正的對待學校同仁」（M=4.75）、「3-2-3 能尊重同仁，使每個人都享有內在價值與尊嚴」（M=4.71）、「3-3-5 能瞭解只有在依法行政下，所作的決定才具有正當性與合法性」（M=4.70）、「3-4-1 能認同少數族群學生應該接受與主流族群一樣的公平對待」（M=4.72）、「3-4-2 能尊重不同文化背景師生的看法」（M=4.70）等六個項目的平均數均在 4.7 分以上；「1-2-5 在處理學校問題時能勇於面對而不逃避」（M=4.60）、「1-3-1 能瞭解唯有終身學習才能適應社會潮流及各項教育改革政策」（M=4.64）、「2-3-2 能認同美感有助於生活品質的提升」（M=4.63）、「2-3-3 能重視學校環境及空間的美化」（M=4.60）、「3-1-3 能兼顧學生群性與個性的發展」（M=4.61）、「3-1-4 能以學生的福祉作為所有決定與行動的根本價值」（M=4.69）、「3-2-1 能擁有惻隱之心，關懷並協助需要幫助的同仁」、（M=4.69）「3-2-4 能積極、主動地創造合乎倫理的教育環境」（M=4.62）、「3-3-1 能瞭解校務重要方案，應在校務會議或其他會議上經公開報告說明，並充分討論，以形成共識後據以實施」（M=4.65）、「3-3-2 能包容不同意見，廣納眾議，適時修正自己的看法」（M=4.65）、「3-3-3 能依會議規範，公正、中立的主持會議，使會議效率良好」（M=4.66）、「3-4-3 能包容並接納不同族群間的文化差異」（M=4.68）、「3-4-4 能營造弱勢族群教育機會均等的環境」（M=4.63）等十三個項目的平均數亦在 4.6 分以上，可見這十九個項目在表現上相對較佳；至於「1-1-4 能使用適當的語詞或表情來表達自己的情緒」（M=4.29）、「1-1-5 面對他人的指責或挑釁時，能維持平和的情緒」（M=4.03）、「2-1-3 能因應當代科技的演進，持續提倡革新科技的應用政

策」（M=4.26）、「2-1-4 能傳達給教師或家長有關運用科技以發展學生高層次
的技能與創造力的資訊及作法」（M=4.14）、「2-2-1 能應用媒體表達自己的教
育理念並與他人溝通」（M=4.27）、「2-2-5 能瞭解不同的媒體形式或節目型
態，會讓自己對同一事件產生不同的看法」（M=4.28）、「3-5-2 能自己親自或
讓學校參與國際交流或國際體驗相關活動」（M=4.11）、「3-5-4 能從歷史脈絡
中理解我國在國際社會的角色與處境」（M=4.29）等八個項目平均數未滿 4.3
分，表現相對較弱。

表 4-3-4　校長所具備通識素養項目之平均數與標準差摘要表

層面	向度	項目	平均數（M）	標準差（SD）
1.自主行動	1-1 情緒素養	1-1-1 能隨時清楚知道自己的情緒狀態。	4.55	.52
		1-1-2 面對別人負面的情緒時，能適時給予支持鼓勵。	4.34	.55
		1-1-3 能面對現實，不斷自我激勵以突破困境。	4.43	.56
		1-1-4 能使用適當的語詞或表情來表達自己的情緒。	4.29	.61
		1-1-5 面對他人的指責或挑釁時，能維持平和的情緒。	4.03	.65
	1-2 問題解決素養	1-2-1 能針對問題進行分析，並有能力歸納出重點。	4.44	.56
		1-2-2 能掌握問題的重點，構思適當的解決方案。	4.43	.55
		1-2-3 能比較各項問題解決方案並做出較佳的決策。	4.41	.56
		1-2-4 能正確判斷迫切性問題，並做良好的決定。	4.33	.55
		1-2-5 在處理學校問題時能勇於面對而不逃避。	4.60	.53
	1-3 終身學習素養	1-3-1 能瞭解唯有終身學習才能適應社會潮流及各項教育改革政策。	4.64	.52

層面	向度	項目	平均數（M）	標準差（SD）
		1-3-2 能隨時把握周遭環境的學習機會。	4.45	.59
		1-3-3 能將各項研習進修中所學得的新知識實際應用在學校經營上。	4.33	.65
		1-3-4 能不斷學習去營造一所優質的學校。	4.50	.58
2.溝通互動	2-1 科技素養	2-1-1 能有效地分配資源以確保校內科技計畫完整並持續執行。	4.23	.60
		2-1-2 能利用不同的查詢方式取得所需要的資訊。	4.43	.62
		2-1-3 能因應當代科技的演進，持續提倡革新科技的應用政策。	4.26	.62
		2-1-4 能傳達給教師或家長有關運用科技以發展學生高層次的技能與創造力的資訊及作法。	4.14	.64
	2-2 媒體素養	2-2-1 能應用媒體表達自己的教育理念並與他人溝通。	4.27	.64
		2-2-2 能從媒體訊息中，擷取有意義的資訊向師生傳達，引導正確的價值觀念。	4.42	.60
		2-2-3 能理解媒體訊息的選擇與呈現是受到許多意識型態的影響。	4.33	.65
		2-2-4 能建立及維持與媒體的友善關係，以塑造學校優質形象。	4.34	.64
		2-2-5 能瞭解不同的媒體形式或節目型態，會讓自己對同一事件產生不同的看法。	4.28	.65
	2-3 美學素養	2-3-1 能透過藝術展演活動的安排來拓展學生學習經驗。	4.37	.67
		2-3-2 能認同美感有助於生活品質的提升。	4.63	.53
		2-3-3 能重視學校環境及空間的美化。	4.60	.53
		2-3-4 能瞭解美感要從日常生活中去感受。	4.59	.55
3 社會參與	3-1 人文素養	3-1-1 能掌握學生需求，調整自己的辦學方針。	4.53	.56
		3-1-2 能重視學生身心的健康與發展。	4.72	.48

層面	向度	項目	平均數（M）	標準差（SD）
		3-1-3 能兼顧學生群性與個性的發展。	4.61	.53
		3-1-4 能以學生的福祉作為所有決定與行動的根本價值。	4.69	.50
		3-1-5 能重視學生的個別學習需要，照顧好每一位學生。	4.57	.55
	3-2 倫理素養	3-2-1 能擁有惻隱之心，關懷並協助需要幫助的同仁。	4.69	.48
		3-2-2 能以誠懇與尊敬的態度，公平、公正的對待學校同仁。	4.75	.45
		3-2-3 能尊重同仁，使每個人都享有內在價值與尊嚴。	4.71	.48
		3-2-4 能積極、主動地創造合乎倫理的教育環境。	4.62	.52
	3-3 民主法治素養	3-3-1 能瞭解校務重要方案，應在校務會議或其他會議上經公開報告說明，並充分討論，以形成共識後據以實施。	4.65	.51
		3-3-2 能包容不同意見，廣納眾議，適時修正自己的看法。	4.65	.51
		3-3-3 能依會議規範，公正、中立的主持會議，使會議效率良好。	4.66	.51
		3-3-4 能明確瞭解各項教育法令及教育以外的相關法令。	4.38	.58
		3-3-5 能瞭解只有在依法行政下，所作的決定才具有正當性與合法性。	4.70	.49
	3-4 多元文化素養	3-4-1 能認同少數族群學生應該接受與主流族群一樣的公平對待。	4.72	.49
		3-4-2 能尊重不同文化背景師生的看法。	4.70	.49
		3-4-3 能包容並接納不同族群間的文化差異。	4.68	.50
		3-4-4 能營造弱勢族群教育機會均等的環境。	4.63	.54
	3-5 國際素養	3-5-1 能瞭解並關心國際事務與全球化重要議題。	4.41	.59

層面	向度	項目	平均數（M）	標準差（SD）
		3-5-2 能自己親自或讓學校參與國際交流或國際體驗相關活動。	4.11	.74
		3-5-3 能具備學習世界不同文化的意願。	4.40	.64
		3-5-4 能從歷史脈絡中理解我國在國際社會的角色與處境。	4.29	.67
		3-5-5 能瞭解全球永續發展之理念並落實於日常生活中。	4.42	.62

（三）不同背景變項校長所具備通識素養之差異分析

本研究依據正式問卷施測結果，進行不同背景變項校長所具備通識素養之差異分析，以下分別從性別、擔任校長年資、校長別、最高學歷、學校班級數、學校所在區域與學校所在地等七個變項進行考驗，其中性別、校長別採 t 檢定進行考驗；擔任校長年資、最高學歷、學校班級數、學校所在區域與學校所在地則進行單因子變異數分析，茲將分析結果敘述如下：

1. 性別與校長所具備通識素養

表 4-3-5 是性別與校長所具備通識素養之比較，資料顯示：在男女校長所具備的通識素養向度得分上，女性校長除了在「1-1 情緒素養」、「1-3 終身學習素養」、「2-3 美學素養」與「3-5 國際素養」等四個向度之平均數高於男性校長外，其餘七個向度得分均是男性校長高於女性校長，雖然如此，但在平均數差異檢定上，十一個向度均未達統計上的顯著水準，顯示出性別的不同可能不會造成校長所具備通識素養的差異，換言之，國民中小學校長不因性別的不同，而在通識素養養的具備上有所差異。

表 4-3-5　性別與校長所具備通識素養向度之 t 檢定分析摘要表

層面	向度	性別	N	平均數（M）	標準差（SD）	t 值
1.自主行動	1-1 情緒素養	男	265	4.32	.43	-.36
		女	111	4.34	.47	
	1-2 問題解決素養	男	265	4.47	.45	1.67
		女	111	4.38	.44	
	1-3 終身學習素養	男	265	4.47	.49	-.69
		女	111	4.51	.49	
2.溝通互動	2-1 科技素養	男	265	4.28	.50	1.03
		女	111	4.22	.53	
	2-2 媒體素養	男	265	4.33	.53	.12
		女	111	4.32	.48	
	2-3 美學素養	男	265	4.52	.48	-1.80
		女	111	4.61	.48	
3.社會參與	3-1 人文素養	男	265	4.64	.41	.84
		女	111	4.60	.47	
	3-2 倫理素養	男	265	4.70	.40	.61
		女	111	4.67	.42	
	3-3 民主法治素養	男	265	4.62	.42	1.05
		女	111	4.57	.43	
	3-4 多元文化素養	男	265	4.68	.43	.24
		女	111	4.67	.42	
	3-5 國際素養	男	265	4.32	.55	-.46
		女	111	4.34	.51	

2. 擔任校長年資與校長所具備通識素養

　　表 4-3-6 呈現出年資不同校長所具備通識素養的平均數以及變異數分析的結果。在平均數方面，擔任校長年資在 11-15 年者，其「1-1 情緒素養」、「1-3 終身學習素養」、「2-1 科技素養」、「2-2 媒體素養」、「2-3 美學素養」、「3-1 人文素養」、「3-2 倫理素養」、「3-3 民主法治素養」與「3-4 多元文化素

養」等九個向度的得分均高於其他年資層校長;「1-2 問題解決素養」為 16-20 年者得分較高;「3-5 國際素養」為年資 5 年以下校長得分較高。在變異數分析上,通識素養的十一個向度均未達統計上的顯著水準,顯示出擔任校長年資的不同可能不會造成校長所具備通識素養的差異,換言之,國民中小學校長不因擔任校長年資的不同,而在通識素養養的具備上有所差異。

表 4-3-6　擔任校長年資與校長所具備通識素養向度之單因子變異數分析及事後比較摘要表

層面	向度	擔任校長年資	N	平均數(M)	標準差(SD)	F 值
1.自主行動	1-1 情緒素養	1.5 年以下	135	4.32	.46	.51
		2.6-10 年	130	4.35	.45	
		3.11-15 年	60	4.36	.39	
		4.16-20 年	29	4.31	.43	
		5.21 年以上	22	4.17	.43	
	1-2 問題解決素養	1.5 年以下	135	4.38	.44	.16
		2.6-10 年	130	4.45	.46	
		3.11-15 年	60	4.53	.49	
		4.16-20 年	29	4.54	.38	
		5.21 年以上	22	4.38	.42	
	1-3 終身學習素養	1.5 年以下	135	4.50	.48	.37
		2.6-10 年	130	4.47	.52	
		3.11-15 年	60	4.53	.41	
		4.16-20 年	29	4.32	.52	
		5.21 年以上	22	4.48	.51	
2.溝通互動	2-1 科技素養	1.5 年以下	135	4.30	.47	.13
		2.6-10 年	130	4.26	.55	
		3.11-15 年	60	4.33	.47	
		4.16-20 年	29	4.09	.54	
		5.21 年以上	22	4.11	.49	
	2-2 媒體素養	1.5 年以下	135	4.37	.49	.38
		2.6-10 年	130	4.31	.55	

層面	向度	擔任校長年資	N	平均數（M）	標準差（SD）	F 值
		3.11-15 年	60	4.39	.52	
		4.16-20 年	29	4.23	.51	
		5.21 年以上	22	4.20	.40	
	2-3 美學素養	1.5 年以下	135	4.51	.49	.42
		2.6-10 年	130	4.53	.49	
		3.11-15 年	60	4.65	.42	
		4.16-20 年	29	4.53	.56	
		5.21 年以上	22	4.58	.41	
3.社會參與	3-1 人文素養	1.5 年以下	135	4.62	.46	.48
		2.6-10 年	130	4.63	.43	
		3.11-15 年	60	4.69	.34	
		4.16-20 年	29	4.59	.49	
		5.21 年以上	22	4.50	.42	
	3-2 倫理素養	1.5 年以下	135	4.68	.42	.42
		2.6-10 年	130	4.71	.40	
		3.11-15 年	60	4.75	.35	
		4.16-20 年	29	4.60	.50	
		5.21 年以上	22	4.60	.40	
	3-3 民主法治素養	1.5 年以下	135	4.59	.42	.14
		2.6-10 年	130	4.63	.42	
		3.11-15 年	60	4.69	.37	
		4.16-20 年	29	4.46	.50	
		5.21 年以上	22	4.55	.41	
	3-4 多元文化素養	1.5 年以下	135	4.70	.41	.06
		2.6-10 年	130	4.69	.42	
		3.11-15 年	60	4.75	.37	
		4.16-20 年	29	4.47	.58	
		5.21 年以上	22	4.61	.47	
	3-5 國際素養	1.5 年以下	135	4.38	.50	.32
		2.6-10 年	130	4.29	.58	
		3.11-15 年	60	4.33	.51	

層面	向度	擔任校長年資	N	平均數（M）	標準差（SD）	F 值
		4.16-20 年	29	4.17	.59	
		5.21 年以上	22	4.36	.46	

3. 校長別與校長所具備通識素養

　　表 4-3-7 是校長別與校長所具備通識素養之分析，表中顯示：國中校長在「1-1 情緒素養」、「1-2 問題解決素養」、「2-1 科技素養」、「3-1 人文素養」、「3-2 倫理素養」、「3-3 民主法治素養」與「3-5 國際素養」等七個向度得分較國小校長高；而國小校長則在「2-2 媒體素養」、「2-3 美學素養」與「3-4 多元文化素養」等三個向度得分較國中校長高；在「1-3 終身學習素養」向度上，國中小校長得分相同。另在平均數差異檢定上，十一個向度均未達統計上的顯著水準，代表國民中小學校長所具備通識素養，不因校長服務學校的教育階段不同而有所差異。

表 4-3-7　校長別與校長所具備通識素養向度之 t 檢定分析摘要表

層面	向度	校長別	N	平均數（M）	標準差（SD）	t 值
1.自主行動	1-1 情緒素養	國中校長	87	4.36	.44	.73
		國小校長	289	4.32	.44	
	1-2 問題解決素養	國中校長	87	4.49	.42	1.09
		國小校長	289	4.43	.46	
	1-3 終身學習素養	國中校長	87	4.48	.53	-.00
		國小校長	289	4.48	.47	
2.溝通互動	2-1 科技素養	國中校長	87	4.30	.49	.78
		國小校長	289	4.25	.51	
	2-2 媒體素養	國中校長	87	4.31	.51	-.39
		國小校長	289	4.33	.52	
	2-3 美學素養	國中校長	87	4.53	.44	-.21
		國小校長	289	4.55	.49	
3.社會參與	3-1 人文素養	國中校長	87	4.64	.41	.33
		國小校長	289	4.62	.44	

層面	向度	校長別	N	平均數（M）	標準差（SD）	t 值
	3-2 倫理素養	國中校長	87	4.70	.40	.34
		國小校長	289	4.69	.41	
	3-3 民主法治素養	國中校長	87	4.61	.40	.13
		國小校長	289	4.60	.43	
	3-4 多元文化素養	國中校長	87	4.65	.43	-.87
		國小校長	289	4.69	.43	
	3-5 國際素養	國中校長	87	4.33	.53	.04
		國小校長	289	4.32	.54	

4. 最高學歷與校長所具備通識素養

問卷中最高學歷選項包括師範或師專；師大、師院或教育大學（含一般大學教育系）；一般大學；研究所以上（含 40 學分班）等四個選項，經統計後發現無一般大學樣本，加上師範或師專畢業之樣本人數太少，僅有 3 人，這兩個類別可能造成誤差太大而欠缺代表性，因此不予討論。表 4-3-8 呈現出不同學歷的校長所具備通識素養的平均數以及變異數分析結果，在平均數方面，不同學歷的校長雖然分數互有高低，但在變異數分析上，通識素養的十一個向度均未達統計上的顯著水準，反映出校長所具備的通識素養，不因校長最高學歷的不同而有所差異。

表 4-3-8 最高學歷與校長所具備通識素養向度之單因子變異數分析及事後比較摘要表

層面	向度	最高學歷	N	平均數（M）	標準差（SD）	F 值
1.自主行動	1-1 情緒素養	1 師範或師專	3	3.87	.42	1.77
		2 師大、師院或教育大學	25	4.29	.53	
		4 研究所以上	348	4.33	.43	
	1-2 問題解決素養	1 師範或師專	3	4.27	.23	.88
		2 師大、師院或教育大學	25	4.34	.58	
		4 研究所以上	348	4.45	.44	

層面	向度	最高學歷	N	平均數（M）	標準差（SD）	F 值
	1-3 終身學習素養	1 師範或師專	3	4.25	.25	
		2 師大、師院或教育大學	25	4.41	.50	.63
		4 研究所以上	348	4.49	.49	
2.溝通互動	2-1 科技素養	1 師範或師專	3	4.58	.52	
		2 師大、師院或教育大學	25	4.21	.62	.74
		4 研究所以上	348	4.27	.50	
	2-2 媒體素養	1 師範或師專	3	4.40	.40	
		2 師大、師院或教育大學	25	4.19	.73	.98
		4 研究所以上	348	4.34	.50	
	2-3 美學素養	1 師範或師專	3	4.67	.58	
		2 師大、師院或教育大學	25	4.50	.56	.20
		4 研究所以上	348	4.55	.48	
3.社會參與	3-1 人文素養	1 師範或師專	3	4.67	.58	
		2 師大、師院或教育大學	25	4.58	.42	.13
		4 研究所以上	348	4.63	.43	
	3-2 倫理素養	1 師範或師專	3	4.58	.52	
		2 師大、師院或教育大學	25	4.61	.45	.64
		4 研究所以上	348	4.70	.40	
	3-3 民主法治素養	1 師範或師專	3	4.60	.40	
		2 師大、師院或教育大學	25	4.59	.47	.02
		4 研究所以上	348	4.61	.42	
	3-4 多元文化素養	1 師範或師專	3	5.00	.00	
		2 師大、師院或教育大學	25	4.68	.40	.83
		4 研究所以上	348	4.68	.43	

層面	向度	最高學歷	N	平均數（M）	標準差（SD）	F 值
		1 師範或師專	3	4.67	.42	
3-5 國際素養		2 師大、師院或教育大學	25	4.20	.64	1.30
		4 研究所以上	348	4.33	.53	

5. 學校班級數與校長所具備通識素養

表 4-3-9 資料反映出不同學校班級數的校長在所具備通識素養的的平均數及變異數分析結果。在平均數方面，學校班級數 49 班以上的校長在「1-1 情緒素養」、「1-2 問題解決素養」、「1-3 終身學習素養」、「2-1 科技素養」、「2-2 媒體素養」、「3-4 多元文化素養」與「3-5 國際素養」等七個向度的得分較高，其中在「1-1 情緒素養」、「2-1 科技素養」與「2-2 媒體素養」三個向度中和 25-48 班學校校長的得分相同。

在變異數分析及事後比較上，「1-2 問題解決素養」呈現顯著差異（F=3.35；p< .05），經事後比較發現，49 班以上學校校長得分顯著高於 6-12 班學校校長，換言之，49 班以上大型學校校長所具備之問題解決素養顯著高於 6-12 班的小型學校校長，究其原因，可能是大型學校大多位於都會區，校內不僅師生眾多，同時學生家長社經背景差異也大，加上鼓勵親師的參與，校長所面對的問題比小型學校更為龐雜，在此環境氛圍下，的確需要具備較佳的問題解決素養，才能發揮效能，讓校務正常運作。除了問題解決素養外，其餘通識素養的十個向度均未達統計上的顯著水準，表示這十個通識素養向度不因校長服務學校的班級數不同而有所差異。

表 4-3-9　學校班級數與校長所具備通識素養向度之單因子變異數分析及事後比較摘要表

層面	向度	學校班級數	N	平均數（M）	標準差（SD）	F 值	Scheffe's 事後比較
1.自主行動	1-1 情緒素養	1.6-12 班	158	4.27	.45	1.94	
		2.13-24 班	96	4.34	.41		

層面	向度	學校班級數	N	平均數（M）	標準差（SD）	F值	Scheffe's 事後比較
		3.25-48 班	78	4.39	.47		
		4.49 班以上	44	4.39	.42		
	1-2 問題解決素養	1.6-12 班	158	4.38	.47	3.35*	4>1
		2.13-24 班	96	4.42	.44		
		3.25-48 班	78	4.50	.39		
		4.49 班以上	44	4.60	.45		
	1-3 終身學習素養	1.6-12 班	158	4.50	.45	.23	
		2.13-24 班	96	4.45	.56		
		3.25-48 班	78	4.46	.50		
		4.49 班以上	44	4.51	.41		
2.溝通互動	2-1 科技素養	1.6-12 班	158	4.22	.51	.69	
		2.13-24 班	96	4.28	.54		
		3.25-48 班	78	4.31	.49		
		4.49 班以上	44	4.31	.44		
	2-2 媒體素養	1.6-12 班	158	4.32	.54	.12	
		2.13-24 班	96	4.31	.52		
		3.25-48 班	78	4.35	.51		
		4.49 班以上	44	4.35	.41		
	2-3 美學素養	1.6-12 班	158	4.52	.50	.62	
		2.13-24 班	96	4.53	.52		
		3.25-48 班	78	4.60	.42		
		4.49 班以上	44	4.57	.45		
3.社會參與	3-1 人文素養	1.6-12 班	158	4.62	.43	.52	
		2.13-24 班	96	4.59	.48		
		3.25-48 班	78	4.67	.39		
		4.49 班以上	44	4.62	.40		
	3-2 倫理素養	1.6-12 班	158	4.64	.43	2.25	
		2.13-24 班	96	4.67	.43		
		3.25-48 班	78	4.78	.33		
		4.49 班以上	44	4.75	.37		

層面	向度	學校班級數	N	平均數（M）	標準差（SD）	F 值	Scheffe's 事後比較
	3-3 民主法治素養	1.6-12 班	158	4.56	.44	2.27	
		2.13-24 班	96	4.57	.46		
		3.25-48 班	78	4.70	.31		
		4.49 班以上	44	4.67	.33		
	3-4 多元文化素養	1.6-12 班	158	4.67	.45	.42	
		2.13-24 班	96	4.65	.45		
		3.25-48 班	78	4.71	.40		
		4.49 班以上	44	4.73	.39		
	3-5 國際素養	1.6-12 班	158	4.28	.55	1.07	
		2.13-24 班	96	4.32	.52		
		3.25-48 班	78	4.35	.55		
		4.49 班以上	44	4.44	.49		

*p< .05

6. 學校所在區域與校長所具備通識素養

　　表 4-3-10 是學校所在區域對校長所具備通識素養的比較，表中資料顯示：在平均數方面，北區校長在「1-3 終身學習素養」、「2-1 科技素養」、「2-2 媒體素養」、「2-3 美學素養」、「3-1 人文素養」、「3-2 倫理素養」、「3-3 民主法治素養」、「3-4 多元文化素養」與「3-5 國際素養」等九個向度的得分較高；而南區校長則在「1-1 情緒素養」與「1-2 問題解決素養」二個向度上的得分較其他區域為高。

　　在變異數分析及事後比較上，「2-2 媒體素養」（F=2.69；p< .05）、「3-2 倫理素養」（F=2.85；p< .05）與「3-3 民主法治素養」（F=3.03；p< .05）三個向度達統計上的顯著水準，經事後比較發現，「2-2 媒體素養」與「3-2 倫理素養」二個向度在區域間無法區分顯著差異；至於「3-3 民主法治素養」向度，北區學校校長得分顯著高於東區學校校長，換言之，北區學校校長所具備之民主法治素養顯著高於東區學校校長，推究原因，北區學校校長不論在素養發展機會或民主法治資訊取得均較東區學校便利，這種得天獨厚的條

件，使得北區校長具備較佳的民主法治素養。綜上所述，除了校長所具備民主法治素養存有區域之差異外，其餘通識素養的十個向度並不因學校所在區域的不同而有所差異。

表 4-3-10　學校所在區域與校長所具備通識素養向度之\單因子變異數分析及事後比較摘要表

層面	向度	學校所在區域	N	平均數（M）	標準差（SD）	F 值	Scheffe's 事後比較
1.自主行動	1-1 情緒素養	1 北區	103	4.36	.43	2.62	
		2 中區	124	4.26	.46		
		3 南區	115	4.39	.40		
		4 東區	34	4.22	.48		
	1-2 問題解決素養	1 北區	103	4.46	.42	2.23	
		2 中區	124	4.44	.45		
		3 南區	115	4.48	.42		
		4 東區	34	4.26	.58		
	1-3 終身學習素養	1 北區	103	4.52	.49	1.19	
		2 中區	124	4.49	.48		
		3 南區	115	4.48	.51		
		4 東區	34	4.34	.42		
2.溝通互動	2-1 科技素養	1 北區	103	4.32	.52	1.46	
		2 中區	124	4.25	.49		
		3 南區	115	4.28	.49		
		4 東區	34	4.11	.55		
	2-2 媒體素養	1 北區	103	4.38	.49	2.69[*]	n.s.
		2 中區	124	4.30	.48		
		3 南區	115	4.37	.52		
		4 東區	34	4.12	.63		
	2-3 美學素養	1 北區	103	4.63	.43	2.17	
		2 中區	124	4.52	.50		
		3 南區	115	4.54	.50		
		4 東區	34	4.40	.46		

層面	向度	學校所在區域	N	平均數（M）	標準差（SD）	F 值	Scheffe's 事後比較
3.社會參與	3-1 人文素養	1 北區	103	4.69	.39	1.70	
		2 中區	124	4.61	.44		
		3 南區	115	4.61	.44		
		4 東區	34	4.51	.44		
	3-2 倫理素養	1 北區	103	4.77	.36	2.85*	n.s.
		2 中區	124	4.67	.42		
		3 南區	115	4.69	.42		
		4 東區	34	4.54	.44		
	3-3 民主法治素養	1 北區	103	4.69	.37	3.03*	1>4
		2 中區	124	4.58	.45		
		3 南區	115	4.61	.41		
		4 東區	34	4.45	.48		
	3-4 多元文化素養	1 北區	103	4.73	.40	1.05	
		2 中區	124	4.64	.44		
		3 南區	115	4.69	.43		
		4 東區	34	4.65	.45		
	3-5 國際素養	1 北區	103	4.40	.50	2.55	
		2 中區	124	4.28	.53		
		3 南區	115	4.36	.56		
		4 東區	34	4.13	.54		

*p< .05

7. 學校所在地與校長所具備通識素養

　　表 4-3-11 是學校所在地與校長所具備通識素養的差異分析，表中資料顯示：在平均數方面，除了偏遠地區學校校長在「1-3 終身學習素養」得分較高外，其餘包括「1-1 情緒素養」、「1-2 問題解決素養」、「2-1 科技素養」、「2-2 媒體素養」、「2-3 美學素養」、「3-1 人文素養」、「3-2 倫理素養」、「3-3 民主法治素養」、「3-4 多元文化素養」與「3-5 國際素養」等十個向度，均是都市地區學校校長的得分較高。

在變異數分析及事後比較上，「1-2 問題解決素養」（F=3.32；p< .05）、「2-3 美學素養」（F=3.42；p< .05）、「3-1 人文素養」（F=3.01；p< .05）、「3-2 倫理素養」（F=4.22；p< .05）、「3-3 民主法治素養」（F=5.20；p< .01）、「3-4 多元文化素養」（F=6.29；p< .01）等六個向度達統計上的顯著水準，經事後比較發現，「3-1 人文素養」在學校所在地並無法區分顯著差異；而「1-2 問題解決素養」，都市地區學校校長得分顯著高於偏遠地區學校校長，換言之，都市地區學校校長所具備之問題解決素養顯著高於偏遠地區學校校長，前已述及，都市地區學校，高社經背景家長對孩子的教育特別關注，此種狀況往往會產生過度干預現象，不僅造成校務推動的莫大壓力，甚而有些家長對學校或教師不滿時，也會訴諸投訴管道，此時均需校長出面處理，因此，都市地區校長具備較佳的問題解決素養，才能符合整體社會及學生學習的最大利益。另外，在「2-3 美學素養」、「3-2 倫理素養」、「3-3 民主法治素養」與「3-4 多元文化素養」等通識素養向度上，都市地區學校校長得分也顯著高於一般鄉鎮校長長，顯示都市地區學校校長在美學素養、民主法治素養與多元文化素養之具備程度較一般鄉鎮校長為高，此種現象，無異反應出城鄉教育的落差，畢竟都市地區擁有豐厚的教育資源與最新的教育資訊，這些原因都可能讓校長擁有更佳的條件，進而反映在校長之通識素養表現上。綜上所述，校長所具備之問題解決素養、美學素養、倫理素養、民主法治素養與多元文化素養存有城鄉之差異外，其餘六個向度的通識素養並不因學校所在城鄉的不同而有所差異。

表 4-3-11　學校所在地與校長所具備通識素養向度之單因子變異數分析及事後比較摘要表

層面	向度	學校所在地	N	平均數（M）	標準差（SD）	F 值	Scheffe's 事後比較
1.自主行動	1-1 情緒素養	1 偏遠地區	105	4.30	.43	1.09	
		2 一般鄉鎮	151	4.30	.46		
		3 都市地區	120	4.38	.43		
	1-2 問題解決	1 偏遠地區	105	4.37	.44	3.32*	3>1

層面	向度	學校所在地	N	平均數（M）	標準差（SD）	F 值	Scheffe's 事後比較
	素養	2 一般鄉鎮	151	4.43	.47		
		3 都市地區	120	4.52	.42		
	1-3 終身學習素養	1 偏遠地區	105	4.53	.46	2.36	
		2 一般鄉鎮	151	4.41	.52		
		3 都市地區	120	4.52	.46		
	2-1 科技素養	1 偏遠地區	105	4.28	.50	1.96	
		2 一般鄉鎮	151	4.21	.52		
		3 都市地區	120	4.33	.49		
2.溝通互動	2-2 媒體素養	1 偏遠地區	105	4.35	.51	1.35	
		2 一般鄉鎮	151	4.28	.55		
		3 都市地區	120	4.37	.47		
	2-3 美學素養	1 偏遠地區	105	4.51	.49	3.42*	3>2
		2 一般鄉鎮	151	4.49	.52		
		3 都市地區	120	4.64	.41		
	3-1 人文素養	1 偏遠地區	105	4.62	.43	3.01*	n.s.
		2 一般鄉鎮	151	4.57	.47		
		3 都市地區	120	4.70	.37		
	3-2 倫理素養	1 偏遠地區	105	4.65	.42	4.22*	3>2
		2 一般鄉鎮	151	4.65	.45		
		3 都市地區	120	4.78	.33		
3.社會參與	3-3 民主法治素養	1 偏遠地區	105	4.60	.41	5.20**	3>2
		2 一般鄉鎮	151	4.54	.47		
		3 都市地區	120	4.70	.35		
	3-4 多元文化素養	1 偏遠地區	105	4.72	.38	6.29**	3>2
		2 一般鄉鎮	151	4.59	.50		
		3 都市地區	120	4.76	.34		
	3-5 國際素養	1 偏遠地區	105	4.34	.53	2.79	
		2 一般鄉鎮	151	4.25	.56		
		3 都市地區	120	4.41	.50		

*$p < .05$　**$p < .01$

(四) 小結

綜合上述的分析可以得知，不同背景變項校長所具備之通識素養，除了校長性別、擔任校長年資、校長別與最高學歷等四個變項未呈現顯著差異外，其餘在學校班級數、學校所在區域與學校所在地均有部份素養存在顯著差異，茲歸納上述不同背景變項校長在其所具備通識素養之差異摘要如表 4-3-12。由表中發現，不同背景變項校長所具備之通識素養差異，主要集中在學校所在地，其中都市地區學校校長在通識素養向度中，包括問題解決素養、美學素養、倫理素養、民主法治素養與多元文化素養等五個向度得分明顯高於偏遠地區或一般鄉鎮之學校校長；在民主法治素養上，北區學校校長的得分顯著高於東區學校校長；在問題解決素養上，49 班以上大型學校校長的得分明顯高於 6-12 班小型學校校長，這些現象均透露出在城鄉差距的事實下，確實影響了校長所具備的通識素養。

表 4-3-12　不同背景變項校長所具備通識素養之差異摘要表

層面	向度	學校班級數	學校所在區域	學校所在地
1.自主行動	1-1 情緒素養			
	1-2 問題解決素養	49 班以上>6-12 班		都市地區>偏遠地區
	1-3 終身學習素養			
2.溝通互動	2-1 科技素養			
	2-2 媒體素養			
	2-3 美學素養			都市地區>一般鄉鎮
3.社會參與	3-1 人文素養			
	3-2 倫理素養			都市地區>一般鄉鎮
	3-3 民主法治素養		北區>東區	都市地區>一般鄉鎮
	3-4 多元文化素養			都市地區>一般鄉鎮
	3-5 國際素養			

四、指標權重體系與實證調查結果綜合討論

本節主要針對指標相對權重的研究結果與校長所具備通識素養的調查結果，將兩者加以比較分析，以瞭解學者專家評定的校長通識素養指標重要程度與校長實際所具備程度之間的差距。本節共分四個部份，第一部份為校長通識素養指標層面之比較分析；第二部份為校長通識素養指標向度之比較分析；第三部份為校長通識素養指標項目之比較分析；第四部份為小結。

（一）校長通識素養指標層面之比較分析

國民中小學校長通識素養指標包括自主行動、溝通互動與社會參與等三個層面，有關學者專家評定各層面相對權重、排序與校長具備程度平均數之比較如表 4-4-1 所示。

由表中得知，在校長通識素養各層面中，校長具備程度的整體得分介於 4.38 至 4.59 之間，其中「1.自主行動」層面經相對權重調查後，學者專家認為係校長通識素養最重要的層面，但其在校長所具備通識素養層面之得分為 4.42，略遜於「3.社會參與」的 4.59。「2.溝通互動」層面，學者專家評定的排序居末，而校長所具備程度的得分 4.38，也是得分最低的一個層面，換言之，學者專家所認為的重要程度與校長實際的具備程度尚稱一致。

表 4-4-1　通識素養層面相對權重、排序與校長具備程度平均數之比較分析表

層面	相對權重	排序	校長具備程度平均數
1.自主行動	.481	1	4.42
2.溝通互動	.235	3	4.38
3.社會參與	.284	2	4.59

（二）校長通識素養指標向度之比較分析

本研究校長通識素養指標向度，在自主行動層面包括情緒素養、問題解決素養與終身學習素養等三個向度；在溝通互動層面，包括科技素養、媒體素養與美學素養等三個向度；在社會參與層面，包括人文素養、倫理素養、民主法治素養、多元文化素養與國際素養等五個向度，有關學者專家評定之相對權重、排序與校長具備程度平均數之比較如表 4-4-2、4-4-3 與 4-4-4 所示。

由表 4-4-2 可知，「1.自主行動」層面的三個向度中，校長具備程度的整體得分介於 4.33 至 4.48 之間，「1-2 問題解決素養」為學者專家列為最重要的向度，但校長在此向度具備程度的得分為 4.44，低於「1-3 終身學習素養」的得分 4.48。而「1-3 終身學習素養」是校長具備程度得分最高的向度，然學者專家評定的排序居末，也顯示出實務工作者所具備的程度與學者專家評定的重要程度間存有落差。

表 4-4-2　自主行動層面之向度相對權重、排序與校長具備程度平均數之比較分析表

層面	向度	相對權重	排序	校長具備程度平均數
1.自主行動	1-1 情緒素養	.351	2	4.33
	1-2 問題解決素養	.475	1	4.44
	1-3 終身學習素養	.174	3	4.48

表 4-4-3 顯示，「2.溝通互動」層面的三個向度中，校長具備程度的整體得分介於 4.26 至 4.54 之間，其中「2-3 美學素養」是學者專家評定最重要的向度，同時校長具備程度的得分為 4.54，也是校長得分最高的向度，顯示出「2-3 美學素養」在校長通識素養中的重要性。

表 4-4-3　溝通互動層面之向度相對權重、排序與校長具備程度平均數之比較
　　　　　分析表

層面	向度	相對權重	排序	校長具備程度平均數
2.溝通互動	2-1 科技素養	.223	3	4.26
	2-2 媒體素養	.345	2	4.33
	2-3 美學素養	.432	1	4.54

　　由表 4-4-4 可知，「3.社會參與」層面的五個向度中，校長具備程度的整體得分介於 4.32 至 4.69 之間，其中「3-1 人文素養」是學者專家評定最重要的向度，而校長具備程度的得分為 4.62，略低於「3-2 倫理素養」與「3-4 多元文化素養」。而「3-2 倫理素養」是校長在此層面中得分最高的向度，學者專家評定排序第三，透露出實務工作者所具備的程度與學者專家評定的重要程度間確有落差存在。

表 4-4-4　社會參與層面之向度相對權重、排序與校長具備程度平均數之比較
　　　　　分析表

層面	向度	相對權重	排序	校長具備程度平均數
3.社會參與	3-1 人文素養	.333	1	4.62
	3-2 倫理素養	.160	4	4.69
	3-3 民主法治素養	.250	2	4.61
	3-4 多元文化素養	.184	3	4.68
	3-5 國際素養	.073	5	4.32

（三）校長通識素養指標項目之比較分析

　　本研究校長通識素養指標項目中，自主行動層面包括情緒素養、問題解決素養與終身學習素養等三個向度，其項目分別有 5 項、5 項與 4 項；溝通互動層面包括科技素養、媒體素養與美學素養等三個向度，其項目分別有 4 項、5 項與 4 項；社會參與層面包括人文素養、倫理素養、民主法治素養、

多元文化素養與國際素養等五個向度，其項目分別有 5 項、4 項、5 項、4 項與 5 項，以下將學者專家評定之相對權重、排序與校長具備程度平均數比較整理如表 4-4-5 至 4-4-15。並依層面順序說明如下。

1.「自主行動」層面

　　由表 4-4-5 可知，「1-1 情緒素養」向度中，校長具備程度的整體得分介於 4.03 至 4.55 之間，其中「1-1-1 能隨時清楚知道自己的情緒狀態」是學者專家評定最重要的項目，同時校長在此項目的具備程度得分為 4.55，也是校長具備程度得分最高的一項，顯示出「1-1-1 能隨時清楚知道自己的情緒狀態」在校長通識素養中的重要性。而學者專家評定次要的「1-1-5 面對他人的指責或挑釁時，能維持平和的情緒」，實際上校長具備程度的得分為 4.03，得分情形明顯偏低，仔細探究發現，由於正確表達及管理情緒是學者專家關注的重點，但校長實際具備的程度是有差距的。

表 4-4-5　情緒素養向度之項目相對權重、排序與校長具備程度平均數之比較分析表

層面	向度	項目	相對權重	排序	校長具備程度平均數
1.自主行動	1-1 情緒素養	1-1-1 能隨時清楚知道自己的情緒狀態。	.280	1	4.55
		1-1-2 面對別人負面的情緒時，能適時給予支持鼓勵。	.210	3	4.34
		1-1-3 能面對現實，不斷自我激勵以突破困境。	.169	4	4.43
		1-1-4 能使用適當的語詞或表情來表達自己的情緒。	.008	5	4.29
		1-1-5 面對他人的指責或挑釁時，能維持平和的情緒。	.261	2	4.03

　　表 4-4-6 顯示，在「1-2 問題解決素養」向度中，校長具備程度的整體得分介於 4.33 至 4.60 之間，學者專家將「1-2-4 能正確判斷迫切性問題，並做良好的決定」列為最重要的項目，但校長在此項目具備程度的得分僅 4.33，

顯示出二者有極大的落差。另外，校長在「1-2-1 能針對問題進行分析，並有能力歸納出重點」的得分為 4.44，於本向度得分情形居次，然而學者專家評定該項目排序第四，也透露出實務工作者所具備的程度與學者專家評定的重要程度彼此之間存有差距。

表 4-4-6　問題解決素養向度之項目相對權重、排序與校長具備程度平均數之比較分析表

層面	向度	項目	相對權重	排序	校長具備程度平均數
1.自主行動	1-2 問題解決素養	1-2-1 能針對問題進行分析，並有能力歸納出重點。	.153	4	4.44
		1-2-2 能掌握問題的重點，構思適當的解決方案。	.207	3	4.43
		1-2-3 能比較各項問題解決方案並做出較佳的決策。	.074	5	4.41
		1-2-4 能正確判斷迫切性問題，並做良好的決定。	.319	1	4.33
		1-2-5 在處理學校問題時能勇於面對而不逃避。	.247	2	4.60

　　由表 4-4-7 可知，在「1-3 終身學習素養」向度中，校長具備程度的整體得分介於 4.33 至 4.64 之間，學者專家將「1-3-3 能將各項研習進修中所學得的新知識實際應用在學校經營上」列為最重要的項目，而校長在此項目具備程度的得分為 4.33，屬於得分最低的一個項目，顯見兩者在此項目上落差頗大。而「1-3-1 能瞭解唯有終身學習才能適應社會潮流及各項教育改革政策」，學者專家評定後排序最後，但校長實際具備程度得分卻高達 4.64，事實上，從上述的分析中不難發現，學者專家主要聚焦在終身學習的實踐上，而校長實際具備的是對終身學習的認知，此點值得教育當局及校長們深思與重視。

表 4-4-7　終身學習素養向度之項目相對權重、排序與校長具備程度平均數之比較分析表

層面	向度	項目	相對權重	排序	校長具備程度平均數
1.自主行動	1-3 終身學習素養	1-3-1 能瞭解唯有終身學習才能適應社會潮流及各項教育改革政策。	.149	4	4.64
		1-3-2 能隨時把握周遭環境的學習機會。	.150	3	4.45
		1-3-3 能將各項研習進修中所學得的新知識實際應用在學校經營上。	.407	1	4.33
		1-3-4 能不斷學習去營造一所優質的學校。	.294	2	4.50

2.「溝通互動」層面

　　表 4-4-8 顯示，在「2-1 科技素養」向度中，校長具備程度的整體得分介於 4.14 至 4.43 之間，學者專家評定「2-1-1 能有效地分配資源以確保校內科技計畫完整並持續執行」為最重要的項目，而校長實際具備程度的得分僅為 4.23，顯見校長所具備的程度與學者專家評定的重要程度彼此之間存有差距。在「2-1-2 能利用不同的查詢方式取得所需要的資訊」，學者專家評定後排序第三，但校長實際具備程度得分達 4.43，屬於本向度中得分最高的一個項目，也是校長在這個向度中最具備的項目，這樣的訊息亦透露出學者專家評定的重要程度與校長實際具備的程度確有落差。至於「2-1-3 能因應當代科技的演進，持續提倡革新科技的應用政策」與「2-1-4 能傳達給教師或家長有關運用科技以發展學生高層次的技能與創造力的資訊及作法」二個項目，不論是學者專家相對權重的評定，亦或校長具備的得分狀況，其結果尚稱一致。

表 4-4-8　科技素養向度之項目相對權重、排序與校長具備程度平均數之比較分析表

層面	向度	項目	相對權重	排序	校長具備程度平均數
2.溝通互動	2-1 科技素養	2-1-1 能有效地分配資源以確保校內科技計畫完整並持續執行。	.370	1	4.23
		2-1-2 能利用不同的查詢方式取得所需要的資訊。	.164	3	4.43
		2-1-3 能因應當代科技的演進，持續提倡革新科技的應用政策。	.308	2	4.26
		2-1-4 能傳達給教師或家長有關運用科技以發展學生高層次的技能與創造力的資訊及作法。	.158	4	4.14

　　由表 4-4-9 可知，在「2-2 媒體素養」向度中，校長具備程度的整體得分介於 4.27 至 4.42 之間，學者專家將「2-2-1 能應用媒體表達自己的教育理念並與他人溝通」評定為最重要的項目，而校長在此項目實際具備程度的得分為 4.27，在得分上相對偏低，顯示出實務工作者所具備的程度與學者專家評定的重要程度間確有落差存在。

表 4-4-9　媒體素養向度之項目相對權重、排序與校長具備程度平均數之比較分析表

層面	向度	項目	相對權重	排序	校長具備程度平均數
2.溝通互動	2-2 媒體素養	2-2-1 能應用媒體表達自己的教育理念並與他人溝通。	.303	1	4.27
		2-2-2 能從媒體訊息中，擷取有意義的資訊向師生傳達，引導正確的價值觀念。	.220	2	4.42
		2-2-3 能理解媒體訊息的選擇與呈現是受到許多意識型態的影響。	.160	4	4.33

層面	向度	項目	相對權重	排序	校長具備程度平均數
		2-2-4 能建立及維持與媒體的友善關係,以塑造學校優質形象。	.194	3	4.34
		2-2-5 能瞭解不同的媒體形式或節目型態,會讓自己對同一事件產生不同的看法。	.123	5	4.28

　　表 4-4-10 顯示,在「2-3 美學素養」向度中,校長具備程度的整體得分介於 4.37 至 4.63 之間,其中「2-3-3 能重視學校環境及空間的美化」為學者專家評定最重要的項目,校長在此項目實際具備程度的得分為 4.60,顯示校長在此項目的具備程度亦不差。至於「2-3-4 能瞭解美感要從日常生活中去感受」與「2-3-1 能透過藝術展演活動的安排來拓展學生學習經驗」二個項目,不論是學者專家相對權重的評定,亦或校長具備的得分狀況,其結果尚稱一致。

表 4-4-10　美學素養向度之項目相對權重、排序與校長具備程度平均數之比較分析表

層面	向度	項目	相對權重	排序	校長具備程度平均數
2.溝通互動	2-3 美學素養	2-3-1 能透過藝術展演活動的安排來拓展學生學習經驗。	.153	4	4.37
		2-3-2 能認同美感有助於生活品質的提升。	.216	2	4.63
		2-3-3 能重視學校環境及空間的美化。	.416	1	4.60
		2-3-4 能瞭解美感要從日常生活中去感受。	.215	3	4.59

(三)「社會參與」層面

　　由表 4-4-11 可知,在「3-1 人文素養」向度中,校長具備程度的整體得分介於 4.53 至 4.72 之間,其中「3-1-4 能以學生的福祉作為所有決定與行動

的根本價值」為學者專家評定最重要的項目，校長在此項目實際具備程度的得分為 4.69，雖然略低於「3-1-2 能重視學生身心的健康與發展」的得分 4.72，但事實上差距並不大，顯示出校長在此項目的具備程度頗佳。另外，校長在「3-1-2 能重視學生身心的健康與發展」的得分為 4.72，屬本向度得分最高的一個項目，然而學者專家評定該項目排序第四，也顯示出實務工作者所具備的程度與學者專家評定的重要程度存有相當的落差。

表 4-4-11　人文素養向度之項目相對權重、排序與校長具備程度平均數之比較分析表

層面	向度	項目	相對權重	排序	校長具備程度平均數
3 社會參與	3-1 人文素養	3-1-1 能掌握學生需求，調整自己的辦學方針。	.239	2	4.53
		3-1-2 能重視學生身心的健康與發展。	.133	4	4.72
		3-1-3 能兼顧學生群性與個性的發展。	.084	5	4.61
		3-1-4 能以學生的福祉作為所有決定與行動的根本價值。	.309	1	4.69
		3-1-5 能重視學生的個別學習需要，照顧好每一位學生。	.235	3	4.57

表 4-4-12 顯示，在「3-2 倫理素養」向度中，校長具備程度的整體得分介於 4.62 至 4.75 之間，其中「3-2-3 能尊重同仁，使每個人都享有內在價值與尊嚴」為學者專家評定最重要的項目，校長在此項目實際具備程度的得分為 4.71，雖然略低於「3-2-2 能以誠懇與尊敬的態度，公平、公正的對待學校同仁」的得分 4.75，但其間差距不大，也透露出校長在此項目的具備程度並不差。另外，在「3-2-4 能積極、主動地創造合乎倫理的教育環境」中，學者專家評定的排序居末，而校長所具備程度的得分 4.62，也是得分最低的一個項目，換言之，學者專家所認為的重要程度與校長實際的具備程度尚稱一致。

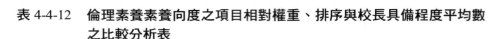

臺灣國民中小學校長通識素養指標建構與實證分析

表 4-4-12　倫理素養素養向度之項目相對權重、排序與校長具備程度平均數之比較分析表

層面	向度	項目	相對權重	排序	校長具備程度平均數
3 社會參與	3-2 倫理素養	3-2-1 能擁有惻隱之心，關懷並協助需要幫助的同仁。	.270	2	4.69
		3-2-2 能以誠懇與尊敬的態度，公平、公正的對待學校同仁。	.265	3	4.75
		3-2-3 能尊重同仁，使每個人都享有內在價值與尊嚴。	.319	1	4.71
		3-2-4 能積極、主動地創造合乎倫理的教育環境。	.146	4	4.62

　　由表 4-4-13 可知，在「3-3 民主法治素養」向度中，校長整體得分介於 4.38 至 4.70 之間，其中「3-3-5 能瞭解只有在依法行政下，所作的決定才具有正當性與合法性」是學者專家評定最重要的項目，而此項校長具備程度得分 4.70，也是所有項目中最高的一項，顯示出「3-3-5 能瞭解只有在依法行政下，所作的決定才具有正當性與合法性」在校長通識素養中的重要性。在「3-3-4 能明確瞭解各項教育法令及教育以外的相關法令」，學者專家評定的排序第二，但校長實際具備程度的得分僅 4.38，為本向度得分最低的一個項目，進一步探究發現，各項教育法令及教育以外的相關法令相當龐雜，要明確的瞭解必須花費許多功夫，因此，才造成校長實際具備程度與學者專家評定的重要程度不完全一致。

表 4-4-13　民主法治素養向度之項目相對權重、排序與校長具備程度平均數之比較分析表

層面	向度	項目	相對權重	排序	校長具備程度平均數
3 社會參與	3-3 民主法治素養	3-3-1 能瞭解校務重要方案，應在校務會議或其他會議上經公開報告說明，並充分討論，以形成共識後據以	.207	3	4.65

層面	向度	項目	相對權重	排序	校長具備程度平均數
		實施。			
		3-3-2 能包容不同意見，廣納眾議，適時修正自己的看法。	.172	4	4.65
		3-3-3 能依會議規範，公正、中立的主持會議，使會議效率良好。	.081	5	4.66
		3-3-4 能明確瞭解各項教育法令及教育以外的相關法令。	.245	2	4.38
		3-3-5 能瞭解只有在依法行政下，所作的決定才具有正當性與合法性。	.295	1	4.70

　　表 4-4-14 顯示，在「3-4 多元文化素養」向度中，校長整體得分介於 4.63 至 4.72 之間，其中學者專家將「3-4-4 能營造弱勢族群教育機會均等的環境」列為最重要的項目，而校長在此項目具備程度的得分為 4.63，屬本向度得分最低的一個項目，顯示出校長具備的程度與學者專家評定的重要程度有落差存在。在「3-4-1 能認同少數族群學生應該接受與主流族群一樣的公平對待」，學者專家評定排序第四，但校長實際具備程度得分高達 4.72，可以發現校長在此項目的表現情形頗佳。

表 4-4-14　多元文化素養向度之項目相對權重、排序與校長具備程度平均數之比較分析表

層面	向度	指標	相對權重	排序	校長具備程度平均數
3 社會參與	3-4 多元文化素養	3-4-1 能認同少數族群學生應該接受與主流族群一樣的公平對待。	.145	4	4.72
		3-4-2 能尊重不同文化背景師生的看法。	.229	3	4.70
		3-4-3 能包容並接納不同族群間的文化差異。	.263	2	4.68

層面	向度	指標	相對權重	排序	校長具備程度平均數
		3-4-4 能營造弱勢族群教育機會均等的環境。	.363	1	4.63

　　由表 4-4-15 可知，在「3-5 國際素養」向度中，校長整體得分介於 4.11 至 4.42 之間，其中「3-5-5 能瞭解全球永續發展之理念並落實於日常生活中」是學者專家評定最重要的項目，同時校長具備程度的得分為 4.42，也是校長得分最高的項目，顯示出「3-5-5 能瞭解全球永續發展之理念並落實於日常生活中」在校長通識素養中的重要性。至於「3-5-1 能瞭解並關心國際事務與全球化重要議題」、「3-5-3 能具備學習世界不同文化的意願」、「3-5-4 能從歷史脈絡中理解我國在國際社會的角色與處境」與「3-5-2 能自己親自或讓學校參與國際交流或國際體驗相關活動」等四個項目，不論是學者專家相對權重的評定，亦或校長具備的得分狀況，其結果尚稱一致。

表 4-4-15　國際素養向度之項目相對權重、排序與校長具備程度平均數之比較分析表

層面	向度	項目	相對權重	排序	校長具備程度平均數
3 社會參與	3-5 國際素養	3-5-1 能瞭解並關心國際事務與全球化重要議題。	.278	2	4.41
		3-5-2 能自己親自或讓學校參與國際交流或國際體驗相關活動。	.108	5	4.11
		3-5-3 能具備學習世界不同文化的意願。	.197	3	4.40
		3-5-4 能從歷史脈絡中理解我國在國際社會的角色與處境。	.120	4	4.29
		3-5-5 能瞭解全球永續發展之理念並落實於日常生活中。	.297	1	4.42

五、小結

　　關於校長通識素養指標權重體系與校長實際所具備程度之比較，綜合上述的探討，歸納如下：

　　（一）在校長通識素養指標的三個層面上，學者專家評定最重要的是「1.自主行動」層面，而國民中小學校長則在「3.社會參與」層面的得分最高。

　　（二）校長通識素養指標「1.自主行動」層面的向度相對權重與校長具備程度的比較中，學者專家評定最重要的是「1-2 問題解決素養」向度，而國民中小學校長在「1-3 終身學習素養」向度的得分最高。

　　（三）校長通識素養指標「2.溝通行動」層面的向度相對權重與校長具備程度的比較中，學者專家評定最重要的是「2-3 美學素養」向度，這個向度同時也是國民中小學校長最具備的向度，顯示出「2-3 美學素養」在校長通識素養中的重要性。

　　（四）校長通識素養指標「3.社會參與」層面的向度相對權重與校長具備程度的比較中，學者專家評定最重要的是「3-1 人文素養」向度，而國民中小學校長則在「3-2 倫理素養」層面的得分最高。

　　（五）校長通識素養指標「1-1 情緒素養」、「3-3 民主法治素養」與「3-5 國際素養」等三個向度的項目相對權重與校長具備程度的比較中，學者專家在這三個向度中評定最重要的項目分別是「1-1-1 能隨時清楚知道自己的情緒狀態」、「3-3-5 能瞭解只有在依法行政下，所作的決定才具有正當性與合法性」與「3-5-5 能瞭解全球永續發展之理念並落實於日常生活中」，上述三個項目同時也是國民中小學校長具備程度得分最高者，顯示出這些指標項目在校長通識素養中的重要性。

　　（六）校長通識素養指標「2-3 美學素養」、「3-1 人文素養」與「3-2 倫理素養」等三個向度的項目相對權重與校長具備程度的比較中，學者專家在

這三個向度評定最重要的項目分別是「2-3-3 能重視學校環境及空間的美化」、「3-1-4 能以學生的福祉作為所有決定與行動的根本價值」與「3-2-3 能尊重同仁，使每個人都享有內在價值與尊嚴」，雖然校長在這三個項目的得分並非最高，但實際表現的情形不差，換言之，校長在這三個項目的具備程度頗佳。

（七）校長通識素養指標「1-2 問題解決素養」、「1-3 終身學習素養」、「2-1 科技素養」、「2-2 媒體素養」與「3-4 多元文化素養」等五個向度的項目相對權重與校長具備程度的比較中，學者專家在這五個向度評定最重要的項目分別是「1-2-4 能正確判斷迫切性問題，並做良好的決定」、「1-3-3 能將各項研習進修中所學得的新知識實際應用在學校經營上」、「2-1-1 能有效地分配資源以確保校內科技計畫完整並持續執行」、「2-2-1 能應用媒體表達自己的教育理念並與他人溝通」與「3-4-4 能營造弱勢族群教育機會均等的環境」，然而國民中小學校長在這五個項目的實際得分情形與學者專家評定的重要程度確有落差存在。

綜上所述，在指標相對權重與校長所具備通識素養現況的比較中，發現學者專家評定最重要的層面、向度或項目，與校長實際所具備的通識素養現況並不完全一致，值得未來研究繼續進一步探討。

第三部份
發 展 趨 勢

第五章　校長通識素養研究結果

　　本研究旨在藉由德懷術、層級分析法與問卷調查法的進行，來確立目前臺灣地區公立國民中小學校長通識素養指標、建構指標權重體系以及瞭解當前校長實際具備通識素養的現況。首先，研究者整理歸納國內外的相關文獻，探究通識素養的意涵，再從國民中小學校長的職責、角色以及所需具備的能力中，歸納出校長通識素養之內涵，進而初步建構出「層面─向度─項目」三個層次的校長通識素養指標。其次，透過二次德懷術分析，彙整與歸納學者專家的意見，修正、增刪指標項目。此外，再向實務工作者實施問卷預試，以強化校長通識素養指標架構的信度與效度；另外，藉由學者專家的協助，運用層級分析法建構出國民中小學校長通識素養指標的權重體系。最後，將指標發展成國民中小學校長通識素養指標問卷，進行臺灣地區公立國民中小學校長當前所具備通識素養現況的實證調查，並與指標權重體系進行比較分析，藉以一窺當前國民中小學校長具備通識素養的應然面與實然面。

　　關於校長通識素養指標建構與實證分析之研究結果，以下分由指標建構結果、指標權重體系分析結果、實證調查分析結果以及指標權重體系與調查結果比較分析之發現等四個部份進行說明。

一、指標建構結果

　　指標建構係經二次德懷術分析以及預試問卷的施測，才確立出國民中小學校長通識素養之指標，在指標建構的研究發現如下：

（一）第一次德懷術的實施，學者專家對於指標的三個層面及十一個向度未提出任何修正意見，仍維持原自主行動、溝通互動與社會參與等三個層面以及情緒素養、問題解決素養、終身學習素養、科技素養、媒體素養、美學素養、人文素養、倫理素養、民主法治素養、多元文化素養與國際素養等十一個向度。在指標項目方面，以平均數≧4.00（即五點量表換算成百分位數 80）及標準差＜1.00 為篩選標準，同時依據學者專家提出的意見進行指標項目意涵之內容修正與增刪，共計刪除六個項目、將五個項目刪除後併入原有項目以及新增六個項目，因此，第一次德懷術將原先六十八個項目經過增刪後成為六十三個項目。

（二）第二次德懷術的實施，由於小組成員對於校長通識素養指標的三個層面、十一個向度及六十三個項目，未有任何修正意見，本研究仍維持原層面、向度。至於項目部份，則根據至少一位專家認為不重要與全體專家填答重要程度比率未超過 60%者的篩選標準，在六十三個項目中，有二個項目至少有一位專家認為不重要；六個項目全體專家填答重要程度比率未超過60%，其中二個項目兼具至少有一位專家認為不重要與全體專家填答其重要程度比率未超過 60%等兩項因素，因此，第二次德懷術將第一次德懷術實施後的六十三個項目經過刪除後成為五十七個項目。

（三）預試問卷施測後進行偏態與峰度常態分配考驗、信度分析與驗證性因素分析，在偏態與峰度常態分配考驗中，將偏態的絕對值大於 2.0 視為極端偏態，峰度絕對值大於 7.0 表示峰度有問題，經統計後計刪除三個具有極端值且偏態明顯的的項目。

（四）在預試問卷的信度分析中，不論從整體、各層面或各向度的 α 係數均在 .80 以上，反映出問卷的內部一致性頗佳。

（五）在預試問卷的驗證性因素分析中，以基本配適度指標、整體模式配適度指標及模式內在結構配適度指標做為評估依據，並將配適度不佳的四個項目予以刪除。因此，校長通識素養指標整體架構確立為自主行動層面（包括情緒素養 5 項、問題解決素養 5 項、終身學習素養 4 項）、溝通互動

層面（包括科技素養 4 項、媒體素養 5 項、美學素養 4 項）與社會參與層面（包括人文素養 5 項、倫理素養 4 項、民主法治素養 5 項、多元文化素養 4 項與國際素養 5 項）等三個層面、十一個向度與五十個項目，並據此做為編製相對權重問卷與正式問卷的依據。

二、指標權重體系分析結果

　　為進行國民中小學校長通識素養指標之權重體系分析，採取層級分析法，以求得成對關係與比重，在指標權重體系建構後，主要發現如下：

　　（一）校長通識素養指標層面間之相對權重由高至低分別為「1.自主行動」、「3.社會參與」與「2.溝通互動」。

　　（二）校長通識素養指標各層面之向度相對權重排序，在「1.自主行動」層面中各向度之相對權重由高至低分別為「1-2 問題解決素養」、「1-1 情緒素養」與「1-3 終身學習素養」；在「2.溝通互動」層面中各向度之相對權重由高至低分別為「2-3 美學素養」、「2-2 媒體素養」與「2-1 科技素養」；在「3.社會參與」層面中各向度之相對權重由高至低分別為「3-1 人文素養」、「3-3 民主法治素養」、「3-4 多元文化素養」、「3-2 倫理素養」與「3-5 國際素養」。

　　（三）校長通識素養各向度中，相對權重最高的十一個項目，可視為校長通識素養的關鍵項目，分別為：「1-1 情緒素養」向度中以「1-1-1 能隨時清楚知道自己的情緒狀態」最為重要；「1-2 問題解決素養」向度中以「1-2-4 能正確判斷迫切性問題，並做良好的決定」最為重要；「1-3 終身學習素養」向度中以「1-3-3 能將各項研習進修中所學得的新知識實際應用在學校經營上」最為重要；「2-1 科技素養」向度中以「2-1-1 能有效地分配資源以確保校內科技計畫完整並持續執行」最為重要；「2-2 媒體素養」向度中以「2-2-1 能應用媒體表達自己的教育理念並與他人溝通」最為重要；「2-3 美學素養」向度中以「2-3-3 能重視學校環境及空間的美化」最為重要；「3-1 人文素

養」向度中以「3-1-4 能以學生的福祉作為所有決定與行動的根本價值」最為重要;「3-2 倫理素養」向度中以「3-2-3 能尊重同仁,使每個人都享有內在價值與尊嚴」最為重要;「3-3 民主法治素養」向度中以「3-3-5 能瞭解只有在依法行政下,所作的決定才具有正當性與合法性」最為重要;「3-4 多元文化素養」向度中以「3-4-4 能營造弱勢族群教育機會均等的環境」最為重要;「3-5 國際素養」向度中以「3-5-5 能瞭解全球永續發展之理念並落實於日常生活中」最為重要。

三、實證調查分析結果

為瞭解當前國民中小學校長所具備的通識素養現況,採取問卷調查法進行實證研究,經統計分析結果如下:

(一)當前國民中小學校長所具備通識素養層面之得分情形依序為:「3.社會參與」(M=4.59)、「1.自主行動」(M=4.42)、「2.溝通互動」(M=4.38)。

(二)當前國民中小學校長所具備通識素養向度之得分情形依序為:「3-2 倫理素養」(M=4.69)、「3-4 多元文化素養」(M=4.68)、「3-1 人文素養」(M=4.62)、「3-3 民主法治素養」(M=4.61)、「2-3 美學素養」(M=4.54)、「1-3 終身學習素養」(M=4.48)、「1-2 問題解決素養」(M=4.44)、「1-1 情緒素養」(M=4.33)、「2-2 媒體素養」(M=4.33)、「3-5 國際素養」(M=4.32)、「2-1 科技素養」(M=4.26)。

(三)當前國民中小學校長所具備通識素養項目之得分情形,除了「1-1-4 能使用適當的語詞或表情來表達自己的情緒」(M=4.29)、「1-1-5 面對他人的指責或挑釁時,能維持平和的情緒」(M=4.03)、「2-1-3 能因應當代科技的演進,持續提倡革新科技的應用政策」(M=4.26)、「2-1-4 能傳達給教師或家長有關運用科技以發展學生高層次的技能與創造力的資訊及作法」(M=4.14)、「2-2-1 能應用媒體表達自己的教育理念並與他人溝通」(M=4.27)、「2-2-5 能瞭解不同的媒體形式或節目型態,會讓自己對同一事

件產生不同的看法」（M=4.28）、「3-5-2 能自己親自或讓學校參與國際交流或國際體驗相關活動」（M=4.11）、「3-5-4 能從歷史脈絡中理解我國在國際社會的角色與處境」（M=4.29）等八個項目平均數未滿 4.30，表現相對較弱外，其餘項目均在 4.30 以上，其中又以「3-1-2 能重視學生身心的健康與發展」（M=4.72）、「3-2-2 能以誠懇與尊敬的態度，公平、公正的對待學校同仁」（M=4.75）、「3-2-3 能尊重同仁，使每個人都享有內在價值與尊嚴」（M=4.71）、「3-3-5 能瞭解只有在依法行政下，所作的決定才具有正當性與合法性」（M=4.70）、「3-4-1 能認同少數族群學生應該接受與主流族群一樣的公平對待」（M=4.72）、「3-4-2 能尊重不同文化背景師生的看法」（M=4.70）等六個項目的平均數在 4.70 以上，表現頗佳。

　　（四）不同背景變項校長所具備之通識素養，除了校長性別、擔任校長年資、校長別與最高學歷等四個變項未呈現顯著差異外，其餘在學校班級數、學校所在區域與學校所在地均有部份素養存在顯著差異。

　　1.不同學校班級數的校長其所具備通識素養在「1-2 問題解決素養」上呈現顯著差異，其中 49 班以上大型學校校長得分顯著高於 6-12 班小型學校校長。

　　2.不同學校所在區域的校長，其所具備通識素養在「2-2 媒體素養」、「3-2 倫理素養」與「3-3 民主法治素養」三個向度呈現顯著差異；經事後比較發現，「2-2 媒體素養」與「3-2 倫理素養」二個向度在區域間無法區分顯著差異，至於「3-3 民主法治素養」，北區學校校長得分顯著高於東區學校校長。

　　3.不同學校所在地的校長，其所具備通識素養在「1-2 問題解決素養」、「2-3 美學素養」、「3-1 人文素養」、「3-2 倫理素養」、「3-3 民主法治素養」、「3-4 多元文化素養」等六個向度呈現顯著差異；經事後比較發現，「3-1 人文素養」在學校所在地並無法區分顯著差異；而「1-2 問題解決素養」，都市地區學校校長得分顯著高於偏遠地區學校校長；另外，在「2-3 美學素養」、「3-2 倫理素養」、「3-3 民主法治素養」與「3-4 多元文化素養」等向度上，都市地區學校校長得分也顯著高於一般鄉鎮學校校長。

四、指標權重體系與調查結果比較分析之發現

為瞭解指標相對權重的研究結果與當前國民中小學校長所具備的通識素養指標現況之間的關係，經比較分析結果如下：

（一）在校長通識素養指標的三個層面上，學者專家評定最重要的是「1.自主行動」層面，而國民中小學校長則在「3.社會參與」層面的得分最高。

（二）校長通識素養指標「1.自主行動」層面的向度比較中，學者專家評定最重要的是「1-2 問題解決素養」向度，而國民中小學校長在「1-3 終身學習素養」向度的得分最高；在「2.溝通行動」層面的向度比較中，學者專家評定最重要的是「2-3 美學素養」向度，這個向度同時也是國民中小學校長最具備的向度，顯示出「2-3 美學素養」在校長通識素養中的重要性；在「3.社會參與」層面的向度比較中，學者專家評定最重要的是「3-1 人文素養」向度，而國民中小學校長則在「3-2 倫理素養」層面的得分最高。

（三）校長通識素養指標「1-1 情緒素養」、「3-3 民主法治素養」與「3-5 國際素養」等三個向度的項目比較中，學者專家在這三個向度中評定最重要的項目分別是「1-1-1 能隨時清楚知道自己的情緒狀態」、「3-3-5 能瞭解只有在依法行政下，所作的決定才具有正當性與合法性」與「3-5-5 能瞭解全球永續發展之理念並落實於日常生活中」，而這三個項目同時也是國民中小學校長具備程度得分最高者，顯示出這些指標項目在校長通識素養中的重要性。

（四）校長通識素養指標「2-3 美學素養」、「3-1 人文素養」與「3-2 倫理素養」等三個向度的項目比較中，學者專家在這三個向度評定最重要的項目分別是「2-3-3 能重視學校環境及空間的美化」、「3-1-4 能以學生的福祉作為所有決定與行動的根本價值」與「3-2-3 能尊重同仁，使每個人都享有內在價值與尊嚴」，雖然校長在這三個項目的得分並非最高，但實際表現的情形

亦不差，換言之，校長在這三個項目的具備程度頗佳。

　　（五）校長通識素養指標「1-2 問題解決素養」、「1-3 終身學習素養」、「2-1 科技素養」、「2-2 媒體素養」與「3-4 多元文化素養」等五個向度的項目比較中，學者專家在這五個向度評定最重要的項目分別是「1-2-4 能正確判斷迫切性問題，並做良好的決定」、「1-3-3 能將各項研習進修中所學得的新知識實際應用在學校經營上」、「2-1-1 能有效地分配資源以確保校內科技計畫完整並持續執行」、「2-2-1 能應用媒體表達自己的教育理念並與他人溝通」與「3-4-4 能營造弱勢族群教育機會均等的環境」，然而國民中小學校長在這五個項目的實際得分情形與學者專家評定的重要程度確有落差存在。

　　綜上所述，在指標相對權重與校長所具備通識素養現況的比較中，發現學者專家評定最重要的層面、向度或項目，與校長實際所具備的通識素養現況並不完全一致，值得未來研究繼續進一步探討。

第六章　校長通識素養改進途徑

　　本研究對校長素養的發展主要聚焦在通識素養領域，今根據研究結果提出具體建議，期能有助於國民中小學校長全方位素養之發展，並達到持續精進的成效。

一、對與國民中小學校長有關法令研修方向之建議

（一）根據本研究建構之校長通識素養指標，做為研修與校長職責有關法令之依據

　　本研究所建構的校長通識素養層面、向度與項目，均具重要性。而在文獻內容探討中也發現，目前相關法令對校長職責與角色的規範，主要著重在問題解決素養、終身學習素養、媒體素養、人文素養、倫理素養與民主法治素養等六個向度，至於情緒素養、科技素養、美學素養、多元文化素養與國際素養等五個素養向度，則甚少或未提及。因此，建議中央教育行政主管機關可參考本研究結果，在研修與校長職責有關之法令時，能將尚未規範的素養向度一併納入考量，如此將更能有效地提升校長的素質。

（二）參考本研究所建構之通識素養指標，做為研擬評選校長領導卓越獎或標竿校長之依據

　　教育部及各縣市政府為表彰傑出校長對教育的貢獻，同時激勵其他校長能以這些優質校長為標竿，進而學習效法，因此訂定了校長領導卓越獎或標

竿校長評選及獎勵要點，在評選過程中，透過指標來引導校長素養發展實屬重要且必要。因此教育行政主管機關可參考本研究所建構的通識素養指標，同時衡量校長辦學特殊要求與特色，適度增加通識素養指標之比重，透過指標的檢核，發掘出辦學績效精進與卓越的校長。

二、對當前國民中小學校長培訓、績效評鑑與遴選制度規劃之建議

（一）將本研究建構的指標權重體系，做為校長培訓課程規劃之參考

目前對於國民中小學校長之甄選儲訓作業規定，係由直轄市、縣（市）主管教育行政機關自行訂定。由於各縣市對國民中小學校長的儲訓，有些是委託國家教育研究院培訓，有些則是由縣市政府自行辦理，因為培訓單位的不同，導致課程規劃上也有所差距。本研究就指標權重體系而言，問題解決素養、美學素養與人文素養被學者專家評定為最重要的三個向度，因此在設計國民中小學校長的培訓課程時，應以這三個向度為第一考量，尤其是如何運用每個向度中最重要的指標項目，例如：如何加強校長們「能正確判斷迫切性問題，並做良好的決定」、如何培養校長們「能重視學校環境及空間的美化」、如何讓校長們「能以學生的福祉作為所有決定與行動的根本價值」等，而這些指標項目同時可應用在儲訓校長們完成課程後的評量基準。

（二）將校長通識素養指標，做為校長績效評鑑之依據

依據國民教育法（2016）規定，各直轄市、縣（市）政府應就所屬國民小學、國民中學校長辦學績效予以評鑑，以為應否繼續遴聘之依據。目前各縣市政府在校長辦學績效評鑑上，大都偏重專業素養的領域，相對忽略了通識素養在校長績效評鑑上的重要性，因此，教育行政主管機關可採漸進方

式，逐步將本研究所建構的通識素養指標納入評鑑事項，如此對校長素養之發展及改進校長辦學績效將有莫大助益。

（三）參考校長通識素養指標，做為校長遴選之依據

本研究經由德懷術分析以及預試問卷的施測，所共同確認的指標不僅完整周延，而且具有相當之價值。國民教育法於 1999 年修正公布，其中對於國民中小學校長採遴選制，由縣市政府組織遴選委員會就公開甄選、儲訓之合格人員，任期屆滿之現職校長或曾任校長人員中遴選後聘任之。在現行校長遴選體制下，教育行政主管機關可善用本研究所建構之校長通識素養指標，協助校長全方位的素養發展，確保校長辦學的績效表現，有效保障校長權益，並為學校遴選出最優質的校長。

（四）對於校長培訓、績效評鑑與遴選制度之規劃，應重視校長通識素養養成之完整性

隨著教育環境丕變，學校必須面對多變環境及內外部的各種挑戰，校長未來辦學所可能遭遇的難度與挑戰只會持續加劇，而校長所應具備的素養並非零碎的、片段的，唯有建構一個完整的校長素養發展面向，才能夠符合未來教育環境的需求。本研究經由二次德懷術分析以及預試問卷的施測，才確立出校長通識素養指標，第一次德懷術結果顯示出學者專家對於指標適當程度看法與意見的一致性頗高；第二次德懷術再以學者專家的意見篩選出重要指標；問卷預試則藉由實務工作者的角度表達對通識素養指標的重要性看法。藉由上述的分析，本研究最後篩選出來的指標，在面向上不僅周延完整，同時更是校長在職涯中所不可或缺的素養內涵。因此，未來在進行校長培訓、績效評鑑與遴選時，應重視校長通識素養養成之完整性，以確實培育與篩選出符合時代需求的全方位校長人才。

三、對校長在職進修成長與素養發展方向之建議

（一）根據本研究校長通識素養實證調查結果，對校長需求進行在職進修成長課程的規劃

對於國民中小學現職校長而言，由於學校班級數、學校所在區域或所在地的不同，所管理的人、事、物也會有所差異。而在校長所具備通識素養的實證調查中也發現：49 班以上大型學校與都市地區學校校長所具備之問題解決素養顯著高於 6-12 班的小型學校與偏遠地區學校校長、北區學校校長所具備之民主法治素養顯著高於東區學校校長、都市地區學校校長在美學素養、民主法治素養與多元文化素養之具備程度亦較一般鄉鎮校長為高。因此，對於校長培育機構而言，若能依據本研究實證調查的結果，針對不同學校規模、不同所在區域或所在地之學校校長需求，規劃在職進修成長課程，如此校長所學習的內容，才是他們在職場上最需補足的實際素養，同時也可讓校長們對於在職進修成長課程更具信心。

（二）依據本研究建構的指標擬定校長通識素養檢核表，定期或不定期進行自我檢核，以改善與促進素養發展

本研究所建構之校長通識素養指標包括自主行動、溝通互動與社會參與等三個層面；情緒素養、問題解決素養、終身學習素養、科技素養、媒體素養、美學素養、人文素養、倫理素養、民主法治素養、多元文化素養與國際素養等十一個向度，並涵蓋五十個指標項目，這些指標係透過嚴謹過程建構而成，不僅能充份反映出校長應具備通識素養的需求，同時涵蓋的面向亦具周延性，因此，校長可善用建構的指標擬定通識素養檢核表，定期或不定期進行自我檢核，以瞭解自己在各個向度的表現。而實證調查中，也發現校長的通識素養會因學校班級數、不同區域或不同學校所在地而有所差異，如能

落實自我檢核工作，將更能有效縮短認知與實際上的差距，同時對於素養的改善和發展亦有相當助益。

（三）參酌學者專家評定的指標權重體系，校長可依個人條件，彈性調整適用之指標

重視全方位素養發展的校長，除可協助重新省思自身的角色任務外，亦可讓校長在快速變遷的教育環境中與時俱進。本研究透過學者專家進行相對權重來評估通識素養指標的重要性，並依指標重要程度加以排序，因此，校長在審視個人具備通識素養現況，並與指標相對權重進行比對時，倘若差距不大，建議參酌全部指標項目，以確實全面掌握通識素養的發展方向；如差距過大，則可先參採各向度中相對權重最高的十一個關鍵項目，待時機成熟後，再逐步調整至其他指標項目。換言之，校長可衡量個人當前具備的條件，選擇合適之通識素養指標加以運用，並以實質促進個人素養發展為目標。

（四）建立校長同儕間的學習社群與網絡平臺，彼此支持、相互支援

根據本研究結果顯示，不同學校校長在所具備的通識素養中有其共通之處，但彼此之間亦存在差異。因此，校長同儕之間可成立學習社群或建立更緊密的網絡平臺，彼此交流資訊、相互支援，有效針對校長通識素養的發展進行討論與經驗分享，透過此方式，不但有助於校務問題的解決，同時也能發揮補強與傳承之效果。

四、對後續研究之建議

本研究在研究歷程中，透過不斷省思，建議後續研究可從研究主題、研究工具、研究對象、研究設計與研究方法等五方面著手。

（一）研究主題

目前大多數的研究僅針對校長能力或某一領域素養進行探討，對於校長通識素養的議題甚少論及。根據本研究的實證調查發現，校長在通識素養的十一個向度以情緒素養（M=4.33）、媒體素養（M=4.33）、國際素養（M=4.32）與科技素養（M=4.26）的得分相對較低，顯示出校長在這幾個向度上的表現較為不足，環顧相關研究或研討會主題，這些向度亦甚少被探討。因此，未來不論對校長的相關研究或辦理學術研討會，可擴及校長所具備通識素養較不足之處或被忽略的議題，如此不僅能提高研究的學術價值，對校長素養發展或學校經營與管理亦有極大的助益。

（二）研究工具

本研究建構的「國民中小學校長通識素養指標」研究工具，係整理歸納國內外相關文獻，探究出通識素養意涵，再從國民中小學校長的職責、角色以及所需具備的能力中，統整出校長通識素養內涵，進而透過德懷術分析與問卷預試，掌握問卷的穩定性與適切性。從施測結果發現，「國民中小學校長通識素養指標」具有令人滿意的信度與效度，是國內少見以通識素養為主軸的校長評鑑工具，此項發展深具實務需求與創新特色。然而隨著時代變遷與教育改革的需求，勢必對校長通識素養的內涵有所影響，因此，對於校長所應具備的通識素養指標亦應隨著時代的改變而做適度的調整與修正。

（三）研究對象

由於公私立國民中小學或不同教育階段校長之甄選、任用與儲訓皆有差異，本研究僅聚焦於現職公立國民中小學校長通識素養指標的建構，研究結果亦僅應用於公立國民中小學校長之探討，無法直接推論到私立國民中小學或其他教育階段之校長，未來在通識素養指標建構時，可以擴展至私立國民中小學或其他教育階段的校長，以瞭解不同類型、不同教育階段校長間所具

備的通識素養是否有所差異。又本研究對象以臺灣地區的公立國民中小學校長為範圍，雖然公立國民中小學間具有高度的同質性，但是經調查研究所獲致之結論，仍然只能類推至臺灣地區的校長，後續研究應可將範圍擴大至全國的公立國民中小學校長，以提升研究推論範圍。

(四) 研究設計

本研究結果顯示出通識素養對公立國民中小學校長的重要性，但是通識素養的發展是屬於連續不斷的歷程，如果僅以橫斷式的研究大概只反映出實證調查時的現況，因此，未來在研究設計上若能針對同一群樣本進行縱貫性的研究，那麼對於釐清校長通識素養具備狀況的演變將有莫大助益。

(五) 研究方法

本研究國民中小學校長通識素養指標的建構，係針對國內外有關文獻予以歸納統整後，透過二次德懷術專家諮詢及問卷預試確立指標架構，惟德懷術專家諮詢，僅以問卷方式諮詢修訂，未能與學者專家們面對面進行探討，可能導致有些新觀點未納入而有遺珠之憾；另外，對於指標權重體系的建構，亦僅能就相對權重問卷的結果進行分析，對於學者專家排序時的考量因素則不可知。因此，為使校長通識素養指標建構更為完整周延，後續研究可採用多元方法進行交叉檢證及相互補充，例如焦點團體法或訪談法等。

參考文獻

一、中文部份

丁吉文（2001）。**國民中小學教師終身學習素養與其專業態度之關係研究**（未出版之碩士論文）。國立高雄師範大學成人教育研究所，高雄市。

公立高級中等以下學校校長成績考核辦法（2013 年 12 月 25 日）。**全國法規資料庫**。取自 http://law.moj.gov.tw/LawClass/LawAll.aspx?PCode=H0150001

王文科、王智弘（2010）。**教育研究法**（14 版）。臺北市：五南。

王保進（1993）。教育指標基本概念之分析。**教育研究資訊**，**4**（3），1-17。

王政彥（1998）。學習社會與成人教育。輯於中華民國成人教育學會（主編），**學習社會**（頁 211-238）。臺北市：師大書苑。

王雅玄（2007）。多元文化素養評量工具及其應用：現況與展望。**教育研究與發展期刊**，**3**（4），149-180。

王雅玄（2010）。檢視多元文化素養量表內涵建構之合理性基礎。載於陳清溪（主編），**培養高素質現代國民與世界公民之教育規劃國際學術研討會論文集**（頁 4-29）。臺北縣：國家教育研究院籌備處。

王煥琛（1989）。民主與法治教育理論之探討。載於中國教育學會（主編），**二十一世紀的高級中等教育**（頁 129-158）。臺北市：臺灣書店。

王麗雲（2005）。校長領導的倫理面向。**現代教育論壇**，**12**，40-45。

田振榮、黃廷合、湯誌龍、溫瑞烘、王昭明、林清芳、劉聰明、歐鎮寬、田淑文（2002）。**建立技專校院提升教學品質指標之研究報告**。教育部技術及職業教育司委託專案研究。臺北市：教育部。

石凌霜（2009）。法學通識教育與法治素養培育。**北商學報**，**16**，159-172。

成露茜、羊憶蓉（1996）。**邁向二十一世紀新新教育——從澳洲關鍵能力教育計畫試探臺灣的教改前景**。臺北市：行政院教育改革審議委員會。

江宜樺（2005）。從博雅到通識：大學教育理念的發展與現況。**政治與社會哲學評論**，**14**，37-64。

江建勳（2006）。析論「國民教育階段」學校校長應有之角色與作為。**學校行政雙月刊**，**46**，1-16。

何秀煌（1998）。**從通識教育的觀點看——文明教育和人性教育的反思**。臺北市：東大。

何福田（2004）。校長的孕育（序）。載於何福田等著，**校長的孕育**（頁 1-5）。臺北縣：國立教育研究院籌備處。

吳大猷（1986）。**吳大猷文選三：教育問題**。臺北市：遠流。

吳明烈（2010）。Unesco、OECD 與歐盟終身學習關鍵能力之比較研究。**教育政策論壇**，**13**（1），45-75。

吳政達（1998）。**國民小學教師評鑑指標體系建構之研究**（未出版之博士論文）。國立政治大學教育系，臺北市。

吳政達（2008）。**教育政策分析：概念、方法與應用**（2 版）。臺北市：高等教育。

吳清山、林天祐（1998）。教育名詞：基本能力。**教育資料與研究**，**25**，75-76。

吳清山、林天祐（1999）。教育指標。**教育資料與研究**，**29**，66。

吳清基（1990）。**精緻教育的理念**。臺北市：師大書苑。

吳順火（1999）。專業校長如何在遴選中贏得尊嚴。**國民教育**，**40**（2），57-61。

呂鍾卿（2000）。**國民小學教師專業成長的指標及其規劃模式之研究**（未出版之博士論文）。國立高雄師範大學教育學系，高雄市。

李大偉（1993）。大學科技人文科系學生對人文科技知識需求之研究。**教育研究資訊**，**1**（3），31-33。

李坤崇（2013）。大學生通識核心素養量表之編製。**教育研究月刊**，**235**，137-155。

李明杉（2010）。**技專校院推展科技素養教育之研究**（未出版之博士論文）。國立臺灣師範大學科技應用與人力資源發展學系，臺北市。

李隆盛（1988）。德爾非預測術在技職教育上的應用。工業職業教育，**7**(1)，36-40。

李隆盛（1993）。技學面面觀。**技術與職業教育雙月刊**，**13**，18-20。

林文律（1999）。從校長必備能力看校長培育。「**臺北市立師範學院八十八年三月承辦之教育論壇**」發表之論文，國立臺北市立師範學院。

林文律（2005a）。**中小學校長談校務經營（上冊）**。臺北市：心理。

林文律（2005b）。**中小學校長談校務經營（下冊）**。臺北市：心理。

林文展（2009）。**國民中學校長 360 度評鑑指標之建構與實證研究**（未出版之博士論文）。國立高雄師範大學教育學系，高雄市。

林永豐（2014）。素養的概念及其評量。**教育人力與專業發展，31**（6），35-47。

林明地（2002）。**校長學——工作分析與角色研究取向**。臺北市：五南。

林樹聲（2000）。**大學通識教育中科學課程其科目內容之設計研究**（未出版之博士論文）。國立臺灣師範大學科學教育所，臺北市。

林樹聲（2004）。通識素養的培育與爭議性科技議題的教學。**南華通識教育研究，2**，25-37。

武曉霞（2014）。**國民中小學校長專業標準建構之研究**（未出版之博士論文）。國立政治大學教育學系教育行政組，臺北市。

邱貴發（1992）。電腦素養教學的主要課題——尋找持久性的電腦素養知識與技能。**臺灣教育，495**，36-41。

洪啟昌、林信志、劉君毅（2014）。**中小學候用校長培訓模式與課程發展之研究**。國立教育研究院研究報告。新北市：國家教育研究院。

洪裕宏（2011）。定義與選擇國民核心素養的理論架構。**研習資訊，28**（4），15-24。

洪裕宏、胡志偉、郭建志、顧忠華、吳密察、陳伯璋、潘慧玲、高涌泉、陳竹亭、彭小妍、王璦玲（2008）。**界定與選擇國民核心素養：概念參考架構與理論基礎研究——總計畫**。行政院國家科學委員會專題研究計畫成果報告（NSC95-2511-S-010-001）。臺北市：國立陽明大學神經科學研究所。

胡志偉、郭建志、程景琳、陳修元（2008）。**能教學之適文化國民核心素養研究：理論建構與實證分析**。行政院國家科學委員會專題研究計畫成果報告（NSC95-2511-S-002-003）。臺北市：國立臺灣大學心理學系。

胡夢鯨（1998）。學習社會發展指標之建構與評估應用。輯於中華民國成人教育學會（主編），**學習社會**（頁 33-63）。臺北市：師大書苑。

倪達仁（1987）。**國民中學教師電腦素養之研究**（未出版之碩士論文）。國立臺灣師

範大學，臺北市。

夏征農主編（1992）。**辭海**。臺北市：東華。

孫志麟（1998）。**國民教育指標體系的建立及應用**（未出版之博士論文）。國立政治大學教育研究所，臺北市。

孫敏芝、吳宗立、林官蓓（2012）。**中小學校長培訓與評鑑制度之跨國研究──以臺灣、新加坡、韓國為例**。屏東縣：國立屏東教育大學。

徐超聖（1994）。發揮校長的課程領導落實九年一貫課程的實施。載於國立臺北師範學院（主編），**自主與卓越──九年一貫課程的變革與展望**（頁 27-55）。臺北市：國立臺北師範學院。

秦夢群（2010）。**教育領導理論與應用**。臺北市：五南。

財團法人高等教育評鑑中心基金會（2011）。「基本素養」與「核心能力」不同嗎？**評鑑雙月刊，34**。取自 http://epaper.heeact.edu.tw/archive/2011/11/01/5047.aspx

高涌泉、陳竹亭、翁秉仁、黃榮棋、王道還（2008）。**國民自然科學素養研究**。行政院國家科學委員會專題研究計畫成果報告（NSC95-2511-S-005-001）。臺北市：國立臺灣大學物理學系所。

國民教育法（2016 年 5 月 11 日）。**全國法規資料庫**。取自 http://law.moj.gov.tw/LawClass/LawAll.aspx?PCode=H0070001

國立臺灣師範大學雲端測驗中心（2015）。**大學生基本素養成果專題**。取自 http://140.122.69.221/ntnucit/index.php/zh/31-zh-tw/2015-07-22-04-10-09-zh-tw/60-2015-08-18-05-43-46

國家教育研究院（年代不詳）。**校長專業發展資源服務系統──國民中小學校長專業能力發展標準**。取自 http://principal.naer.edu.tw/edu_pdr/html/

張一蕃（1997）。資訊時代之國民素養與教育。載於**資訊科技對人文、社會的衝擊與影響期末研究報告**。行政院經濟建設委員會委託之研究計畫成果報告（編號：017064860233）。取自 http://cdp.sinica.edu.tw/project/01/4_1.htm

張乃文（2009）。教師情緒素養建立之研究：情緒勞務負荷觀點。**臺中教育大學學報，23**（1），75-98。

張明輝（1999）。**學校教育與行政革新研究**。臺北市：師大書苑。

張明輝（2003）。卓越校長的關鍵能力。**社教雙月刊，114**，15-19。

張奕華（2003）。美國中小學校長領導的新趨勢：科技領導。**教育研究月刊，114**，83-95。

張春興（1991）。**張氏心理學辭典**。臺北市：東華。

張峰榮（2002）。**從國小校長觀點看國小校長專業能力及培育課程之研究**（未出版之碩士論文）。國立屏東師範學院國民教育研究所，屏東縣。

張偉豪（2013）。**SEM 論文寫作不求人**。高雄市：三星統計服務。

張國聖（2002）。科技時代下的通識教育使命。**通識研究集刊，1**，1-16。

張清濱（1988）。**學校行政**。臺北市：臺灣書店。

張清濱（1997）。民主素養：民主法治教育的省思。**研習資訊，14**（4），1-7。

張鈿富（2001）。教育指標理念簡介。載於簡茂發、歐陽教李琪明（主編），**當代教育指標：國際比較觀點**（頁 1-25）。臺北市：學富文化。

張鈿富、吳慧子、吳舒靜（2009）。**歐美澳公民關鍵能力發展之研究**。國立教育資料館研究報告。臺北市：國立教育資料館。

教育人員任用條例（2014 年 1 月 22 日）。**全國法規資料庫**。取自 http://law.moj.gov.tw/LawClass/LawAll.aspx?PCode=H0150017

教育基本法（2013 年 12 月 11 日）。**全國法規資料庫**。取自 http://law.moj.gov.tw/LawClass/LawAll.aspx?PCode=H0020045

教育部（2001）。**中小學資訊教育總藍圖**。臺北市：教育部。

教育部（2002）。**媒體素養教育政策白皮書**。臺北市：教育部。

教育部（2004）。**建立終身學習社會五年計畫**。臺北市：教育部。

教育部（2011）。**中小學國際教育白皮書**。臺北市：教育部。

教育部（2013）。**教育部美感教育中長程計畫**。臺北市：教育部。

教育部統計處（2016a）。104 學年度新住民子女就讀國中小概況。**教育統計簡訊，50**，1-2。

教育部統計處（2016b）。**各級學校縣市別校數統計**（**104 學年度**）。取自 http://depart.moe.edu.tw/ED4500/cp.aspx?n=1B58E0B736635285&s=D04C74553DB60CAD

教育部提升國民素養專案辦公室（2013）。**教育部提升國民素養專案計畫報告書**。臺北市：教育部提升國民素養專案辦公室。

莊富源（2013）。建構與釋義：大學生公民素養內涵探析。**教育研究月刊，227**，75-

88。

郭為藩（1987）。通識教育的實施方式。載於清華大學人文社會學院（主編），**大學通識教育研討會論文集**（155-166頁）。新竹市：清華大學人文社會學院。

郭為藩（1992）。**人文主義的教育信念**。臺北市：五南。

陳木金（2007）。**國民小學校長儲訓班運作模式之研究**。國立教育研究院籌備處委託專題研究計畫。臺北市：國立政治大學。

陳伯璋（1994）。大學課程結構的知識社會學分析。載於黃政傑、歐陽教（主編），**大學教育的革新**（3-31頁）。臺北市：師大書苑。

陳伯璋、潘慧玲、張新仁、蔡清田（2007）。**全方位的國民核心素養之教育研究**。行政院國家科學委員會專題研究計畫成果報告（NSC95-2511-S-003-001）。臺南市：致遠管理學院。

陳治世（1973）。民主。載於羅志淵（主編），**雲五社會科學辭典第三冊：政治學**（頁85）。臺北市：臺灣商務印書館。

陳奎熹（1995）。學校組織與文化。**國立臺灣師範大學教育研究所集刊，36**，53-82。

陳舜芬（2001）。臺灣地區大學通識教育的檢討與展望。**教育研究集刊，47**，283-300。

陳義明（2005）。**學校經營管理與領導**。臺北市：心理。

陳聖謨（2010）。國民核心素養與小學課程發展。**課程研究，8**（1），41-63。

陳裕宏、林輝亮（2002）。**加強技職學校人文素養教育之芻見**。載於第十六屆全國技術及職業教育研討會：一般技職及人文教育類（頁305-314）。臺北市：教育部。

陳鑑波（1974）。**現代政治學**。臺北市：華岡書局。

傅木龍（2008）。校園人文素養之理念與實踐。**教師天地，155**，20-27。

彭小妍、王瑷玲、戴景賢（2008）。**人文素養研究**。行政院國家科學委員會專題研究計畫成果報告（NSC95-2511-S-001-001）。臺北市：中央研究院中國文哲研究所。

黃俊傑（2002）。**大學通識教育探索：臺灣經驗與啟示**。桃園縣：中華民國通識教育學會。

黃政傑（1993）。**課程評鑑**。臺北市：師大書苑。

黃政傑、李隆盛、呂建政、徐超聖、陳麗華、張煌熙、楊思偉、方志華、張嘉育（1996）。中小學基本學力指標之綜合規劃研究。教育部委託臺灣師範大學教育研究中心專案研究。臺北市：教育部。

黃榮村（1994）。通識教育與人才培育。「大學通識教育的理論與實際研討會」發表之論文。國立臺灣大學文學院。

黃藿（2012）。基本素養與核心能力的省思與辯證。通識在線，42，18-20。

楊思偉（2002）。基本能力指標之建構與落實。教育研究月刊，96，17-22。

楊振昇、洪淑萍（2002）。基本能力指標與轉化—以語文學習領域為例。教育研究月刊，96，23-33。

葉連祺（2005）。層級分析法和網絡分析法。教育研究月刊，132，152-153。

葉連祺、林淑萍（2007）。建構國民小學教育品質指標相關課題之探討。國立屏東教育大學教育行政研究所九十六年五月承辦之 2007 教育品質確保與創新學術研討會發表之論文。國立屏東教育大學。

葉蕙芬（2009）。國小優良教師素質指標建構與實證之研究（未出版之博士論文）。臺北市立教育大學教育學系，臺北市。

詹盛如（2011）。國際教育政策：中央與地方政府之比較分析。臺北市中等學校校長協會電子報，2，取自 http://web.fg.tp.edu.tw/~tispa/blog/epaper/02/word/d2-2.pdf

劉振維（2004）。通識教育本質芻議。朝陽學報，9，367-392。

劉財坤（2005）。台灣南部地區國民中小學教師自我調控學習與終身學習素養之研究（未出版之碩士論文）。國立高雄師範大學成人教育研究所，高雄市。

劉婉柔（2013）。我國國中生健康素養指標之建構（未出版之博士論文）。國立臺灣師範大學健康促進與衛生教育學系，臺北市。

劉傳璽（2014）。通識素養為決勝關鍵之所在。載於師大通識教育中心（編著），博雅與匯通：師大核心通識課程理念與實踐（9 頁）。臺北市：師大出版中心。

劉慶仁（2008）。與國際接軌——從教育做起，取自 http://www.ced.ncnu.edu.tw

劉蔚之（2007）。歐盟「關鍵能力」建置之最新現況。國立臺灣師範學教育研究與評鑑中心電子報，3。取自 http://epaper.cere.ntnu.edu.tw/index.php?id=16

劉蔚之、彭森明（2008）。歐盟「關鍵能力」教育方案及其社會文化意涵分析。**課程與教學，11**（2），51-78。

劉鎮寧（2003）。**國民中小學學習型學校指標建構之研究**（未出版之博士論文）。國立中正大學成人及繼續教育研究所，嘉義縣。

歐慧敏（2013）。大學生公民素養量表簡介及信度、效度分析。**教育研究月刊，227**，89-102。

潘文忠、蔡進雄、洪啟昌、林信志（2014）。**中小學校長培訓與專業發展模式之整合型研究：國家教育研究院模式之建構**。國立教育研究院研究報告。新北市：國家教育研究院。

蔡金田（2003）。英美兩國基本能力之訂定對我國國民中小學校長儲訓課程之啟示——以彰化縣國民中小學校長儲訓課程為例。**教育政策論壇，6**（2），85-106。

蔡金田（2006）。**國民中小學校長能力指標建構與實證分析之研究**（未出版之博士論文）。國立中正大學教育學研究所，嘉義縣。

蔡清田（2011a）。**素養：課程改革的 DNA**。臺北市：高等教育。

蔡清田（2011b）。課程改革中的「素養」。**幼兒教保研究期刊，7**，1-13。

蔡清田（2011c）。課程改革中的核心素養之功能。**教育科學期刊，10**（1），203-217。

蔡清田（2011d）。課程改革中的「素養」與「核心素養」。**教育研究月刊，206**，119-130。

蔡清田、陳伯璋、陳延興、林永豐、盧美貴、李文富、方德隆、陳聖謨、楊俊鴻、高新建、李懿芳、范信賢（2014）。十二年**國民基本教育課程發展指引**。國立教育研究院研究報告。新北市：國家教育研究院。

蔡清田、陳延興（2013）。國民核心素養的課程發展意涵。**課程研究，8**（1），1-13。

蔡進雄（2003）。**學校行政與教學研究**。高雄市：復文。

鄭彩鳳、吳慧君（2007）。校長競值領導效能 360 度回饋與行為改變意圖之關係。載於國立臺灣師範大學（主編），**公義社會與教育行政革新國際學術研討會論文輯**（661-690 頁）。臺北市：國立臺灣師範大學。

鄧振源、曾國雄（1989a）。層級分析法（AHP）的內涵特性與應用（上）。**中國統計學報，27**(6)，5-22。

鄧振源、曾國雄（1989b）。層級分析法（AHP）的內涵特性與應用（下）。**中國統計學報，27**(7)，1-20。

謝文全（1999）。中小學校長培育、任用、評鑑制度。**教育資料與研究雙月刊，28**，1-5。

謝文全（2007）。**教育行政學**（3 版）。臺北市：高等教育。

謝金青（1997）。**國民小學學校效能評鑑指標與權重體系之建構**（未出版之博士論文）。國立政治大學教育研究所博士論文，臺北市。

謝登旺（2002）。大學通識教育的理念與實踐：兼論元智大學的案例。**通識研究集刊，2**，27-54。

顧忠華、吳密察、黃東益（2008）。**我國國民歷史、文化及社會核心素養之研究**。行政院國家科學委員會專題研究計畫成果報告（NSC95-2511-S-004-001）。臺北市：國立政治大學社會學系。

龔鵬程（1993）。通識教育與人文精神。「大學人文社會科學通識課程教學研討會」發表之論文。中正大學歷史研究所。

Decker Walker & Jonas F. Soltis（1999）。**課程與目的**（許瑞雯譯）。臺北市：桂冠。

二、英文部份

Bagozzi, R. P., & Yi, Y. (1988). On the evaluation of structural equation models.*Academic of Marketing Science, 16*(1), 76-94.

Banks, J. A., & Banks, C. A. M. (2007). *Multicultural education: Issues and perspectives* (6thed.). Hoboken, NJ: Wiley.

Biddle, B. (1979). *Role theory: Expectations, identities, and behaviors*. New York, NY: Academic.

Bloome, D. (1989). *Classroom and Literacy*. Ablex Publishing Corporation, Norwood: New Jersey.

Blumberg, A. (1987). The Work of Principals: A Touch of craft. Boston. In W. Greenfield(ed.), *Instructional Leadership*. Boston: Allyn and Bacon, 38-55.

Buckingham, D. (2003). *Media education: Literacy, learning and contemporary culture.*

Cambridge: Polity.

Burkard, A., Cole, D. C., Ott, M., & Stoflet, T. (2005). Entry-level competencies of new student affairs professionals: A Delphi study. *NASPA Journal, 43*(3), 283-309.

Calabrese, R. I., & Barton, A. M. (1994). The principal: A leader in a democratic society. *NASSP Bulletin, January*, 3-10.

Carnegie Foundation for the Advancement of Teaching. (1977). *Missions of the college curriculum*. San Francisco: Jossey-Bass.

Charlotte Advocate for Education. (2004). *Role of principal leadership in increasing teacher retention: Creativing a supportive environment*. Retrieved from http://www.educationjustice.org/assets/files/pdf/Resources/Policy/Teaching%20and%20Leadership/Role%20of%20principal%20leadership%20in%20increasing%20teacher%20retention.pdf

Curran, P. J., West, S. G., & Finch, J. F. (1996). *The Robustness of Test Statistics to Nonnormality and Specification Error in Confirmatory Factor Analysis. Psychological Methods, 1*(1), 16-29.

Cuttance, P. (1990). *Performance indicators and the management of quality in education*. (ERIC Document Reproduction Service No. ED 333575).

Dabrowski, M., & Wisniewski, J. (2011). Translating key competences into the school curriculum: Lessons from the polish experience.*European Journal of Education, 46*(3), 323-334.

Dallkey, N. (1969). *The Delphi method: An experimental study of group opinion*. prepared for United States Air Force Project Rand, Santa Monica.

Delbacq, A. L. (1975). *Group techniques for program planning: A guide to nominal group and Delphi processes*. N. J. Scott, Foresman and Company.

DfES (2004). *National standards for headterchers*. London, England: DfES.

Ding, L., Velicer, W. F. & Harlow, L. L. (1995). Effects of estimation methods, number of indicators per factor, and improper solutions on structural equation modeling fit indices. *Structural Equation Modeling. 2*, 119-143.

Dyrenfurth, M. J. (1987). International Perspectives on Technological Literacy, in E. K. Blankenbaker & A. J. Miller (eds.), *Technological Literacy*, Peoria, IL:

Macmillan McGraw-Hill, 25-43. (ERIC Document Reproduction Service No. ED 291956）.

European Commission. (2005). *On key competences for lifelong learning*. Proposal for a recommendation of the European parliament and of the council. Brussels: Commission of the European Communities.

Eurydice. (2005). *Recommendation of the European Parliament and of the Council on key competences for lifelong learning*. Brussels: European Commission.

Field, J. (2001).Lifelong education.*International Journal of Lifelong Education, 20*(1/2), 3-15.

Finn, C. E. (1987). *Elementary and secondary education indicators in brief.* Washington, DC: Office of education research and improvement.

Fish, L. S., & Busby, D. M. (1996). The Delphi method. In D. H. Sprenkle(Ed.), *Research methods in family therapy*. New York: Guilford Press.

Fornell, C., & Larcker, D. F. (2004). Evaluating structural equation models with unobservable variables and measurement error. *Journal of Marketing Research, 18*, 39-50.

Foster, W. (1986). *Paradigms and promises: New approaches to educational administration*. Buffalo, NY: Prometheus.

Friesen, N., & Anderson, T. (2004). Interaction for lifelong learning. *British Journal of Educational Technology, 35*(6), 679-687.

Gaff, J. G. (1983). *General education today: A critical analysis of controversies, practice, and reform*. CA: Jossey-Bass.

Ghiselli, E. E., Campbell, J. P., & Zedeck, S. (1981). *Measurement theory for the behavioral sciences*. San Francisco: Freeman.

Gill, R. (2006）.*Theory and practice of leadership*. Thousand Oaks: Sage Publications.

Hall, G. E., & Hord, S. M. (1987). *Change in schools: Facilitating the process*. New York, NY: State University of New York Press.

Harvard Committee. (1945). *General Education in a Free Society*. Cambridge: Harvard University Press.

Hill, I. (2007). Multicultural and international education: Never the twain shall meet?

Review of Education, 53, 245-264.

Issac, S., & Michael, W. (1984). *Handbook in research and evaluation*. CA: Edits.

Johnstone, J. N. (1981). *Indicators of education systems*. Paris: UNESCO.

Jones, E. A., & Voorhees, R. A. (2002). Defining and assessing learning: Exploring competency-based initiatives. Washington, DC: Council of the National Postsecondary Education Cooperative.

Kerlinger, F. N. (1986). *Foundation of behavior research*. New York: Holy, Rinehart and Winston.

Koper, R., & Tattersall, C. (2004).New directions for lifelong learning using network technologies.*British Journal of Educational Technology, 35*(6), 689-700.

Levine, A. (1978). *Handbook on Undergraduate Curriculum*. San Francisco: Jossey-Bass.

Lopez, E. C., & Bursztyn, A. M. (2013). Future challenges and opportunities: Toward culturally responsive training in school psychology. *Psychology in the Schools, 50*(3), 212-228.

Mann, L. R. (1988). *The prospects for general education in university professional education*. Westbury & A. C. Purves.

Murphy, J., & Beck, L. G. (1994). *Reconstructing the principalship: challenges and possibilities.* In Murphy, J. & Louis, K. S. (eds.).Reshaping the principalship: Insights from transformation reform. Thousand Oaks, CA: Corwin.

National Association of Secondary School Principals. (1979). *Performance-base preparation of principals: A framework for improvement*. Reston, VA: National Association of Secondary School Principals.

New Zealand Ministry of Education (1998). *Interim professional standards for primary school principals*. Retrieved from http://www.minedu.govt.nz/prin_doc.cfm

Oakes, J. (1986). *Educational indicators: A guide of policymakers*. New Brunswick, NJ: Center for Policy Research in Education.

Organisation for Economic Co-operation and Development. [OECD] (1992a). *Education at a glance: OECD indicators*. Paris: Author.

Organisation for Economic Co-operation and Development. [OECD] (1992b). *The OECD international educational education indicators: A framework for analysis*. Paris:

Author.

Organisation for Economic Co-operation and Development. [OECD] (2013). *PISA 2012 Assessment and Analytical Framework: mathematics, reading, science, problem solving and financial literacy.* Paris: OECD.

Organisation for Economic Co-operation and Development. [OECD] (2005). *The Definition and Selection of Key Competencies.* Paris, France: Author.

Orr, M. T. (2001). Transforming or running aground: principals in systemic education reform. Paper presented at the *annual meeting of the American Research Dissertation, Seattle, Washington,* April 2001.

Owens, R. G. (1998). *Organizational behavior in education (6ᵗʰ ed.).* Boston, MA: Allyn and Bacon.

Partnership for 21ˢᵗ Century Skills (2007). *21ˢᵗ Century Skills Assessment.* Retrieved from http://www.p21.org/our-work/p21-framework

Peak, L.& Brown, J. M. (1980). *A Conceptual Framework and Process for Identifying the Inservice Needs of Vocational Educators Serving Special Needs Populations.* Pilot test report. (ERIC Document Reproduction Service No. ED198288).

Rychen, D. S., & Salganik, L. H. (eds.) (2001). *Defining and selecting key competencies.* Cambridge, MA: Hogrefe & Huber.

Saaty, T.L. (1980). *The Analytic Hierarchy Process.* New York: McGraw-Hill.

Sampson, D., Karampiperis, P., & Fytros, D. (2007).Developing a common metadata model for competencies description.*Interactive Learning Environments, 15*(2), 137-150.

Sergiovanni, T. J. (2009). *The principalship: A reflective practice perspective (6ᵗʰ ed.).* Boston, MA: Pearson Education.

Shipman, N., Trop, B. W. & Murphy, J. (1998). *Linking the ISLLC standards to professional development and relicensure.* (ERIC Document Reproduction Service No. ED 420697).

Stables, A. (2005). Multiculturalism and moral education: Individual positioning, dialogueand cultural practice. *Journal of Moral Education, 34*(2), 185-197.

Steiner, C. (2003). *Emotional literacy.* Fawnskin, CA: Personhood.

Steiner, C., & Perry, P. (1997). *Achieving emotional literacy.*London, UK: Bloomsbury.

287

United Nations Educational, Scientific and Cultural Organization [UNESCO] Institute for Education. (2003). *Nurturing the treasure: Vision and Strategy 2003-2007.* Hamburg, Germany: Author.

United Nations Educational, Scientific and Cultural Organization [UNESCO] Institute for Education. (2005). *Education for All Global Monitoring Report 2006: Literacy for life.* Paris: Author.

Weare, K. (2004). Developing the *emotional literacy school.* London: Paul Chapman.

Youngs, P., & King, M. B. (2001). Principal leadership for professional development to build school capacity in urban elementary schools. Paper presented at the *annual meeting of the American Research Dissertation, Seattle, Washington,* April 2001.

附 錄

附錄一　國民中小學校長通識素養指標建構問卷（第一次德懷術）

蔡金田、蔣東霖編製

親愛的學者專家：

　　您好！本研究旨在建構「國民中小學校長通識素養指標」，作為國民中小學校長素養發展面向之參考。素仰先進熱心教育、學養豐富，為此一領域之專家，期盼藉由此問卷能彙整您對國民中小學校長通識素養指標內容項目適當程度之看法，並作為後續問卷發展之依據，您的參與不僅能讓本研究得以順利進行，同時對於校長素養之發展具有深遠的影響。

　　本問卷純屬學術研究，敬請依實際狀況作答，並於 **105 年 10 月 7 日**前以回郵信封見復。再次感謝您的協助與指導，若有任何指教之處，請與研究者聯絡。

學者專家編號：＿＿＿＿＿＿＿

一、填答說明

　一、本研究以「德懷術」問卷進行二次，第一次從校長通識素養指標進行評估，以「適當程度」作為界定，採用 Likert 五點量表來填答與計

分，其中分數越高者代表越適當。第二次由第一次勾選的反應情形，作為意見增刪、合併及指標排序依據，並以「不重要」、「普通」、「重要」三種作為界定，選填分數越高者表該指標越重要。

二、請您依己見並評估指標之適當程度在題目右方表格五個選項中以打「√」方式擇一選填，並請務必全部作答。

三、當您作答時發現指標項目中有需要建議修正之處，請填寫於「修正意見」一欄中。在每一向度之後，尚有「建議新增之指標項目」欄位，若您認為該指標項目仍有不足，可填寫於此處；如對本問卷填答尚有建議事項，請填寫於最後之「整體意見」欄中。

二、名詞釋義

通識素養：指在應用專業知能時，為有效地因應社會複雜生活情境需求，具備對自己、對他人、對外界事物展現出融會貫通的一面，並且能善加運用自己已知的部份與外界進行溝通所不可欠缺的知識、技能與態度。

三、指標內涵架構

校長通識素養指標架構分為「層面—向度—項目」三個層次，共包括三個層面、十一個向度及六十八個項目，其指標內涵架構圖如下。指標係藉由國內外相關文獻整理歸納，探究出通識素養意涵，再從國民中小學校長的職責、角色以及所需具備的能力中，歸納出校長通識素養之內涵，進而初步建構出校長通識素養指標。

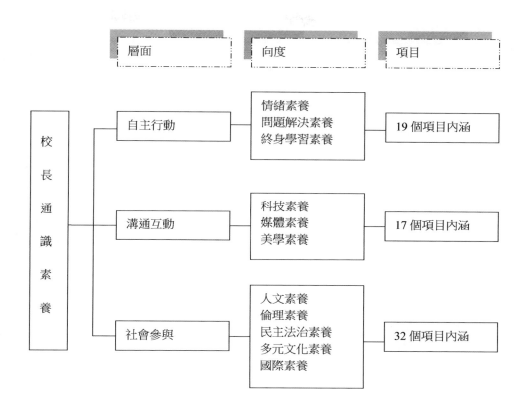

層面	向度	項目	適當程度(分數愈高愈適當)				
			1	2	3	4	5
1.自主行動	1-1 情緒素養	1-1-1 能隨時清楚知道自己內心的真實感受及情緒的起伏。					
		修正意見：					
		1-1-2 面對別人沮喪及不穩定的情緒時，能感同身受。					
		修正意見：					
		1-1-3 能面對現實，不斷自我激勵以突破困境。					
		修正意見：					
		1-1-4 能使用適當的語詞或表情來表達我的情緒。					
		修正意見：					
		1-1-5 能具備情緒控制能力，以完成具挑戰性的工作目標。					
		修正意見：					
建議新增之指標項目： 1. 2. 3.							

層面	向度	項目	適當程度(分數愈高愈適當)				
			1	2	3	4	5
1.自主行動	1-2 問題解決素養	1-2-1 能清楚定義問題內容並構思多項適當的解決方案。					
		修正意見：					
		1-2-2 能著重問題的分析，並有能力歸納出重點。					
		修正意見：					
		1-2-3 能掌握問題的重點，有效切入而非事必躬親。					
		修正意見：					
		1-2-4 能比較各項問題解決方案並做出較佳的決策。					
		修正意見：					
		1-2-5 能正確判斷立即性與迫切性問題，並做良好的決定。					
		修正意見：					
		1-2-6 能正確評估與改善解決問題的策略。					
		修正意見：					
		1-2-7 在處理學校問題時有相當的自信且不逃避問題。					
		修正意見：					
		1-2-8 能察覺有關人與事的問題，透過溝通與協商，降低組織衝突與疏離。					
		修正意見：					
建議新增之指標項目： 1. 2. 3.							

層面	向度	項目	適當程度(分數愈高愈適當)				
			1	2	3	4	5
1.自主行動	1-3 終身學習素養	1-3-1 能瞭解學習是一種現況的改變，同時運用知識可以解決難題。					
		修正意見：					
		1-3-2 能瞭解唯有終身學習才能適應社會潮流及各項教育改革政策。					
		修正意見：					
		1-3-3 從進入教育職場到現在，一直樂在學習。					
		修正意見：					
		1-3-4 能瞭解終身學習是每個人在廿一世紀生存必備的能力。					
		修正意見：					
		1-3-5 能從各項研習會中所學得的新知識實際應用在學校經營上。					
		修正意見：					
		1-3-6 能不斷學習去營造一所高瞻遠矚、永續經營的學校。					
		修正意見：					
建議新增之指標項目： 1. 2. 3.							

層面	向度	項目	適當程度(分數愈高愈適當)				
			1	2	3	4	5
2.溝通互動	2-1 科技素養	2-1-1 能向學校同仁清楚說明校內科技使用的願景。					
		修正意見：					
		2-1-2 能有效地分配資源以提高校內科技計畫的執行。					
		修正意見：					
		2-1-3 在各種場合中會使用多媒體器材進行資料呈現。					
		修正意見：					
		2-1-4 當需要資訊時，能利用不同的查詢方式取得所需要的資訊。					
		修正意見：					
		2-1-5 能因應當代資訊科技的演進，持續提倡革新資訊科技應用的政策。					
		修正意見：					
		2-1-6 能傳達給教師、家長等有關運用資訊科技以發展學生高層次的技能與創造力的資訊及作法。					
		修正意見：					

建議新增之指標項目：
1.
2.
3.

層面	向度	項目	適當程度(分數愈高愈適當)				
			1	2	3	4	5
2.溝通互動	2-2 媒體素養	2-2-1 當我引用各式媒體資料時，都會附上正確的標題並註明出處。					
		修正意見：					
		2-2-2 能應用媒體表達自己的教育理念並與他人溝通。					
		修正意見：					
		2-2-3 能正確解讀新聞事件的意涵，並自行淘汰不重要或不確實的資訊。					
		修正意見：					
		2-2-4 能理解媒體訊息的選擇與呈現是受到許多人為因素的介入、修飾及剪裁。					
		修正意見：					
		2-2-5 能發展和維持與媒體的友善關係，以塑造學校優質形象。					
		修正意見：					
建議新增之指標項目：							
1.							
2.							
3.							

層面	向度	項目	適當程度(分數愈高愈適當)				
			1	2	3	4	5
2.溝通互動	2-3 美學素養	2-3-1 能瞭解藝術風格的意涵。					
		修正意見：					
		2-3-2 能知道美感教育是當前教育的重點政策。					
		修正意見：					
		2-3-3 能主動去參與或觀賞藝術類的展演活動。					
		修正意見：					
		2-3-4 能透過藝術展演活動的安排來拓展學生學習經驗。					
		修正意見：					
		2-3-5 能認同美感有助於生活品質的提升。					
		修正意見：					
		2-3-6 能重視美化學校的環境與空間美化。					
		修正意見：					
建議新增之指標項目： 1. 2. 3.							

層面	向度	項目	適當程度(分數愈高愈適當)				
			1	2	3	4	5
3.社會參與	3-1 人文素養	3-1-1 能掌握教育的發展趨勢，調整我的辦學方針。					
		修正意見：					
		3-1-2 能批判不合理的教育現象，並提出改善之道。					
		修正意見：					
		3-1-3 能瞭解學生的個別差異並重視學生的身心發展。					
		修正意見：					
		3-1-4 能兼顧學生群性與個性的發展。					
		修正意見：					
		3-1-5 能以學生的福祉作為所有決定與行動的根本價值。					
		修正意見：					
		3-1-6 能重視不同學生的學習需要，照顧好每一位學生。					
		修正意見：					
		3-1-7 能創造學生平等的學習機會，讓每一個學生都能成功。					
		修正意見：					

建議新增之指標項目：

1.

2.

3.

層面	向度	項目	適當程度(分數愈高愈適當)				
			1	2	3	4	5
3.社會參與	3-2 倫理素養	3-2-1 能擁有惻隱之心，對於需要幫助的同仁能義無反顧的協助他們。					
		修正意見：					
		3-2-2 能以身作則，激勵學校同仁觀摩學習。					
		修正意見：					
		3-2-3 能表現清廉、正直、誠實等特質，以取得大眾對校長的信賴與尊重。					
		修正意見：					
		3-2-4 能以誠懇與尊敬的態度，公平、公正的對待學校同仁。					
		修正意見：					
		3-2-5 能主動關懷同仁，並使每個人都享有內在價值與尊嚴。					
		修正意見：					
		3-2-6 能積極、主動地創造合乎倫理的教育環境。					
		修正意見：					
建議新增之指標項目： 1. 2. 3.							

層面	向度	項目	適當程度(分數愈高愈適當)				
			1	2	3	4	5
3.社會參與	3-3 民主法治素養	3-3-1 能瞭解校務重要方案，應在校務會議或其他會議上經公開報告說明，並充分討論，以形成共識後據以實施。					
		修正意見：					
		3-3-2 能包容不同意見，廣納眾議，適時修正自己的看法。					
		修正意見：					
		3-3-3 能依會議規範，公正、中立的主持會議，會議效率良好。					
		修正意見：					
		3-3-4 能明確了解各項教育法令的法理基礎及法條內容，並對教育以外之相關法令，亦有基礎之了解。					
		修正意見：					
		3-3-5 能瞭解只有在有法令的依據下，所作的決定才具有正當性與合法性。					
		修正意見：					
		3-3-6 引用或解釋相關教育法令時，能參酌社會結構，學校行政系統及現場運作的特性。					
		修正意見：					
		3-3-7 能遵守利益迴避原則，不會利用職權謀取不當的利益圖利自己與圖利他人。					
		修正意見：					
建議新增之指標項目： 1. 2. 3.							

層面	向度	項目	適當程度(分數愈高愈適當)				
			1	2	3	4	5
3.社會參與	3-4 多元文化素養	3-4-1 能瞭解少數族群學生應該接受與主流族群一樣的對待。					
		修正意見：					
		3-4-2 能有效安排與自己文化背景不同的師生之談話。					
		修正意見：					
		3-4-3 能尊重不同文化背景師生的看法。					
		修正意見：					
		3-4-4 能重視少數族群文化，並且將其納入校務發展計畫。					
		修正意見：					
		3-4-5 能與不同族群溝通並協助處理其日常生活常見問題。					
		修正意見：					
		3-4-6 能辨別是否因為少數族群的文化，而對師生有不友善、不公平的對待。					
		修正意見：					
建議新增之指標項目： 1. 2. 3.							

層面	向度	項目	適當程度(分數愈高愈適當)				
			1	2	3	4	5
3.社會參與	3-5 國 際 素養	3-5-1 能瞭解並關心國際事務與全球重要議題。					
		修正意見：					
		3-5-2 能知道國際教育是當前教育的重點政策。					
		修正意見：					
		3-5-3 能於公開場合宣達個人國際教育的理念。					
		修正意見：					
		3-5-4 能積極爭取學校成為國際教育的重點學校或試辦學校。					
		修正意見：					
		3-5-5 能參與國際交流或國際體驗相關活動。					
		修正意見：					
		3-5-6 能具備外語溝通能力。					
		修正意見：					
建議新增之指標項目： 1. 2. 3.							

專家請簽名：＿＿＿＿＿＿＿＿，若對問卷尚有其他建議事項，請填寫於下：

附錄二　國民中小學校長通識素養指標建構問卷（第二次德懷術）

蔡金田、蔣東霖編製

親愛的學者專家：

　　第一次德懷術承蒙您的協助與指導，您所提供的寶貴意見，使後學在許多研究盲點上得以釐清，並讓指標建構工作能更適切與週延。本研究接續進行第二次德懷術，本次問卷是經由專家小組成員所提供之寶貴意見彙整而來，問卷第一部份是將第一次德懷術問卷計算出各指標項目之平均數（M）（分數範圍 1~5 分）、眾數（Mo）與標準差（SD），同時進行意涵修正（修改部份以黑色粗體表示）與項目增刪；第二部份則請學者專家提供其他建議。

　　煩請學者專家從不重要、普通、重要三個選項擇一勾選，分數以 1~3 分加以計分，選填分數越高者表該指標越重要。並請於 **105 年 10 月 21 日** 前以回郵信封見復。再次感謝您的協助與指導，若有任何指教之處，請與研究者聯絡。

學者專家編號：＿＿＿＿＿＿＿

一、第一次德懷術指標內容修正（請於每個指標項目中以打「√」方式勾選其重要程度）

層面	向度	項目	統計結果			重要程度		
						不重要	普通	重要
			M	Mo	SD	1	2	3
1.自主行動	1-1 情緒素養	1-1-1 能隨時清楚知道自己的情緒狀態。	4.50	5	.80			
		1-1-2 面對別人負面的情緒時，能適時給予支持鼓勵。	4.17	5	.94			
		1-1-3 能面對現實，不斷自我激勵以突破困境。	4.50	4	.52			
		1-1-4 能使用適當的語詞或表情來表達自己的情緒。	4.50	5	.80			
		1-1-5 能為自己訂定目標並儘量完成這些目標。	4.58	5	.90			
		1-1-6 面對他人的指責或挑釁時，能維持平和的情緒。	新增項目					
	1-2 問題解決素養	1-2-1 能針對問題進行分析，並有能力歸納出重點。	4.50	5	.67			
		1-2-2 能掌握問題的重點，構思適當的解決方案。	4.25	5	.87			
		1-2-3 能比較各項問題解決方案並做出較佳的決策。	4.58	5	.90			
		1-2-4 能正確判斷迫切性問題，並做良好的決定。	4.50	5	.80			
		1-2-5 在處理學校問題時能勇於面對而不逃避。	4.25	5	.97			
	1-3 終身學習素養	1-3-1 能瞭解運用知識可以解決難題。	4.17	4	.72			
		1-3-2 能瞭解唯有終身學習才能適應社會潮流及各項教育改革政策。	4.75	5	.62			

層面	向度	項目	統計結果			重要程度		
						不重要	普通	重要
			M	Mo	SD	1	2	3
1.自主行動	1-3 終身學習素養	1-3-3 能隨時把握周遭環境的學習機會。	4.33	5	.89			
		1-3-4 能將各項研習進修中所學得的新知識實際應用在學校經營上。	4.17	4	.72			
		1-3-5 能不斷學習去營造一所優質的學校。	4.33	5	.78			
2.溝通互動	2-1 科技素養	2-1-1 能向學校同仁及家長清楚說明學校科技教育發展的願景。	4.00	4	.60			
		2-1-2 能有效地分配資源以確保校內科技計畫完整並持續執行。	4.42	5	.90			
		2-1-3 在各種場合中會使用多媒體器材進行資料呈現。	4.50	5	.80			
		2-1-4 能利用不同的查詢方式取得所需的資訊。	4.67	5	.78			
		2-1-5 能因應當代科技的演進，持續提倡革新科技的應用政策。	4.17	4	.72			
		2-1-6 能傳達給教師或家長有關運用科技以發展學生高層次的技能與創造力的資訊及作法。	4.17	5	.94			
	2-2 媒體素養	2-2-1 能應用媒體表達自己的教育理念並與他人溝通。	4.42	5	.79			
		2-2-2 能從媒體訊息中，擷取有意義的資訊向師生傳達，引導正確的價值觀念。	4.58	5	.67			
		2-2-3 能理解媒體訊息的選擇與呈現是受到許多意識型態的影響。	4.33	5	.78			
		2-2-4 能建立及維持與媒體的友善關係，以塑造學校優質形象。	4.33	5	.78			
		2-2-5 能瞭解不同的媒體形式或節目型態，會讓自己對同一事件產生不同的看法。	新增項目					

層面	向度	項目	統計結果			重要程度		
						不重要	普通	重要
			M	Mo	SD	1	2	3
2.溝通互動	2-3 美學素養	2-3-1 能知道美感教育是**教育政策中重要的一環**。	4.17	4	.94			
		2-3-2 能主動參與或觀賞藝術展演活動。	4.33	5	.78			
		2-3-3 能透過藝術展演活動的安排來拓展學生學習經驗。	4.67	5	.65			
		2-3-4 能認同美感有助於生活品質的提升。	4.58	5	.67			
		2-3-5 能重視學校環境及空間的美化。	4.75	5	.45			
		2-3-6 能瞭解美感要從日常生活中去感受。	新增項目					
3 社會參與	3-1 人文素養	3-1-1 能掌握學生需求，調整自己的辦學方針。	4.17	5	.94			
		3-1-2 能重視學生身心**的健康與發展**。	4.58	5	.79			
		3-1-3 能兼顧學生群性與個性的發展。	4.50	5	.80			
		3-1-4 能以學生的福祉作為所有決定與行動的根本價值。	4.58	5	.67			
		3-1-5 能重視學生的**個別**學習需要，照顧好每一位學生。	4.83	5	.39			
		3-1-6 能創造學生平等學習機會的平台，讓每一個學生都能成功。	4.58	5	.52			
	3-2 倫理素養	3-2-1 能擁有惻隱之心，**關懷並協助需要幫助的同仁**。	4.17	5	.84			
		3-2-2 能以身作則為人表率，成為學校師生的楷模。	4.42	4	.52			
		3-2-3 能表現清廉、正直、誠實等特質，以取得大眾對校長的信賴與尊重。	4.92	5	.29			

層面	向度	項目	統計結果			重要程度		
						不重要	普通	重要
			M	Mo	SD	1	2	3
3 社會參與	3-2 倫理素養	3-2-4 能以誠懇與尊敬的態度，公平、公正的對待學校同仁。	4.75	5	.45			
		3-2-5 能尊重同仁，使每個人都享有內在價值與尊嚴。	4.33	4	.65			
		3-2-6 能積極、主動地創造合乎倫理的教育環境。	4.67	5	.49			
	3-3 民主法治素養	3-3-1 能瞭解校務重要方案，應在校務會議或其他會議上經公開報告說明，並充分討論，以形成共識後據以實施。	4.75	5	.62			
		3-3-2 能包容不同意見，廣納眾議，適時修正自己的看法。	4.83	5	.39			
		3-3-3 能依會議規範，公正、中立的主持會議，使會議效率良好。	4.83	5	.39			
		3-3-4 能明確瞭解各項教育法令及教育以外的相關法令。	4.50	4	.52			
		3-3-5 能瞭解只有在依法行政下，所作的決定才具有正當性與合法性。	4.25	4	.75			
		3-3-6 能遵守利益迴避原則，不會利用職權圖利自己或圖利他人。	4.58	5	.67			
	3-4 多元文化素養	3-4-1 能認同少數族群學生應該接受與主流族群一樣的公平對待。	4.42	5	.79			
		3-4-2 能安排與自己文化背景不同的師生之談話。	4.17	5	.84			
		3-4-3 能尊重不同文化背景師生的看法。	4.75	5	.45			
		3-4-4 能重視少數族群文化，並且將其納入學校課程與活動。	4.67	5	.49			
		3-4-5 能包容並接納不同族群間的文化差異。	4.25	4	.75			

層面	向度	項目	統計結果			重要程度		
						不重要	普通	重要
			M	Mo	SD	1	2	3
3 社會參與	3-5 國際素養	3-4-6 能營造弱勢族群教育機會均等的環境。	新增項目					
		3-5-1 能瞭解並關心國際事務與全球化重要議題。	4.58	5	.52			
		3-5-2 能於公開場合宣達個人國際教育理念並融入校務計畫中。	4.17	4	.58			
		3-5-3 能自己親自或讓學校參與國際交流或國際體驗相關活動。	4.33	4	.65			
		3-5-4 能具備學習世界不同文化的意願。	4.17	4	.94			
		3-5-5 能從歷史脈絡中理解我國在國際社會的角色與處境。	新增項目					
		3-5-6 能瞭解全球永續發展之理念並落實於日常生活中。	新增項目					

二、其他建議事項：

專家請簽名：＿＿＿＿＿＿＿＿，若對問卷尚有其他建議事項，請填寫於下：

附錄三　國民中小學校長通識素養指標問卷（預試）

蔡金田、蔣東霖編製

親愛的校長先進：

　　您好！隨著教育環境丕變，現在學校所面臨的問題與挑戰，已逐漸地超越了過去傳統單一領域所能處理的範疇，取而代之的是各種界線模糊、跨領域，甚至彼此交互指涉影響的問題形態，為了適應如此劇烈改變，校長所應具備的通識素養已成為一位成功領導者的重要配備。本研究旨在建構「國民中小學校長通識素養指標」，並瞭解當前校長具備素養之現況，素仰校長先進熱心教育、學養豐富，戮力於學校教育之發展，敬請撥冗並詳閱各指標後依填表說明惠予填答。

　　本問卷純屬學術研究，您的意見非常珍貴，請填妥後於 **105 年 11 月 7 日**前以回郵信封見復，再次感謝您的協助與合作。

一、基本資料

一、性別：☐(1)男　☐(2)女

二、擔任校長年資：☐(1)5 年以下　☐(2)6-10 年　☐(3)11-15 年

　　　　　　　□(4)16-20 年　　□(5)21 年以上

三、校長別：□(1)國中校長　　□(2)國小校長

四、最高學歷：□(1)師範或師專

　　　　　　　□(2)師大、師院或教育大學（含一般大學教育系）

　　　　　　　□(3)一般大學　　□(4)研究所以上（含 40 學分班）

五、學校班級數：□(1)6-12 班　　□(2)13-24 班　　□(3)25-48 班

　　　　　　　□(4)49 班以上

六、學校所在縣市：□(1)苗栗縣　　□(2)臺中市　　□(3)南投縣

　　　　　　　　　□(4)彰化縣　　□(5)雲林縣

七、學校所在地：□(1)偏遠地區　　□(2)一般鄉鎮

　　　　　　　　□(3)都市地區（含省、縣轄市）

二、填答說明

一、本問卷係經二次德懷術分析，透過學者專家諮詢、統計分析篩選後共同認為之重要指標，為了進一步決定指標的堪用程度，請校長依各指標內容之敘述，按照「非常重要」至「非常不重要」之強度，提出您的看法與感受，並於適當位置內打「v」。

二、本問卷採五點量表方式實施，勾選「非常重要」者表示該指標最重要，其得分也越高，反之則越少。

三、本問卷將以整體方式處理，不作個別分析，因此敬請放心據實填答。

三、問卷內容

指標	非常重要 ◄──────► 非常不重要				
	5	4	3	2	1
一、自主行動					
1-1 情緒素養					
1-1-1 能隨時清楚知道自己的情緒狀態。					
1-1-2 面對別人負面的情緒時，能適時給予支持鼓勵。					
1-1-3 能面對現實，不斷自我激勵以突破困境。					
1-1-4 能使用適當的語詞或表情來表達自己的情緒。					
1-1-5 面對他人的指責或挑釁時，能維持平和的情緒。					
1-2 問題解決素養					
1-2-1 能針對問題進行分析，並有能力歸納出重點。					
1-2-2 能掌握問題的重點，構思適當的解決方案。					
1-2-3 能比較各項問題解決方案並做出較佳的決策。					
1-2-4 能正確判斷迫切性問題，並做良好的決定。					
1-2-5 在處理學校問題時能勇於面對而不逃避。					
1-3 終身學習素養					
1-3-1 能瞭解唯有終身學習才能適應社會潮流及各項教育改革政策。					
1-3-2 能隨時把握周遭環境的學習機會。					
1-3-3 能將各項研習進修中所學得的新知識實際應用在學校經營上。					
1-3-4 能不斷學習去營造一所優質的學校。					
二、溝通互動					
2-1 科技素養					
2-1-1 能有效地分配資源以確保校內科技計畫完整並持續執行。					
2-1-2 在各種場合中會使用多媒體器材進行資料呈現。					
2-1-3 能利用不同的查詢方式取得所需要的資訊。					

指標	非常重要 ◀━━▶ 非常不重要				
	5	4	3	2	1
2-1-4 能因應當代科技的演進，持續提倡革新科技的應用政策。					
2-1-5 能傳達給教師或家長有關運用科技以發展學生高層次的技能與創造力的資訊及作法。					
2-2 媒體素養					
2-2-1 能應用媒體表達自己的教育理念並與他人溝通。					
2-2-2 能從媒體訊息中，擷取有意義的資訊向師生傳達，引導正確的價值觀念。					
2-2-3 能理解媒體訊息的選擇與呈現是受到許多意識型態的影響。					
2-2-4 能建立及維持與媒體的友善關係，以塑造學校優質形象。					
2-2-5 能瞭解不同的媒體形式或節目型態，會讓自己對同一事件產生不同的看法。					
2-3 美學素養					
2-3-1 能主動參與或觀賞藝術展演活動。					
2-3-2 能透過藝術展演活動的安排來拓展學生學習經驗。					
2-3-3 能認同美感有助於生活品質的提升。					
2-3-4 能重視學校環境及空間的美化。					
2-3-5 能瞭解美感要從日常生活中去感受。					
三、社會參與					
3-1 人文素養					
3-1-1 能掌握學生需求，調整自己的辦學方針。					
3-1-2 能重視學生身心的健康與發展。					
3-1-3 能兼顧學生群性與個性的發展。					
3-1-4 能以學生的福祉作為所有決定與行動的根本價值。					
3-1-5 能重視學生的個別學習需要，照顧好每一位學生。					
3-1-6 能創造學生平等學習機會的平台，讓每一個學生					

指標	非常重要 ◄ ──► 非常不重要				
	5	4	3	2	1
都能成功。					
3-2 倫理素養					
3-2-1 能擁有惻隱之心，關懷並協助需要幫助的同仁。					
3-2-2 能以身作則為人表率，成為學校師生的楷模。					
3-2-3 能表現清廉、正直、誠實等特質，以取得大眾對校長的信賴與尊重。					
3-2-4 能以誠懇與尊敬的態度，公平、公正的對待學校同仁。					
3-2-5 能尊重同仁，使每個人都享有內在價值與尊嚴。					
3-2-6 能積極、主動地創造合乎倫理的教育環境。					
3-3 民主法治素養					
3-3-1 能瞭解校務重要方案，應在校務會議或其他會議上經公開報告說明，並充分討論，以形成共識後據以實施。					
3-3-2 能包容不同意見，廣納眾議，適時修正自己的看法。					
3-3-3 能依會議規範，公正、中立的主持會議，使會議效率良好。					
3-3-4 能明確瞭解各項教育法令及教育以外的相關法令。					
3-3-5 能瞭解只有在依法行政下，所作的決定才具有正當性與合法性。					
3-3-6 能遵守利益迴避原則，不會利用職權圖利自己或圖利他人。					
3-4 多元文化素養					
3-4-1 能認同少數族群學生應該接受與主流族群一樣的公平對待。					
3-4-2 能尊重不同文化背景師生的看法。					
3-4-3 能重視少數族群文化，並且將其納入學校課程與活動。					
3-4-4 能包容並接納不同族群間的文化差異。					
3-4-5 能營造弱勢族群教育機會均等的環境。					

指標	非常重要 ◄━━━━► 非常不重要				
	5	4	3	2	1
3-5 國際素養					
3-5-1 能瞭解並關心國際事務與全球化重要議題。					
3-5-2 能自己親自或讓學校參與國際交流或國際體驗相關活動。					
3-5-3 能具備學習世界不同文化的意願。					
3-5-4 能從歷史脈絡中理解我國在國際社會的角色與處境。					
3-5-5 能瞭解全球永續發展之理念並落實於日常生活中。					

問卷到此結束，請再次檢視是否有遺漏未填的地方，感謝您的填答！

附錄四　國民中小學校長通識素養指標相對權重問卷

蔡金田、蔣東霖編製

親愛的學者專家：

　　您好！本研究旨在建構「國民中小學校長通識素養指標」之權重體系並進行實證分析，作為校長素養發展面向之參考。素仰　先進熱心教育、學養豐富，為此一領域之專家，期盼藉由此問卷能彙整您對國民中小學校長通識素養指標間相對重要性之看法。

　　本問卷歷經二次德懷術分析，已就指標之適切性與重要性進行修正和增刪，同時透過問卷預試，篩選出重要指標和進行信度分析。本次調查係針對上述調查結果進行各項指標間相對重要性之評估，敬請依您的經驗與研究，給予專業判斷，並於 **105 年 11 月 20 日**前以回郵信封見復。再次感謝您的協助與指導，若有任何指教之處，請與研究者聯絡。

學者專家編號：＿＿＿＿＿＿＿＿

一、填答說明

　一、「相對權重」係指各指標在本研究指標體系中的相對重要程度，它以

層級分析法（Analytic Hierarchy Process, AHP），藉由各面向指標間的兩兩比較來決定。

二、本調查問卷採九點量表，依序進行指標間之**兩兩成對比較**，評定左右兩邊評估指標的相對重要性。

三、選填作答時請您注意同一組指標間邏輯的一致性，例如選填結果應符合「**A>B、B>C，則 A>C**」的邏輯；若填答結果**違反一致性假設**，將導致填答**內容無效**。

四、勾選之前**請先按各分項指標的重要程度排列順序**，以提高勾選時的一致性。

五、指標相對重要性之勾選，於分項指標重要程度排列順序完成後，依**重要程度邏輯進行指標間兩兩成對比較**。

二、名詞釋義

通識素養：指在應用專業知能時，為有效地因應社會複雜生活情境需求，具備對自己、對他人、對外界事物展現出融會貫通的一面，並且能善加運用自己已知的部份與外界進行溝通所不可欠缺的知識、技能與態度。

三、指標內涵架構

校長通識素養指標架構分為「層面—向度—項目」三個層次，共包括三個層面、十一個向度及五十個項目，其指標內涵架構圖如下。指標係藉由國內外相關文獻整理歸納，探究出通識素養意涵，再從國民中小學校長的職責、角色以及所需具備的能力中，歸納出校長通識素養內涵並初步建構出校長通識素養指標，其後歷經二次德懷術分析及問卷預試，確立出校長通識素養指標。

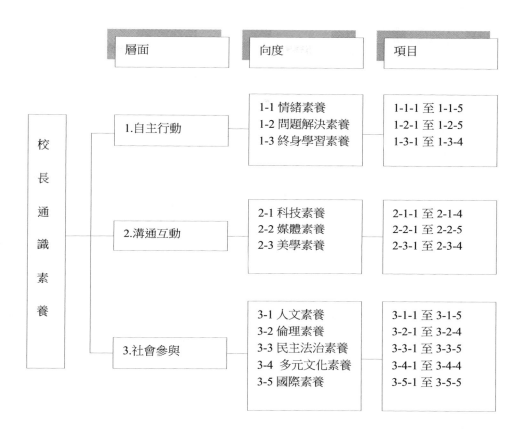

四、範例說明

茲以向度比較為例：

舉一個例子，例如校長通識素養的「社會參與」層面有五個向度：3-1 人文素養、3-2 倫理素養、3-3 民主法治素養、3-4 多元文化素養、3-5 國際素養。您認為重要程度排序為何？各評估指標向度間相對重要性又為何？

您可先就您認為的重要性排列，例如：您認為的重要性是：3-1 人文素養≧3-3 民主法治素養≧3-2 倫理素養≧3-4 多元文化素養≧3-5 國際素養

重要程度的順序：（3-1）≧（3-3）≧（3-2）≧（3-4）≧（3-5）

接著再依相對重要的程度填入問卷：

例如：若依照重要程度順序，「倫理素養」比「國際素養」來的重要，因此，請在認為合適的空格中打勾，下面的例子即表示「3-2 倫理素養」較「3-5 國際素養」重要，其重要性的比為 5（重要）。相對的，若您認為**指標 B** 比**指標 A** 重要，則請在**右邊**的 2~9 等八個空格中填上一個您心目中這兩個指標重要性的比重，越靠近左右兩邊，表示指標 A 或指標 B 的重要性越大，中間的「同等重要」（1）則表示兩個評估指標一樣重要。以下類推。**惟須注意應依重要程度排序**，否則即違反重要程度邏輯概念。

【向度相關權重】請在適當欄位打勾

指標 A	絕對重要 9	~ 8	相當重要 7	~ 6	重要 5	~ 4	稍微重要 3	~ 2	同等重要 1	~ 2	稍微重要 3	~ 4	重要 5	~ 6	相當重要 7	~ 8	絕對重要 9	指標 B
3-1 人文素養					✓													3-2 倫理素養
3-1 人文素養							✓											3-3 民主法治素養
3-1 人文素養			✓															3-4 多元文化素養
3-1 人文素養	✓																	3-5 國際素養
3-2 倫理素養											✓							3-3 民主法治素養
3-2 倫理素養							✓											3-4 多元文化素養
3-2 倫理素養					✓													3-5 國際素養
3-3 民主法治素養					✓													3-4 多元文化素養
3-3 民主法治素養			✓															3-5 國際素養
3-4 多元文化素養							✓											3-5 國際素養

五、相對權重調查

　　以下請就表列之各組指標，**1.**先依其**重要程度排列順序**，**2.**再分別評定**兩兩指標相對重要程度**，並於欄內打「✓」。

【校長通識素養】

一、本研究校長通識素養的三個層面中（1.自主行動、2.溝通互動、3.社會參與），您認為重要程度排序為何？各指標**層面**間相對重要性又為何？

層面
1.自主行動
2.溝通互動
3.社會參與

請填寫順序：（　　　　）≧（　　　　）≧（　　　　）

【層面相關權重】請在適當欄位打勾

指標 A	絕對重要	～	相當重要	～	重要	～	稍微重要	～	同等重要	稍微重要	～	重要	～	相當重要	～	絕對重要	指標 B
	9	8	7	6	5	4	3	2	1	2	3	4	5	6	7	8	9	
1.自主行動																	2.溝通互動
1.自主行動																	3.社會參與
2.溝通互動																	3.社會參與

【層面1：自主行動】

二、層面 **1**：<u>自主行動</u>的指標向度（1-1 情緒素養、1-2 問題解決素養、1-3 終身學習素養），您認為重要程度排序為何？各指標**向度**間相對重要性又為何？

1-1 情緒素養
1-2 問題解決素養
1-3 終身學習素養

請填寫順序：(　　　) ≧ (　　　) ≧ (　　　)

【向度相關權重】請在適當欄位打勾

指標 A	絕對重要	~	相當重要	~	重要	~	稍微重要	~	同等重要	~	稍微重要	~	重要	~	相當重要	~	絕對重要	指標 B
	9	8	7	6	5	4	3	2	1	2	3	4	5	6	7	8	9	
1-1 情緒素養																		1-2 問題解決素養
1-1 情緒素養																		1-3 終身學習素養
1-2 問題解決素養																		1-3 終身學習素養

（表頭上方標示：← 強度 →）

【層面2：溝通互動】

三、層面 **2**：<u>溝通互動</u>的指標向度（2-1 科技素養、2-2 媒體素養、2-3 美學素養），您認為重要程度排序為何？各指標**向度**間相對重要性又為何？

2-1 科技素養
2-2 媒體素養
2-3 美學素養

請填寫順序：(　　　) ≧ (　　　) ≧ (　　　)

【向度相關權重】請在適當欄位打勾

指標 A	絕對重要	~	相當重要	~	重要	~	稍微重要	~	同等重要	~	稍微重要	~	重要	~	相當重要	~	絕對重要	指標 B
									← 強度 →									
	9	8	7	6	5	4	3	2	1	2	3	4	5	6	7	8	9	
2-1 科技素養																		2-2 媒體素養
2-1 科技素養																		2-3 美學素養
2-2 媒體素養																		2-3 美學素養

【層面3：社會參與】

四、**層面 3：社會參與**的指標向度（3-1 人文素養、3-2 倫理素養、3-3 民主法治素養、3-4 多元文化素養、3-5 國際素養），您認為重要程度排序為何？各指標**向度**間相對重要性又為何？

3-1 人文素養
3-2 倫理素養
3-3 民主法治素養
3-4 多元文化素養
3-5 國際素養

請填寫順序：（　　　）≧（　　　）≧（　　　）≧（　　　）≧（　　　）

【向度相關權重】請在適當欄位打勾

指標 A	絕對重要	~	相當重要	~	重要	~	稍微重要	同等重要	~	稍微重要	~	重要	~	相當重要	~	絕對重要	指標 B
	9	8	7	6	5	4	3	1	2	3	4	5	6	7	8	9	
3-1 人文素養																	3-2 倫理素養
3-1 人文素養																	3-3 民主法治素養
3-1 人文素養																	3-4 多元文化素養
3-1 人文素養																	3-5 國際素養
3-2 倫理素養																	3-3 民主法治素養
3-2 倫理素養																	3-4 多元文化素養
3-2 倫理素養																	3-5 國際素養
3-3 民主法治素養																	3-4 多元文化素養
3-3 民主法治素養																	3-5 國際素養
3-4 多元文化素養																	3-5 國際素養

（強度：← 強度 →）

【向度1-1：情緒素養】

五、向度 **1-1**：<u>情緒素養</u>的指標項目（1-1-1、1-1-2、1-1-3、1-1-4、1-1-5），您認為重要程度排序為何？各指標<u>項目</u>間相對重要性又為何？

1-1-1 能隨時清楚知道自己的情緒狀態。(清楚情緒)
1-1-2 面對別人負面的情緒時，能適時給予支持鼓勵。(支持鼓勵)
1-1-3 能面對現實，不斷自我激勵以突破困境。(自我激勵)
1-1-4 能使用適當的語詞或表情來表達自己的情緒。(表達情緒)
1-1-5 面對他人的指責或挑釁時，能維持平和的情緒。(平和情緒)

請填寫順序：（　　　　）≧（　　　　）≧（　　　　）≧（　　　　）≧（　　　　）

【項目相關權重】請在適當欄位打勾

指標 A	絕對重要	~	相當重要	~	重要	~	稍微重要	~	同等重要	~	稍微重要	~	重要	~	相當重要	~	絕對重要	指標 B
	9	8	7	6	5	4	3	2	1	2	3	4	5	6	7	8	9	
1-1-1 清楚情緒																		1-1-2 支持鼓勵
1-1-1 清楚情緒																		1-1-3 自我激勵
1-1-1 清楚情緒																		1-1-4 表達情緒
1-1-1 清楚情緒																		1-1-5 平和情緒
1-1-2 支持鼓勵																		1-1-3 自我激勵
1-1-2 支持鼓勵																		1-1-4 表達情緒
1-1-2 支持鼓勵																		1-1-5 平和情緒
1-1-3 自我激勵																		1-1-4 表達情緒
1-1-3 自我激勵																		1-1-5 平和情緒
1-1-4 表達情緒																		1-1-5 平和情緒

上方欄位標示「← 強度 →」。

【向度1-2：問題解決素養】

六、向度 **1-2**：問題解決素養的指標項目（1-2-1、1-2-2、1-2-3、1-2-4、1-2-5），您認為重要程度排序為何？各指標項目間相對重要性又為何？

1-2-1 能針對問題進行分析，並有能力歸納出重點。（問題分析）
1-2-2 能掌握問題的重點，構思適當的解決方案。（掌握重點）
1-2-3 能比較各項問題解決方案並做出較佳的決策。（比較問題）
1-2-4 能正確判斷迫切性問題，並做良好的決定。（正確判斷）
1-2-5 在處理學校問題時能勇於面對而不逃避。（勇於面對）

請填寫順序：（　　　　）≧（　　　　）≧（　　　　）≧（　　　　）≧（　　　　）

【項目相關權重】請在適當欄位打勾

指標 A	←			強度				同等重要				→				指標 B
	絕對重要	~	相當重要	~	重要	~	稍微重要	同等重要	~	稍微重要	~	重要	~	相當重要	~	絕對重要
	9	8	7	6	5	4	3	1	2	3	4	5	6	7	8	9
1-2-1 問題分析																1-2-2 掌握重點
1-2-1 問題分析																1-2-3 比較問題
1-2-1 問題分析																1-2-4 正確判斷
1-2-1 問題分析																1-2-5 勇於面對
1-2-2 掌握重點																1-2-3 比較問題
1-2-2 掌握重點																1-2-4 正確判斷
1-2-2 掌握重點																1-2-5 勇於面對
1-2-3 比較問題																1-2-4 正確判斷
1-2-3 比較問題																1-2-5 勇於面對
1-2-4 正確判斷																1-2-5 勇於面對

【向度1-3：終身學習素養】

七、向度 **1-3**：**終身學習素養**的指標項目（1-3-1、1-3-2、1-3-3、1-3-4），您認為重要程度排序為何？各指標**項目**間相對重要性又為何？

1-3-1 能瞭解唯有終身學習才能適應社會潮流及各項教育改革政策。(適應潮流)
1-3-2 能隨時把握周遭環境的學習機會。(把握機會)
1-3-3 能將各項研習進修中所學得的新知識實際應用在學校經營上。(實際應用)
1-3-4 能不斷學習去營造一所優質的學校。(營造優質)

請填寫順序：(　　　　) ≧ (　　　　) ≧ (　　　　) ≧ (　　　　)

【項目相關權重】請在適當欄位打勾

指標 A	絕對重要	~	相當重要	~	重要	~	稍微重要	~	同等重要	~	稍微重要	~	重要	~	相當重要	~	絕對重要	指標 B
	9	8	7	6	5	4	3	2	1	2	3	4	5	6	7	8	9	
1-3-1 適應潮流																		1-3-2 把握機會
1-3-1 適應潮流																		1-3-3 實際應用
1-3-1 適應潮流																		1-3-4 營造優質
1-3-2 把握機會																		1-3-3 實際應用
1-3-2 把握機會																		1-3-4 營造優質
1-3-3 實際應用																		1-3-4 營造優質

強度 ← →

【向度2-1：科技素養】

八、向度 2-1：<u>科技素養</u>的指標項目（2-1-1、2-1-2、2-1-3、2-1-4），您認為重要程度排序為何？各指標<u>項目</u>間相對重要性又為何？

2-1-1 能有效地分配資源以確保校內科技計畫完整並持續執行。(持續執行)
2-1-2 能利用不同的查詢方式取得所需要的資訊。(查詢取得)
2-1-3 能因應當代科技的演進，持續提倡革新科技的應用政策。(提倡革新)
2-1-4 能傳達給教師或家長有關運用科技以發展學生高層次的技能與創造力的資訊及作法。(發展技能)

請填寫順序：(　　　) ≧ (　　　) ≧ (　　　) ≧ (　　　)

【項目相關權重】請在適當欄位打勾

指標 A	強度																	指標 B
	絕對重要	~	相當重要	~	重要	~	稍微重要	~	同等重要	~	稍微重要	~	重要	~	相當重要	~	絕對重要	
	9	8	7	6	5	4	3	2	1	2	3	4	5	6	7	8	9	
2-1-1 持續執行																		2-1-2 查詢取得
2-1-1 持續執行																		2-1-3 提倡革新
2-1-1 持續執行																		2-1-4 發展技能
2-1-2 查詢取得																		2-1-3 提倡革新
2-1-2 查詢取得																		2-1-4 發展技能
2-1-3 提倡革新																		2-1-4 發展技能

【向度2-2：媒體素養】

九、向度 **2-2**：**媒體素養**的指標項目（2-2-1、2-2-2、2-2-3、2-2-4、2-2-5），您認為重要程度排序為何？各指標<u>項目</u>間相對重要性又為何？

2-2-1 能應用媒體表達自己的教育理念並與他人溝通。(應用媒體)
2-2-2 能從媒體訊息中，擷取有意義的資訊向師生傳達，引導正確的價值觀念。(擷取資訊)
2-2-3 能理解媒體訊息的選擇與呈現是受到許多意識型態的影響。(意識型態)
2-2-4 能建立及維持與媒體的友善關係，以塑造學校優質形象。(友善關係)
2-2-5 能瞭解不同的媒體形式或節目型態，會讓自己對同一事件產生不同的看法。(不同看法)

請填寫順序：（　　　）≥（　　　）≥（　　　）≥（　　　）≥（　　　）

【項目相關權重】請在適當欄位打勾

指標 A	絕對重要	~	相當重要	~	重要	~	稍微重要	~	同等重要	~	稍微重要	~	重要	~	相當重要	~	絕對重要	指標 B
	9	8	7	6	5	4	3	2	1	2	3	4	5	6	7	8	9	
2-2-1 應用媒體																		2-2-2 擷取資訊
2-2-1 應用媒體																		2-2-3 意識型態
2-2-1 應用媒體																		2-2-4 友善關係
2-2-1 應用媒體																		2-2-5 不同看法
2-2-2 擷取資訊																		2-2-3 意識型態
2-2-2 擷取資訊																		2-2-4 友善關係
2-2-2 擷取資訊																		2-2-5 不同看法
2-2-3 意識型態																		2-2-4 友善關係
2-2-3 意識型態																		2-2-5 不同看法
2-2-4 友善關係																		2-2-5 不同看法

【向度2-3：美學素養】

十、向度 **2-3**：美學素養的指標項目（2-3-1、2-3-2、2-3-3、2-3-4），您認為重要程度排序為何？各指標**項目**間相對重要性又為何？

2-3-1 能透過藝術展演活動的安排來拓展學生學習經驗。(安排活動)
2-3-2 能認同美感有助於生活品質的提升。(品質提升)
2-3-3 能重視學校環境及空間的美化。(空間美化)
2-3-4 能瞭解美感要從日常生活中去感受。(生活感受)

請填寫順序：(　　　) ≧ (　　　) ≧ (　　　) ≧ (　　　)

【項目相關權重】請在適當欄位打勾

指標 A	強度 →																	指標 B
	絕對重要	~	相當重要	~	重要	~	稍微重要	~	同等重要	~	稍微重要	~	重要	~	相當重要	~	絕對重要	
	9	8	7	6	5	4	3	2	1	2	3	4	5	6	7	8	9	
2-3-1 安排活動																		2-3-2 品質提升
2-3-1 安排活動																		2-3-3 空間美化
2-3-1 安排活動																		2-3-4 生活感受
2-3-2 品質提升																		2-3-3 空間美化
2-3-2 品質提升																		2-3-4 生活感受
2-3-3 空間美化																		2-3-4 生活感受

【向度3-1：人文素養】

十一、向度 3-1：人文素養的指標項目（3-1-1、3-1-2、3-1-3、3-1-4、3-1-5），您認為重要程度排序為何？各指標項目間相對重要性又為何？

3-1-1 能掌握學生需求，調整自己的辦學方針。(掌握需求)
3-1-2 能重視學生身心的健康與發展。(重視身心)
3-1-3 能兼顧學生群性與個性的發展。(兼顧發展)
3-1-4 能以學生的福祉作為所有決定與行動的根本價值。(學生福祉)
3-1-5 能重視學生的個別學習需要，照顧好每一位學生。(學習需要)

請填寫順序：（　　）≧（　　）≧（　　）≧（　　）≧（　　）

【項目相關權重】請在適當欄位打勾

指標 A	絕對重要	~	相當重要	~	重要	~	稍微重要	~	同等重要	~	稍微重要	~	重要	~	相當重要	~	絕對重要	指標 B
	9	8	7	6	5	4	3	2	1	2	3	4	5	6	7	8	9	
3-1-1 掌握需求																		3-1-2 重視身心
3-1-1 掌握需求																		3-1-3 兼顧發展
3-1-1 掌握需求																		3-1-4 學生福祉
3-1-1 掌握需求																		3-1-5 學習需要
3-1-2 重視身心																		3-1-3 兼顧發展
3-1-2 重視身心																		3-1-4 學生福祉
3-1-2 重視身心																		3-1-5 學習需要
3-1-3 兼顧發展																		3-1-4 學生福祉
3-1-3 兼顧發展																		3-1-5 學習需要
3-1-4 學生福祉																		3-1-5 學習需要

強度 ←　　　→ (表頭標註)

【向度3-2：倫理素養】

十二、向度 **3-2**：**倫理素養**的指標項目（3-2-1、3-2-2、3-2-3、3-2-4），您
認為重要程度排序為何？各指標**項目**間相對重要性又為何？

3-2-1 能擁有惻隱之心，關懷並協助需要幫助的同仁。(關懷協助)
3-2-2 能以誠懇與尊敬的態度，公平、公正的對待學校同仁。(公平公正)
3-2-3 能尊重同仁，使每個人都享有內在價值與尊嚴。(價值尊嚴)
3-2-4 能積極、主動地創造合乎倫理的教育環境。(合乎倫理)

請填寫順序：(　　　) ≧ (　　　) ≧ (　　　) ≧ (　　　)

【項目相關權重】請在適當欄位打勾

指標 A	絕對重要	~	相當重要	~	重要	~	稍微重要	~	同等重要	~	稍微重要	~	重要	~	相當重要	~	絕對重要	指標 B
	9	8	7	6	5	4	3	2	1	2	3	4	5	6	7	8	9	
3-2-1 關懷協助																		3-2-2 公平公正
3-2-1 關懷協助																		3-2-3 價值尊嚴
3-2-1 關懷協助																		3-2-4 合乎倫理
3-2-2 公平公正																		3-2-3 價值尊嚴
3-2-2 公平公正																		3-2-4 合乎倫理
3-2-3 價值尊嚴																		3-2-4 合乎倫理

【向度3-3：民主法治素養】

十三、向度 **3-3**：民主法治素養的指標項目（3-3-1、3-3-2、3-3-3、3-3-4、3-3-5），您認為重要程度排序為何？各指標項目間相對重要性又為何？

3-3-1 能瞭解校務重要方案，應在校務會議或其他會議上經公開報告說明，並充分討論，以形成共識後據以實施。(公開說明)
3-3-2 能包容不同意見，廣納眾議，適時修正自己的看法。(包容意見)
3-3-3 能依會議規範，公正、中立的主持會議，使會議效率良好。(會議效率)
3-3-4 能明確瞭解各項教育法令及教育以外的相關法令。(瞭解法令)
3-3-5 能瞭解只有在依法行政下，所作的決定才具有正當性與合法性。(依法行政)

請填寫順序：（　　　）≧（　　　）≧（　　　）≧（　　　）≧（　　　）

【項目相關權重】請在適當欄位打勾

指標 A	絕對重要	~	相當重要	~	重要	~	稍微重要	~	同等重要	~	稍微重要	~	重要	~	相當重要	~	絕對重要	指標 B
	9	8	7	6	5	4	3	2	1	2	3	4	5	6	7	8	9	
3-3-1 公開說明																		3-3-2 包容意見
3-3-1 公開說明																		3-3-3 會議效率
3-3-1 公開說明																		3-3-4 瞭解法令
3-3-1 公開說明																		3-3-5 依法行政
3-3-2 包容意見																		3-3-3 會議效率
3-3-2 包容意見																		3-3-4 瞭解法令
3-3-2 包容意見																		3-3-5 依法行政
3-3-3 會議效率																		3-3-4 瞭解法令
3-3-3 會議效率																		3-3-5 依法行政
3-3-4 瞭解法令																		3-3-5 依法行政

【向度3-4：多元文化素養】

十四、向度 **3-4**：**多元文化素養**的指標項目（3-4-1、3-4-2、3-4-3、3-4-4），您認為重要程度排序為何？各指標**項目**間相對重要性又為何？

3-4-1 能認同少數族群學生應該接受與主流族群一樣的公平對待。(公平對待)
3-4-2 能尊重不同文化背景師生的看法。(尊重看法)
3-4-3 能包容並接納不同族群間的文化差異。(接納差異)
3-4-4 能營造弱勢族群教育機會均等的環境。(機會均等)

請填寫順序：(　　　) ≧ (　　　) ≧ (　　　) ≧ (　　　)

【項目相關權重】請在適當欄位打勾

指標 A	絕對重要	~	相當重要	~	重要	~	稍微重要	~	同等重要	~	稍微重要	~	重要	~	相當重要	~	絕對重要	指標 B
	9	8	7	6	5	4	3	2	1	2	3	4	5	6	7	8	9	
3-4-1 公平對待																		3-4-2 尊重看法
3-4-1 公平對待																		3-4-3 接納差異
3-4-1 公平對待																		3-4-4 機會均等
3-4-2 尊重看法																		3-4-3 接納差異
3-4-2 尊重看法																		3-4-4 機會均等
3-4-3 接納差異																		3-4-4 機會均等

表頭上方標示：← 強度 →

【向度3-5：國際素養】

十五、向度 **3-5**：<u>國際素養</u>的指標項目（3-5-1、3-5-2、3-5-3、3-5-4、3-5-5），您認為重要程度排序為何？各指標<u>項目</u>間相對重要性又為何？

3-5-1 能瞭解並關心國際事務與全球化重要議題。(國際議題)
3-5-2 能自己親自或讓學校參與國際交流或國際體驗相關活動。(交流體驗)
3-5-3 能具備學習世界不同文化的意願。(學習意願)
3-5-4 能從歷史脈絡中理解我國在國際社會的角色與處境。(角色處境)
3-5-5 能瞭解全球永續發展之理念並落實於日常生活中。(永續發展)

請填寫順序：(　　　) ≧ (　　　) ≧ (　　　) ≧ (　　　) ≧ (　　　)

【項目相關權重】請在適當欄位打勾

指標 A	絕對重要	~	相當重要	~	重要	~	稍微重要	~	同等重要	~	稍微重要	~	重要	~	相當重要	~	絕對重要	指標 B
	9	8	7	6	5	4	3	2	1	2	3	4	5	6	7	8	9	
3-5-1 國際議題																		3-5-2 交流體驗
3-5-1 國際議題																		3-5-3 學習意願
3-5-1 國際議題																		3-5-4 角色處境
3-5-1 國際議題																		3-5-5 永續發展
3-5-2 交流體驗																		3-5-3 學習意願
3-5-2 交流體驗																		3-5-4 角色處境
3-5-2 交流體驗																		3-5-5 永續發展
3-5-3 學習意願																		3-5-4 角色處境
3-5-3 學習意願																		3-5-5 永續發展
3-5-4 角色處境																		3-5-5 永續發展

【問卷到此為止　祝身體健康、萬事如意】

附錄五　國民中小學校長通識素養 指標問卷

蔡金田、蔣東霖編製

親愛的校長先進：

您好！隨著教育環境丕變，現在學校所面臨的問題與挑戰，已逐漸地超越了過去傳統單一領域所能處理的範疇，取而代之的是各種界線模糊、跨領域，甚至彼此交互指涉影響的問題形態，為了適應如此劇烈改變，校長所應具備的通識素養已成為一位成功領導者的重要配備。本研究旨在建構「國民中小學校長通識素養指標」，並瞭解當前校長具備素養之現況，素仰校長先進熱心教育、學養豐富，戮力於學校教育之發展，敬請撥冗並詳閱各指標後依填表說明惠予填答。

本問卷純屬學術研究，您的意見非常珍貴，請填妥後於 **105 年 11 月 20 日**前以回郵信封見復，再次感謝您的協助與合作。

一、基本資料

一、性別：□(1)男　□(2)女
二、擔任校長年資：□(1)5 年以下　□(2)6-10 年　□(3)11-15 年

　　　　　　　　□(4)16-20 年　　□(5)21 年以上

三、校長別：□(1)國中校長 □(2)國小校長

四、最高學歷：□(1)師範或師專

　　　　　　　□(2)師大、師院或教育大學（含一般大學教育系）

　　　　　　　□(3)一般大學

　　　　　　　□(4)研究所以上（含 40 學分班）

五、學校班級數：□(1)6-12 班 □(2)13-24 班 □(3)25-48 班 □(4)49 班以上

六、學校所在區域：□(1)北區（臺北市、新北市、基隆市、桃園市、新竹
　　　　　　　　　　縣市）

　　　　　　　　　□(2)中區（苗栗縣、臺中市、南投縣、彰化縣、雲林
　　　　　　　　　　縣）

　　　　　　　　　□(3)南區（嘉義縣市、臺南市、高雄市、屏東縣、澎
　　　　　　　　　　湖縣）

　　　　　　　　　□(4)東區（宜蘭縣、花蓮縣、台東縣）

七、學校所在地：□(1)偏遠地區□(2)一般鄉鎮
　　　　　　　　□(3)都市地區（含省、縣轄市）

二、填答說明

一、本問卷係經二次德懷術分析，透過學者專家諮詢、統計分析篩選後共
　　同認為之重要指標，並經問卷預試進行分析。請校長依各指標內容之
　　敘述，檢視您目前是否具備該指標，同時按照「完全具備」至「不具
　　備」之強度，於適當位置內打「v」。

二、本問卷採五點量表方式實施，勾選「完全具備」者表示您已具備該指
　　標，其得分也越高，反之則越少。

三、本問卷將以整體方式處理，不作個別分析，因此敬請放心據實填答。

三、問卷內容

指標	完全具備 ◄────────► 不具備				
	5	4	3	2	1
一、自主行動					
1-1 情緒素養					
1-1-1 能隨時清楚知道自己的情緒狀態。					
1-1-2 面對別人負面的情緒時，能適時給予支持鼓勵。					
1-1-3 能面對現實，不斷自我激勵以突破困境。					
1-1-4 能使用適當的語詞或表情來表達自己的情緒。					
1-1-5 面對他人的指責或挑釁時，能維持平和的情緒。					
1-2 問題解決素養					
1-2-1 能針對問題進行分析，並有能力歸納出重點。					
1-2-2 能掌握問題的重點，構思適當的解決方案。					
1-2-3 能比較各項問題解決方案並做出較佳的決策。					
1-2-4 能正確判斷迫切性問題，並做良好的決定。					
1-2-5 在處理學校問題時能勇於面對而不逃避。					
1-3 終身學習素養					
1-3-1 能瞭解唯有終身學習才能適應社會潮流及各項教育改革政策。					
1-3-2 能隨時把握周遭環境的學習機會。					
1-3-3 能將各項研習進修中所學得的新知識實際應用在學校經營上。					
1-3-4 能不斷學習去營造一所優質的學校。					
二、溝通互動					
2-1 科技素養					
2-1-1 能有效地分配資源以確保校內科技計畫完整並持續執行。					
2-1-2 能利用不同的查詢方式取得所需要的資訊。					
2-1-3 能因應當代科技的演進，持續提倡革新科技的應用政策。					

指標	完全具備 ◄━━━► 不具備				
	5	4	3	2	1
2-1-4 能傳達給教師或家長有關運用科技以發展學生高層次的技能與創造力的資訊及作法。					
2-2 媒體素養					
2-2-1 能應用媒體表達自己的教育理念並與他人溝通。					
2-2-2 能從媒體訊息中，擷取有意義的資訊向師生傳達，引導正確的價值觀念。					
2-2-3 能理解媒體訊息的選擇與呈現是受到許多意識型態的影響。					
2-2-4 能建立及維持與媒體的友善關係，以塑造學校優質形象。					
2-2-5 能瞭解不同的媒體形式或節目型態，會讓自己對同一事件產生不同的看法。					
2-3 美學素養					
2-3-1 能透過藝術展演活動的安排來拓展學生學習經驗。					
2-3-2 能認同美感有助於生活品質的提升。					
2-3-3 能重視學校環境及空間的美化。					
2-3-4 能瞭解美感要從日常生活中去感受。					
三、社會參與					
3-1 人文素養					
3-1-1 能掌握學生需求，調整自己的辦學方針。					
3-1-2 能重視學生身心的健康與發展。					
3-1-3 能兼顧學生群性與個性的發展。					
3-1-4 能以學生的福祉作為所有決定與行動的根本價值。					
3-1-5 能重視學生的個別學習需要，照顧好每一位學生。					
3-2 倫理素養					
3-2-1 能擁有惻隱之心，關懷並協助需要幫助的同仁。					
3-2-2 能以誠懇與尊敬的態度，公平、公正的對待學校同仁。					

指標	完全具備 ◀				▶不具備
	5	4	3	2	1
3-2-3 能尊重同仁，使每個人都享有內在價值與尊嚴。					
3-2-4 能積極、主動地創造合乎倫理的教育環境。					
3-3 民主法治素養					
3-3-1 能瞭解校務重要方案，應在校務會議或其他會議上經公開報告說明，並充分討論，以形成共識後據以實施。					
3-3-2 能包容不同意見，廣納眾議，適時修正自己的看法。					
3-3-3 能依會議規範，公正、中立的主持會議，使會議效率良好。					
3-3-4 能明確瞭解各項教育法令及教育以外的相關法令。					
3-3-5 能瞭解只有在依法行政下，所作的決定才具有正當性與合法性。					
3-4 多元文化素養					
3-4-1 能認同少數族群學生應該接受與主流族群一樣的公平對待。					
3-4-2 能尊重不同文化背景師生的看法。					
3-4-3 能包容並接納不同族群間的文化差異。					
3-4-4 能營造弱勢族群教育機會均等的環境。					
3-5 國際素養					
3-5-1 能瞭解並關心國際事務與全球化重要議題。					
3-5-2 能自己親自或讓學校參與國際交流或國際體驗相關活動。					
3-5-3 能具備學習世界不同文化的意願。					
3-5-4 能從歷史脈絡中理解我國在國際社會的角色與處境。					
3-5-5 能瞭解全球永續發展之理念並落實於日常生活中。					

問卷到此結束，請再次檢視是否有遺漏未填的地方，感謝您的填答！

國家圖書館出版品預行編目(CIP)資料

臺灣國民中小學校長通識素養指標建構與實證
　分析 / 蔡金田,蔣東霖著. -- 初版. -- 臺北
市：元華文創,民107.12
　　面；　公分

　ISBN 978-957-711-036-7(平裝)

　1.校長　2.領導　3.學校管理

526.42　　　　　　　　　　　107018403

臺灣國民中小學校長通識素養指標建構與實證分析

蔡金田　蔣東霖　著

發 行 人：陳文鋒
出 版 者：元華文創股份有限公司
聯絡地址：100 臺北市中正區重慶南路二段 51 號 5 樓
電　　話：(02) 2351-1607
傳　　真：(02) 2351-1549
網　　址：www.eculture.com.tw
E - m a i l：service@eculture.com.tw
出版年月：2018（民 107）年 12 月 初版
定　　價：新臺幣 500 元

ISBN：978-957-711-036-7 (平裝)

總 經 銷：易可數位行銷股份有限公司
地　　址：231 新北市新店區寶橋路 235 巷 6 弄 3 號 5 樓
電　　話：(02) 8911-0825　　傳　　真：(02) 8911-0801

封面圖片引用出處：weisanjiang
https://goo.gl/fPgJEN